WILHELM HORKEL

Botschaft von Drüben?

Parapsychologie und Christenglaube

Sechste neubearbeitete Auflage

1987

DER LEUCHTER

OTTO REICHL VERLAG • 5401 ST. GOAR

Erstdruck: 1975 Moritz Schauenburg Verlag, Lahr/Schwarzwald

Gesamtherstellung: Die Handpresse, Bonn

INHALT

VORWORT

Die Hilfe, die das Buch von Wilhelm Horkel dem aufmerksamen Leser zu leisten vermag, ist eine mehrfache. Die Erfahrungen, die hier aufgezeichnet sind, rühren an eine unseren fünf Sinnen verborgene Welt und lehren uns wieder staunen. Das Staunen ist eine Haltung, die der moderne Mensch kaum mehr kennt. Wir leben in einem Zeitalter, wo alles durchschaut, zerlegt und berechnet wird. Da ist es lebenswichtig, zu entdecken, daß es auch heute noch eine Dimension gibt, die wir mit unserem Intellekt nicht durchleuchten können: die Dimension des Geheimnisvollen und Übersinnlichen. Sodann wird uns durch die von Horkel gesammelten Beispiele vielleicht zum erstenmal voll bewußt, wie eng Diesseits und Jenseits zusammenhängen. „Hier" und „Drüben" sind keine völlig getrennten Kreise. Die Jenseitigen sind uns Irdischen gar nicht fern und pochen manchmal sehr vernehmlich an die Tore unsres hiesigen Daseins. Damit stehen wir beim Dritten, was uns in Horkels Berichten entgegentritt: Die Toten leben! Es ist nichts mit der völligen Auflösung, der „Totaldestruktion" des Menschen, wie sie nach Ansicht neuerer evangelischer Theologen beim Tode eintritt. Sondern die geistige Menschenseele existiert nach der Abstreifung des physischen Leibes weiter, sei es in erlöstem oder unerlöstem Zustande. Es gibt nicht nur übersinnliche Kräfte, sondern auch übersinnliche persönliche Wesen, eine Tatsache, die neuerdings auch von Vertretern der parapsychologischen Wissenschaft anerkannt wird. Damit (und das wäre eine vierte wertvolle Frucht unseres Buches) verhilft uns Horkel dazu, das biblische Weltbild wieder ernster zu nehmen. Die Bibel denkt nicht anthropozentrisch; der Mensch steht für sie nicht allein da.

Neben ihm gibt es den Bereich der Engel und der Dämonen, der seligen Geister und der unseligen. Die Wirklichkeit dieser Welt wird uns durch die vorliegende Darstellung neu lebendig gemacht. Diese verschiedenen Sphären sind tatsächlich da, und sie verschwinden nicht dadurch, daß sie von den Theologen „entmythologisiert" werden.

Aber nicht bloß wird das Weltbild der Bibel einleuchtender, sondern auch viele einzelne Begebnisse der Heiligen Schrift werden im Lichte der Schilderungen Horkels glaubhafter. Es gibt Leute, die von der Bibel behaupten, daß sie alles Okkulte verurteile. Das ist sehr einseitig. Im Gegenteil fällt es auf, wie reich das Alte und das Neue Testament an okkulten Vorgängen ist und wie selbstverständlich es den biblischen Schriftstellern war, daß sich Gott dieser Geschehnisse für seine Offenbarung bedient hat. So treten uns, um nur ein Beispiel zu nennen, auf den Höhepunkten der neutestamentlichen Heilsgeschichte Visionen entgegen, nämlich bei der Taufe Jesu (Matth. 3), bei der Verklärung (Matth. 17), bei der Berufung des Paulus (Apostelgeschichte 9) und bei der ersten Übermittlung des Evangeliums an die Heiden (Apostelgeschichte 10). Gewiß finden sich in der Heiligen Schrift auch Warnungen, aber nur dann, wenn die übersinnlichen Kräfte in gegengöttlichem Geist gebraucht werden. Ohne das Wissen um die Tatsächlichkeit außersinnlicher Wahrnehmungen und Erscheinungen kann die Bibel nicht völlig begriffen werden.

Ich halte die Sammlung Horkels auch darum für förderlich, weil sie Probleme aufrührt, an denen wir Protestanten sonst achtlos vorübergehen, z.B.: Gibt es im jenseitigen Leben einen Läuterungsweg? Dürfen und können wir mit unserem Beten den Verstorbenen helfen? Wer sich mit dem Geheimnis des Lebens nach dem Tode beschäftigt, wird unausweichlich auf diese Themen stoßen und nach einer Antwort ausschauen.

Schließlich aber, und das ist wohl der Hauptwert der „Botschaft von Drüben", entläßt unser Buch den Leser mit einer ernsten, ganz persönlichen Frage: Wo stehst du? Die menschliche Seele geht beim Verlassen des Körpers in einen Zustand ein, in den sie Bewußtsein und Gewissen mitnimmt. Ist dieses Gewissen belastet, so läßt sich diese Belastung nicht einfach drüben abschütteln. Diese Beobachtung bedeutet einen Aufruf an uns alle: Führe dein Leben so, daß du dich nach dem Tode nicht im Reiche der unerlösten Geister bewegen mußt, sondern zum Frieden Gottes eingehen kannst!

Professor D. theol. Fritz *Blanke*
(Ordinarius für christliche Mystik und Kirchengeschichte der Universität Zürich †)

I

EINFÜHRUNG

Dieses Buch ist kein Best-seller, aber ein Long-seller. Daß es nach siebenunddreißig Jahren in erweiterter sechster Auflage, neu bearbeitet im Blick auf die Fülle jüngster einschlägiger Veröffentlichungen, erscheinen kann, liegt in dem Umstand begründet, daß es immer wieder verlangt wird. Dieses Buch macht den Versuch, Nicht-Christen an Grundwahrheiten der Bibel heranzuführen und Christen unter seinen Lesern in dem zu bestärken, was sie schon wissen, seit sie zum Glauben gekommen sind: daß es Spuren in die jenseitige Welt hinüber da und dort gibt, ebenso wie es Spuren von drüben zu uns herüber je und je gegeben hat. Dabei ist uns wohl bewußt, daß diese Spuren an den vollen Gehalt der biblischen Offenbarung in Jesus Christus nie heranreichen und diese nie verdrängen können.

Der Rückbezug auf die Bibel ist von der verhandelten Sache her schon gegeben: die Bibel ist das Buch der Selbstmitteilung Gottes; bei dieser Selbstmitteilung hat Gott offensichtlich auch die Bereiche des jenseits der fünf Sinne Liegenden nicht verschmäht: Wahrträume, Ahnungen, Prophetie, Vision, Telekinese, Teleakustik, Verleiblichung und Entleiblichung, Entrückung, Totenerscheinung — bis hin zum Spuk haben alle diese klassischen Phänomene der Parapsychologie in den biblischen Büchern ihren Platz: Sollten bei dieser Fülle wirklich nur vor-christliche, orientalische, jüdische, heidnisch-antike Vorstellungen nachwirken? Man bedenke vor allem: ohne *Vision* des Apostels Paulus bei Damaskus wäre die Missionierung Europas nie in Gang gekommen. Ebenso kann und muß den Wundern der Bibel eine ganz neue Aufmerksamkeit

geschenkt werden, seit auf sie ein neues Licht von seiten der Parapsychologie fällt.
Wo stehen wir heute? Theologische und philosophische Gegenströmungen der letzten 150 Jahre haben die vielen Felder von PSI (außersinnliche, para-psychologische Erfahrungen) für viele Zeitgenossen völlig verbarrikadiert. Die immer weiter greifende Durchrationalisierung des Lebens und auch des christlichen Glaubens entrückt PSI der Glaubwürdigkeit. Wir leiden unter dem platten Materialismus, Nihilismus, Existentialismus mit seinen vielen Facetten, unter der atheistischen Psychologie (Freud), dem gängigen Skeptizismus, der Übermacht der sog. positivistischen Naturwissenschaft mit ihrer vorgeblichen Exaktheit. Das böse Erbe von Karl Marx, Feuerbach u.v.a. ist allenthalben sichtbar geworden.

Um so dankbarer beobachten wir aber eine jüngste Strömung innerhalb der Naturwissenschaft und Psychologie, die sich den besten Vertretern der Parapsychologie geöffnet hat. Wir sind auch nur dankbar, daß die PSI-Forschung, die früher obskure Geheimwissenschaft kleiner sektiererischer Zirkel war und ein riesiges, aber unseriöses Schrifttum hervorrief, heute überwundene Standorte verlassen, ihre Terminologie durchforstet, gesäubert und die modernsten Methoden experimenteller Forschungsarbeit in Europa und Amerika übernommen hat und diese immer weiter ausbaut.

Ich hoffe, wenigstens dies eine dem Leser mitgeben zu können: den Blick auf eine erweiterte Wirklichkeit über die fünf Sinne hinaus, in der die para-normalen Erfahrungen ihren Ort haben; ob der Leser den weiteren Schritt hinein in religiöse Erfahrungs- und Glaubensbereiche tun will und wird, bleibt ihm in aller Freiheit überlassen. Sollte ein weiteres Diesseits außerhalb der Dimension von Raum, Zeit und Kausalität denkbar sein? Deuten die Spuren nicht unabweisbar auf ein transzendentes echtes Jenseits? Wir stellen hier einleitend nur erst die Frage.

Immer wieder gefragt, warum ich „als Pfarrer solch ein Buch schreibe", kann ich nur antworten: weil ich von Jugend auf spontane Erfahrungen gemacht habe (Ahnungen, genau erfüllte Wahr- und Warnträume, Nekroskopie, Spuk), die mir die geheimnisdunkle Welt von PSI unabweisbar und übermächtig wahr erscheinen ließen, darum habe ich mich lebenslang in die schier unübersehbare Fachliteratur eingelesen. Ich wollte und mußte mir die Klärungsversuche aneignen, die die besten Fachleute von PSI zutage förderten.

Einige kleinere Veröffentlichungen von mir wurden mit so vielen Zuschriften aus weitesten Kreisen des deutschen Sprachraumes beantwortet, daß ich mich veranlaßt sah, mein Buch „Botschaft von Drüben?" im Jahr 1949 herauszugeben unter dem Leitgedanken: Neben allen gewissenhaft aufzunehmenden Klärungsversuchen seitens der experimentellen Parapsychologie ist die *religiöse* Wertung unerläßlich geworden.

Die erste Auflage fand ein für mich selbst verblüffendes Echo. Viele Zeitungen und Zeitschriften besprachen das Buch und druckten zum Teil in Fortsetzungsreihen Auszüge in ihren Spalten ab. Eine Lawine von Briefen aus dem Inland und Ausland wurde damit ausgelöst. Widerspruch blieb nicht aus, konnte nicht ausbleiben, zumal die Sache, um die es hier geht, immer den Widerspruch derer finden wird, die keinerlei spontane Erfahrungen gemacht haben. Daher ist auch das Gespräch mit solchen Lesern am schwersten. Mit einem Blinden kann man kaum über Farben diskutieren. Entschiedener Widerspruch kam lediglich von zwei Seiten. Einmal von katholischer: ein Pater meinte, man könne den ganzen Fragenkomplex nur dann fruchtbar behandeln, wenn man ihn einpasse in den Rahmen der katholischen Schuldogmatik. Sie allein eröffne das Verständnis für Natur und Übernatur. Der andere Widerspruch kam von anthroposophischer Seite mit dem genau entgegengesetzten Standpunkt: Allein die Offenbarungen Rudolf Steiners gäben die Voraussetzungen, die

übersinnlichen Phänomene in fruchtbarer Weise darzustellen und zu interpretieren.
Dieser doppelte Widerspruch wiederum gab mir ungesucht die Einsicht, daß ich mit meinem Versuch auf dem rechten Wege war. Denn meine Absicht zielt ja gerade dahin, den ganzen Komplex an Erfahrungen und Erkenntnissen im Bereich der überaus mannigfachen parapsychischen Phänomene freizuhalten von allen dogmatischen Eingrenzungen, sie aber immer wieder an die Quelle aller dogmatischen Fixierungen heranzubringen: an die Bibel selbst.

Die moderne kritische Theologie geht von der Voraussetzung aus, dem modernen Menschen sei nicht mehr an biblischen Texten zuzumuten, als er in den Grenzen seines Verstandes und seines Existenzverständnisses noch annehmen könne; damit entfällt der breite Bereich an Eingebungen, Stimmen, Ahnungen, Traumbefehlen, Traumwarnungen, Wundern, Hellsehen, Totenerscheinungen, Wiederverleiblichungen, Verklärung, Entrückung, des Fernhörens, des Spuks u.a. Wird die gereinigte Bibel durch dieses Verfahren glaubwürdiger? Es gibt noch den entgegengesetzten Standort, nämlich: was die Bibel auf diesen Gebieten berichtet, beglaubigen zu lassen durch Erfahrungen späterer Zeitläufe bis hin in unsere Gegenwart. So kann gerade der Blick auf außer- und übersinnliche Phänomene von gestern und heute uns die biblischen Berichte um so glaubwürdiger machen und ihre Überlieferung ganz neu wahr sein lassen. Dieser Blickrichtung will dieses Buch dienen. Überaus hilfreich wurde mir die Lehre des einst hochberühmten Tübinger Theologen Karl *Heim*[1], der den Begriff der „vierten Dimension" (ähnlich wie Zöllner 1922) in seine Gesamtschau von PSI einführte. Das war kein Ausweichen auf ein physikalisches Konzept. Er wollte damit sagen, daß die dreidimensionale Welt umgriffen ist von einer anderen, noch verschlossenen Dimension —, und diese ist gerade für die jüngste Physik denkbar geworden! Im Ver-

gleich: so wie die Nahtstelle zwischen psychischen, physiologischen und physikalischen Vorgängen „nicht definierbar" ist, aber doch da sein muß, so ist die Nahtstelle zwischen der dreidimensionalen Welt und einer vierten zwar „nicht definierbar", aber in den PSI-Erfahrungen erlebbar. Und was hindert uns, dem Schöpfergott des ganzen, ebenso „nicht definierbaren" Kosmos zuzutrauen, daß er außer den drei uns bekannten Dimensionen noch eine oder mehrere weitere Dimensionen verfügbar hätte?
Durch meine eigenen spontanen Erfahrungen wurde mir ein für allemal klar, daß es zwar nicht-erklärbare Sachverhalte und Tatbestände gibt, daß diese aber absolut existent sein können. Durch den Begriff der vierten Dimension im theologischen Sinngehalt ist auch die rationalistische Bibelkritik Rudolf Bultmanns überwindbar. Er muß sich von dem führenden Parapsychologen Professor Hans *Bender* sagen lassen: „Die in der sogenannten Entmythologisierung gesuchte Wissenschaftsnähe funktioniert nicht, denn man hinkt dem Stand der Wissenschaft um gut dreißig Jahre nach. Mittlerweile hat sich herumgesprochen, daß es empirisch feststellbare Erscheinungen gibt, die außerhalb der gegenwärtigen Erklärungsmöglichkeit stehen, Erscheinungen der unerklärlichen Wirkung der Psyche auf die Materie, die im gegenwärtigen naturwissenschaftlichen Weltbild nicht erklärt werden können. Das heißt, daß die Wundergeschichten des AT und des NT, oder die meisten von ihnen, durchaus nach unserem gegenwärtigen Wissen als Fakten denkbar sind. Gefragt, welche im religiösen Kontext genannten Wunder vielleicht keine PSI-Analogie finden, würde ich sagen, die leibliche Auferstehung und die Totenerweckung."[2]

Adolf *Köberle* geht einen Schritt weiter, wenn er bekennt, daß für manche PSI-Phänomene die spiritistische Deutung möglich sei (gemeint: Hereinwirken jenseitiger Kräfte). „Aufgrund der PSI-Erfahrungen aller Zeiten ist der (entmythisierende) Abbau gar nicht nötig ... Man kann mit Hilfe von

PSI ein wenig Apologetik treiben für das große Heer der Zweifler, die wir heute vor Augen haben." „Es scheint über die sichtbare Welt hinaus noch Realitäten zu geben, die man nicht ableugnen kann. Das ist noch kein lebendiger Gottesglaube, aber es ist ein Aufbruch aus der reinen Diesseitigkeit ..."[3]

Vorweg sei eine Abgrenzung in aller Klarheit ausgesprochen: dieses Buch will keineswegs alle PSI-Fälle religiös vereinnahmen. Es will der Parapsychologie als exakter methodischer Wissenschaft ganz und gar das Feld für jede rein innerweltlich-immanente Deutung frei lassen. Es wagt aber, das religiöse Zeichen da zu setzen, wo es vom biblischen Blickpunkt aus erlaubt, ja zwingend wird — eben in den Bereichen, die der Wissenschaft unzugänglich sein und bleiben müssen. Man kann nur dankbar sein, daß Hans *Bender* etwa angesichts bestimmter Wunder der Gegenwart (z.B. das Blutwunder im Dom zu Neapel) die religiöse Deutung als „signum Dei" frei gibt, ja sogar sagt: „Der experimentelle Zugang läßt sich mit der Glaubenssphäre durchaus vereinigen." Die Trennnung der Aspekte macht gegenseitig frei: die Parapsychologen und die Theologen. Es ist *Bender* weiter zu danken, daß er sich jüngst nicht mehr nur auf die animistische Deutung beschränkt: „... Sie können die spiritistische Hypothese auch nicht widerlegen, sie ist nicht denkunmöglich. Aber solange wir in der Interpretation mit den Ergebnissen des Laboratoriums auskommen, halten wir uns daran und nehmen Verstorbene nicht in Anspruch."[4]

Damit stoßen wir auf die Frage aller Fragen: gibt es ein Leben nach dem Tode, ist ein solches beweisbar?

Keine Wissenschaft kann Leben nach dem Tod beweisen, denn alle ihre feinsten Forschungsmethoden und -inventare haben ihre eiserne Grenze an der Schwelle des Todes. Und wenn Tote aus dem Jenseits gerufen werden, so ist immer die Frage der exakten Identität noch offen. Nur wer „drüben" ist, könnte diese Identität leisten. So muß die Parapsychologie im dreidimensionalen Raum des Diesseits bleiben — aber die PSI-Erfahrungen reichen weiter, eben in den nur noch religiös faßbaren „Raum", in dem Christus, der Garant der Auferstehung und also des Lebens nach dem Tode, lebendig ist. Die Aussagekraft der hier einschlägigen neutestamentlichen Texte ist für die PSI-Wissenschaft ein fremder Bereich.

Daß es ein Leben nach dem Tode gibt, ist bei allen Klassikern der christlichen Theologie völlig unbestritten durch alle Jahrhunderte hindurch! Im krassesten Gegensatz hierzu wird Dorothea *Sölle* mit dieser Urfrage leicht fertig: „Wir interessieren uns nicht für ein Weiterleben nach dem Tode. Ich persönlich gehöre zu den vielen Menschen heute, die nicht an ein Weiterleben nach dem Tode glauben." [5]

Wir haben wohl alle noch im Ohr die Einladung Jesu Christi an seine Jünger (Matth. 26,29 — Markus 14,25 — Lukas 22,18): „Ich werde vom Gewächs des Weinstocks nicht mehr trinken bis an den Tag, da ich's neu trinken werde mit euch in meines Vaters Reich." Wenn es nur dies einzige Christuswort gäbe, hätten wir in ihm die Bürgschaft des Lebens nach dem Tode. Sollte Christus nur Bilder um der Bilder willen gezeichnet haben? Wenn er das unvergeßliche Bild jener himmlischen Mahlzeit prophetisch entwirft, dann doch nur, weil er mit der nach-todlichen Fortdauer seines und unseres Lebens in granitner Gewißheit rechnete. Von diesem Leben nach dem Tod in der uns verborgenen Dimension des Jenseits hat *C. G. Jung* in seinem letzten Buch „Erinnerungen, Träume, Gedanken" noch ahnungsschwer gesprochen: „Die Vernunft zeigt uns nur die dunkle Grube, die uns nach dem Tod erwartet — es gibt aber auch hilfreiche und unbewußte Bilder eines zukünftigen Lebens, die aus dem Unbewußten aufsteigen, die einzelnen Menschen als Träume oder Visionen geschenkt werden und die dem Dasein einen Glanz verleihen, den man nicht missen möchte." [6]

Eckart *Wiesenhütter* kommt zu ähnlichen Einsichten: „Im Rahmen einer existentiellen Gesamtbetrachtung kommt man nicht um das Einberechnen eines transzendenten Sinnes herum, der über die Grenzen der individuellen Seele hinausführt. Das Körperliche und das Erlebnismäßige stellen nur je eine Projektionsebene dar für ein Geschehen, dessen Strukturen mehr Dimensionen aufweist als bloß diese beiden. In toddrohenden Situationen kommt es zu einer Raum und Zeit überflügelnden ‚Höchstspannung der Energie', als deren Sinn nicht mehr das Prinzip der Immanenz, sondern der Transzendenz anzusehen ist." [7]

II

AHNUNGEN

1. *Gedankenübertragungen*

Johann Gottfried *Herder* hat in seinem Gedicht „Ariost am Felsen" ausgesprochen, was es um das Geheimnis der Gedanken ist: „Was sind Gedanken in dir anderes als Abbildungen dessen, was von außen du vernimmst und in dir ordnest?" Sie sind also ein Echo dessen, was von außen an uns herantritt und ununterbrochen die Vorgänge des Durchdenkens hervorruft.

Aber nicht nur an der Welt der Erscheinungen nährt sich unsere Gedankenkraft. Sie kann durch Gedanken, die an uns herankommen, immer wieder entzündet und bereichert, aber auch verstört und krank werden. Darum ist der Umgang mit unseren und mit fremden Gedanken eine so wichtige, der Zucht des reinen Willens zugeordnete Äußerung unseres Lebens.

„Es scheint, Gedanken lassen sich durch Gedanken locken, und unsere Geisteskräfte müssen, wie die Saiten eines Instruments, durch Geister gespielt werden." Damit hat *Schiller* im Briefwechsel mit seiner Schwester Christophine auf den verborgenen Hintergrund der Gedanken gedeutet: Wer ist es, der auf dem feinen Instrument der Gedankenwelt spielt? Ist es unser Geist? Oder Gottes heiliger Geist? Oder sind es die Geister großer Dichter und Denker? Ist es der immer umschlägige Zeit-Geist, oder sind es die Geister der dämonischen Welt? — All dem steht unsere Gedankenwelt grenzenlos offen.

Aber nun ist das Erstaunliche, daß wir über unsere Gedankenwelt nicht verfügen, sie nicht für uns abkapseln können.

Sie wirkt in anderer Menschen Leben hinein, unsichtbar, oft genug unfühlbar — und kann dennoch ein Nährstoff, aber auch ein Giftstoff fremder Seelen sein.
Das erhärten die Gedankenübertragungen, die gerade zwischen sich nahestehenden Menschen immer wieder erlebt werden. „... Denn unumschränkt fliegt der Gedanke über Meer und Lande, erreicht sein Ziel, so schnell er es nur denkt" (*Shakespeare,* Sonett).
Ganz wörtlich: So schnell wir denken, in der nämlichen Sekunde haben die Kabel von Seele zu Seele schon ihre Arbeit getan und schalten unsere Gedanken in das Gedankengewebe eines anderen ein. Das gilt — Gottlob! — nicht in Bausch und Bogen, aber doch häufiger, als uns zum Bewußtsein kommt.

B. R. in L. schreibt: „Am späten Abend will ich die Schuhe wechseln und den alten Hausrock anziehen — da überkommt mich das bestimmte Gefühl: tu es nicht, es kommt heute noch ein später Besuch! Gegen meine tägliche Gewohnheit bleibe ich in meiner besseren Kleidung wie tagsüber. Etwa zehn Minuten später läutet es und völlig unangemeldet steht ein Gast aus Amerika vor mir" (1967).

Frau A. S. in N. denkt eines Morgens an eine frühere Freundin, die, ehemals reich, jetzt verarmt in L. lebt. Sie hofft dabei, deren vermöglicher Vetter im Ausland möchte kommen und der Freundin weiterhelfen, vielleicht sogar mit ihr gemeinsam einen Besuch bei Frau S. machen. Aber seit vielen Jahren hat Frau S. keine Verbindung mehr mit jener Freundin. Eine Stunde nach dieser Überlegung kommt ein Brief von ihr und lädt Frau S. ein, sogleich ins Grand-Hotel zu kommen, wo sie eben mit ihrem Vetter Wohnung genommen habe.

Dazu ein Bericht von R. D. in E.: „Am 30. Juli 1954 war ich in Buenos Aires, wollte nach Paraguay fahren und hatte schon die Schiffskarte für den nächsten Morgen gelöst. Plötz-

lich warnte mich die innere Stimme: fahr nicht hin, sondern sofort nach Hause (nach Bariloche). Ich gehorchte der inneren Stimme und fuhr etwa 6 Stunden nach B. Meine Frau holte mich ab und sagte gleich, sie habe gebetet, ich möchte sofort heimkehren. Genau in der Stunde meiner ‚inneren Stimme' ist unser 17-jähriger Sohn bei einem Motorradunfall schwer verletzt worden. Lange schwebte er in Lebensgefahr. Meine Frau hatte mich also heimgerufen."

Hier möge ein Erlebnis festgehalten sein, bei dem hinter der nur menschlichen Gedankenverbindung die Leitung des höheren, des Heiligen Geistes sichtbar wird.

Direktor D. in N., ein gläubiger Christ, muß eines Tages während seiner Arbeit im Büro ganz stark an einen jungen Mann H. W. denken, den er vor knapp zwei Jahren kennengelernt, aber ganz aus den Augen verloren hatte. Eine innere Stimme sagt ihm: „Bete für H. W.!" So geht er unverzüglich in seine Wohnung und zieht sich zum Gebet zurück. Am gleichen Tage steht H. W., der eigens von auswärts angereist kam, vor seiner Tür und beichtet, er habe wegen einer schweren Verfehlung aus Furcht vor Strafe gestern Selbstmord begehen wollen, Stuhl und Strick schon bereitgestellt, um sich zu erhängen — da habe eine Stimme ihm laut zugerufen: „Tu es nicht, gehe zu Herrn Direktor D.!" Und so kam es zum Bekenntnis seiner Verfehlung und anderer Entgleisungen. H. W. unterzog sich dann willig der Strafe seines irdischen Richters. Seine Seelengeschichte ist damit noch nicht zu Ende erzählt.

Gedankenübertragungen sind das häufigste, geradezu alltägliche PSI-Phänomen. Wir stehen angesichts solcher immer spontanen telepathischen Erfahrungen vor dem Wunder der menschlichen Seele und ahnen hinter ihr den geheimnisvoll wirkenden Gott, der „zu seiner Zeit" Seele mit Seele verbindet. Es lag nahe, wissenschaftliche Versuchsreihen zu veranstalten, um zu erproben, ob Gedankenübertragung auch bewußt durch menschlichen Willensimpuls zustande kommen und gesteuert werden könne. Es folge ein Beispiel aus der antireligiösen Welt des Kommunismus aus jüngster Zeit.

Professor W. Wassiliew baut und vertraut auf die Tatsache, daß winzige elektrische Stromspuren im menschlichen Körper vorhanden sind, eine Energie im Gehirn, Radiowellen vergleichbar, Hirnaktionsströme, die zwischen zwei Menschen als Sender und Empfänger zu aktivieren seien. Er machte 26 Experimentalreihen zu je 80 Versuchen mit 24 Versuchspersonen in verschiedenen Entfernungen, Tür an Tür, aber auch bis zu 1700 km Abstand. Damit führte er die weltbekannten Versuchsreihen von Professor Rhine in Amerika weiter. Im Ergebnis kam es zu weit mehr erfolgreichen Gedankenübertragungen, als der bloße Zufall wahrscheinlich machte. Er ließ sogar eine Isolierkammer bauen, die durch bleiüberzogene Eisenplatten, fugen-verschließendes Quecksilber die völlige Abschirmung sicherstellte. Im Widerspruch zu seiner materialistischen Weltanschauung erlebte er, daß selbst bei Entfernungen zwischen Leningrad und Sewastopol trotz solcher Abschirmungen die telepathische Verbindung zustande kam![1]

Jedoch hat Professor Pascual *Jordan* (bei einer PSI-Fachtagung in der Universität Mannheim im Jahr 1973) erklärt, daß man PSI-Phänomene nicht mit Hilfe der Physik erklären könne, da die im menschlichen Körper vorhandenen elektrischen Stromspuren zu winzig seien, als daß sie für telepathische Gedankenübertragungen ins Gewicht fallen könnten. Ein junger Physiker erklärt, daß man die Körperelektrizität von 26 000 Menschen zusammenfassen müßte, um ein ganz schwaches Aufglimmen für eine Sekunde Leuchtkraft zu erzielen. Käme der Tag, wo wir Menschen die Gedankenübertragung bewußt gelenkt in unserer Vollmacht hätten, so würden sich teuflische Möglichkeiten in einem Kriegsfall verwirklichen: Befehlslenkung aus einem Generalstabsquartier etwa an Flugzeuge oder U-Boote über alle Breitengrade hinweg! Oder gar Sendungen in den Weltraum hinaus? Es ist bekannt, daß amerikanische und russische Fachleute an diesen Möglichkeiten arbeiten ...

2. *Eingebungen*

Gedanken können zu den unsichtbaren Boten Gottes werden, die uns vor Gefahren des Leibes und der Seele schützen. Solche Gedanken sind dann wie Gäste aus der jenseitigen Welt, die unauffällig kommen und gehen. Wehe dem, der sich ihrem behutsamen Wink verschließt und den Segen verschüttet, wann immer er uns dargereicht wird!

Aus den Jahren des Zweiten Weltkrieges seien einige Beispiele erwähnt:
Der Lehrer H. R. in R. hat nachts zwischen 12 und 2 Uhr auf einem unbeleuchteten Kasernenhof Wachdienst zu tun. Es ist völlig finster, weder Mond noch Sterne leuchten. Nachdem er bereits mehrmals seinen vorgeschriebenen Gang gemacht hat, ist es ihm plötzlich, als veranlasse ihn ein fremder Wille, an einer bestimmten Stelle innezuhalten und still zu stehen, um mit der Hand ohne ersichtlichen Grund den Boden vor seinen Füßen abzutasten; die Hand fühlt aber keinen Boden, keinen Grashalm, keine Betonkante, sie greift vielmehr in eine gähnende Tiefe. Am nächsten Morgen erkennt er, daß hier der Deckel eines großen Einsteigeschachtes versehentlich offen geblieben war. Um Haaresbreite wäre er hineingestürzt, hätte er nicht dem verborgenen Willensantrieb gehorcht.

Der Gatte von Frau M. R. in N. lernte als Soldat einen Priester kennen, der der russisch-orthodoxen Kirche angehörte. Er schreibt mehrmals über jenen Priester nach Hause, nennt auch dessen Namen. Und dann ist der Gatte jahrelang vermißt. Frau R. ist eines Tages unterwegs, einen Besuch zu machen. So geht sie durch die inzwischen von Rußlandflüchtlingen überfüllte Stadt, schlägt aber mitten auf dem Weg gegen ihre Willensabsicht „plötzlich einem unwiderstehlichen Gefühl folgend“ genau die entgegengesetzte Richtung ein. In ihr kämpfen Gefühl und Wille, aber sie gehorcht der augenscheinlich törichten Eingebung, läßt sich vom Strom der Menschen weitertreiben, gelangt in ein Haus, in dem Flüchtlinge untergebracht sind, ohne diese zu kennen. Sie steigt darin bis zu einer Dachkammer empor, liest fremde Namen, klopft an, ein russischer Priester tritt ihr entgegen. Sie stellt sich vor, worauf er Erstaunen zeigt. Er kannte einen deutschen Soldaten namens R. Mehr noch: er ist jener Priester, von dem R. nach Hause geschrieben hatte!

Weit häufiger stammen solche Eingebungen aus dem Wunderland der *Träume.* Ein aus älterer Zeit berühmtes Beispiel: *Als Georg Friedrich Händel sein Oratorium „Der Messias“ zu Ende führen wollte, ermattete die Eingebung des Komponisten. In einem Traum aber wurde ihm jener unvergleichliche Schlußchor geschenkt, den er sogleich nach dem Erwachen niederzuschreiben begann und der zu den Höhepunkten der Kirchenmusik zählt.*[2]

Frau M. B. in N. träumte, sie ginge spazieren und sähe am Wegrand zwei Engel stehen. Jener Tag ging ohne etwas Auffälliges vorüber. Am späten Nachmittag aber fuhr ihre Schwester mit ihrem Enkelkind auf einem Pferdefuhrwerk in den Wald. Die Pferde scheuten, so daß die beiden Menschen herabgeschleudert wurden und unter die Pferde zu liegen kamen. Augenblicklich aber standen die Pferde, wie von unsichtbaren Gewalten festgehalten, auf der Stelle still, so daß die Frau mit ihrem Enkelkind fast unversehrt geborgen werden konnte. — Sollten nicht auch die Augen der Tiere etwas von den Gestalten der Engel sehen dürfen, wenn sie da und dort „in den Weg treten?“ (4. Mose 22,22)

Träume können, als Eingebung Gottes verstanden, Engeldienste tun. In einem unterfränkischen Bergdorf mußten vierzehn Schüler zum täglichen Unterricht auf einem Lastwagenanhänger in das Taldorf St. hinunterfahren. Die Fahrstraße ist steil und gefährlich. Da träumte der Konfirmandin M. T. in V., das Auto, das die Schüler täglich benutzten, läge mit Achsenbruch an einer Biegung der Straße im Graben. An jenem Morgen erzählt das Mädchen ihren bösen Traum den an der Straße schon wartenden Mitschülern. Daraufhin hat niemand Mut, einzusteigen. Sie gehen zu Fuß ins Tal. Und finden unterwegs tatsächlich den Wagen im Straßengraben liegen, genau wie im Traum. Alle Schüler blieben verschont.

Frau M. W. in N. lag in schwerer Krankheit, vom Arzt aufgegeben. In totähnlicher Ermattung träumte sie, an einem Tore zu stehen, durch das hindurch ihr Blick auf einen freien Platz fiel. Dort erkennt sie ihren verstorbenen Vater, der ihr mit lebhaften Gebärden abwinkt, als sie sich ihm nähern will. Es ist, als schiebe er seine Tochter von sich, noch ehe sie ihn umfangen konnte. — Die Todkranke erwacht und wird gegen alles Erwarten wieder gesund. Sie lebt heute noch in hohen achtziger Jahren. Aus jenem Traum gewann sie neuen Lebensmut, weil ihr die Stunde des letzten Aufatmens noch nicht gekommen war.

Eingebungen spielen im Leben genialer Männer eine erstaunliche Rolle. Richard Wagner fand das berühmte Rheingold-Motiv (Vorspiel) im Schlaf in einem Gasthof von La Spezia, Mozart hat nach eigenen Äußerungen manche seiner Schöpfungen erträumt, ebenso Tartini eines seiner Hauptwerke, die Teufelstriller-Sonate. Ähnlich sollen Dichter wie Samuel Coleridge und Robert Stevenson ihre Motive aus Träumen gewonnen haben. Bekannt ist das Erlebnis des deutschen Chemikers August Kekulé, der in London, in einem Stellwagen schlafend, die erste Phase der Paraffine einer Benzolreihe entdeckt — oder besser geschenkt bekommen hatte. Der französische Mathematiker Henri Poincare löste die Hypergeometrie der sog. Fuchsschen Funktionen im Traum. Carl Duisburg fand im Schlaf einen neuen Farbstoff, dessen Auswertung seinem Unternehmen riesige Gewinne einbrachte; Paul Ehrlich fand die Erklärung für die Gegenwehr der Zellen, bei in den menschlichen Organismus eingedrungenen Giftstoffen ebenfalls im Schlaf.

Handelt es sich um Tiere, so wollen wir das Wort „Eingebung" nicht auf sie münzen. Aber Ahnungen, die ihnen zuteil werden, sei es zu ihrem eigenen Heil oder zum Heil mit ihnen lebender Menschen, sind, wenn auch ganz selten, bezeugt.

Im Jahre 1927 bemerkten die Gebäudeaufseher des österreichischen Parlamentsgebäudes in Wien, daß Hunderte von Taubenpaaren, die bisher ihre Nester in den steinernen Verzierungen des nahe gelegenen Justizpalastes hatten, zum Parlamentsgebäude übergesiedelt waren, wo sie sich neue Nester bauten. Was konnte die Tauben veranlaßt haben, wegzuziehen, wo sie doch seit Jahrzehnten an den Gesimsen des Justizpalastes genistet hatten? Man fand nichts. Schließlich aber beschlossen die Stadtväter, die Tauben von ihren Nistplätzen vertreiben zu lassen, um das Parlamentsgebäude wieder unentstellt von ihren Spuren darzubieten. An einem Freitag sollte damit begonnen werden — dem selben Freitag, an dem der Justizpalast in Flammen aufging, vor denen sich die Tauben noch rechtzeitig in Sicherheit gebracht hatten.[3]

Noch ein letztes Beispiel aus dem Leben eines Genies: der dänische Physiker und Nobelpreisträger Niels Bohr (1885—1962) träumte, er säße auf einer Sonne aus brennendem Gas. Zischend und fauchend rasten Planeten an seinem Auge vorbei, und alle Planeten schienen durch feine Fäden mit der Sonne verknüpft zu sein. Diese Eingebung im Schlaf erschloß ihm die theoretische Grundlage für die Atomforschung.[4]

3. *Böse Ahnungen*

Die neue Psychologie hat ausgesprochen, daß in der ganzen Menschheit eine Ur-Erinnerung an vorgeschichtliche Zeiten und Ereignisse noch unbewußt lebendig sei (*Jung*), aus der heraus erst das Handeln der Völker verständlich werde. Jedenfalls: Welch eine unheimliche Machtfülle birgt die Erinnerung! Sie kann das Verborgenste ans Licht ziehen, kann uns Augenblicke, Gespräche, Taten, Verknotungen der Schicksalsfäden wiederbringen, als wäre die Spanne der Jahre ein leicht verwischbarer Hauch, ein Schatten gegenüber dem unverrückbaren Felsen des Gedächtnisses. Aus dem Meer der Erinnerung können winzige Einzelheiten wie schillernde Bläschen aufsteigen, um nach kurzem Glänzen wieder ins ungestaltete Nichts zurücksinken. Sie können auch der gefährliche Nährboden böser Ahnungen werden. Es wohnt ihnen eine rückstrahlende Kraft inne, die sich auch der Zukunft bemächtigen und Menschenseelen einem dunklen Banne ausliefern kann. Darum ist es unzureichend, die Erinnerung nur als „die lieblichste Würze der Welt" zu preisen, wie es Goethe in einem Epigramm aus Venedig getan hat; darum sehen wir in ihr beileibe nicht nur „das einzige Paradies, woraus wir nicht vertrieben werden können" (*Jean Paul*).

Ein Heimkehrer aus dem Zweiten Weltkrieg klagte seinem Arzt, er könne seiner alltäglichen Arbeit nicht mehr nachgehen. Er werde immer wieder durch Bilder von Szenen überfallen und gequält, die sich auf einem untergehenden Schiff abspielten. Dieser Dampfer, gegen Ende des Krieges auf hoher See ohne jeden Schutz unterwegs, war mit zwanzigtausend Menschen, teils Soldaten, teils fliehender Zivilbevölkerung, weitaus überladen. Kurz nach Eintritt der Dunkelheit torpedierte ihn ein feindliches Unterseeboot. Es kam zu furchtbaren Auftritten. Das elektrische Licht versagte, die wenigen Rettungsboote kenterten, da sich zu viele Menschen hineinstürzten. Die schnell eingeschaltete Notbeleuchtung wurde aber in der Panikstimmung durch Frauen wieder zerstört. In dieser Lage versuchte der Heimkehrer, der damals Offizier war, zusammen mit einem Kameraden die Disziplin dadurch wieder herzustellen, daß er eine Reihe dieser Frauen erschoß. Dies geschah mit der Pistole aus nächster Nähe. Die Bilder jener Augenblicke, in denen die Frauen, manche mit Säuglingen auf dem Arm, zusammenbrachen, auf den Gesichtern jene leicht erstaunte Wehmut spiegelnd, die er von Exekutionen an Kameraden schon kannte, — diese Bilder lassen ihn nicht mehr los. Er meint sich insonderheit vorwerfen zu müssen, daß er bei dem ganzen Vorgang gar nichts empfand als die leicht gespannte Erwartung auf jenen merkwürdigen Zug im Gesicht der von ihm Niedergeschossenen, sonst keinerlei Gemütsbewegung oder Erregung. Er selbst gehörte zu den etwa zweihundert Geretteten, was dem Umstand zu verdanken war, daß er als Flieger eine Schwimmweste auf dem Leib trug. Ihre phosphoreszierende Imprägnierung machte nachts noch ein Torpedoboot auf ihn aufmerksam, das ihn in bewußtlosem Zustand auffischte. — Es liegt am Tage, daß hier das Gewissen unüberhörbar mitspricht. Ja es ist, als mache es sich die rückstrahlende und zugleich vorwärts, auf den Jüngsten Tag ausstrahlende Kraft der Erinnerung dienstbar, der vor dem letzten Richter auch das Dunkelste freilegen wird, was auf Erden ohne Zeugen und Richterspruch nur scheinbar dem Schweigen der Vergessenheit anheimfiel.[5]

Vorahnungen kommenden Unheils können schon Kindern zuteil werden.

Als Kind empfand Frau M. R. einen plötzlichen Schrecken. Ihre Mutter hatte sich fröhlich von ihr verabschiedet. Kurz darauf überfiel sie eine unbeschreibliche Angst um ihre Mutter. Diese Angst war durch keine äußere Ursache erklärbar. Später erfuhr das Kind, daß zu dieser Zeit seine Mutter gestürzt und bewußtlos liegengeblieben war.

Hierher gehören auch Ahnungen vergangenen Unglücks.
Die weltberühmte Schauspielerin Eleonore Duse stieg auf einer Gastspielreise in einem Hotel ab, konnte aber keinen Schlaf finden. Sie erbat noch in selbiger Nacht ein anderes Zimmer, da sie um ihr Bett her dunklen Rauch und Flammen sähe, wie sie dem herbeigerufenen Gastwirt erklärte. Dieser erfüllte den Wunsch sofort und berichtete, daß sich in jenem Bett in der Nacht zuvor ein fremder Gast erschossen hatte.

C. H. in H. erzählt:
Meine Freundin mußte umziehen, konnte aber in ihrem neuen Schlafzimmer durchaus keinen Schlaf finden. Es war ihr oft unheimlich, obwohl keinerlei Hinweise vorhanden waren. Sie erfuhr dann, daß der frühere Mieter sich in diesem Raum erhängt habe. Daraufhin räumte sie um. In einem anderen Raum fand sie den ersehnten Schlaf.

Die Bäuerin E. G. in W. arbeitete im Herbst 1942 auf dem Felde; plötzlich, ohne daß sie durch irgendeinen Brief oder eine Radionachricht ängstlich gemacht worden war, fühlte sie sich gezwungen, sofort ihre Arbeit liegenzulassen, von furchtbarer Sorge um ihren Sohn in Rußland „wie gelähmt". Sie zieht sich in einen schmalen Graben neben ihrem Feld zurück und betet sogleich für diesen Sohn. Lange Zeit später schreibt er ihr, er sei an jenem Herbsttag in schwerste Lebensgefahr geraten dadurch, daß sein Unterstand von Russen in Brand gesteckt worden und er als einziger seiner Truppe „wie durch ein Wunder davongekommen" sei. Die Mutter hatte sich den Tag gemerkt; die Daten stimmten genau überein.

Die Schauspielerin Luise Ullrich berichtet in ihrem Erinnerungsbuch „Sehnsucht, wohin führst du mich?" ein Beispiel, wie südamerikanische Naturvölker von bösen Ahnungen erfüllt werden, wenn der Balbus, eine Pflanzengattung der Gramineen, blüht:

„Die Einheimischen haben schon lange vorher gewußt, daß dieses Jahr ein Erdbebenjahr werden würde. ‚Der Bambus blüht!' so ging der Spruch von Land zu Land, und alle erschraken. Der Bambus blüht nur vor großen Katastrophen. Kurz darauf bebte die Erde in Chile, verwüstete Landstriche und vernichtete Städte zurücklassend. Und die ganze Westküste des Kontinents bebt mit und kann nicht mehr Ruhe finden. Am nächsten Tag scheint die Sonne. Alles geht seinen gewohnten Gang weiter. Ich vergesse das sonderbare Gefühl des miterlebten Erdbebens und fühle mich wieder sehr stark. Man vergißt so schnell . . .“ [6]

Zumeist vermitteln sich böse Ahnungen durch Traumbilder, die immer wiederkehren können. Dunkle Wasserfluten, die man nicht zu durchschreiten wagt, bösartige Tiere, Wunden des Körpers können solche Traumzeichen sein. L. H. berichtet: *Das Traumbild blutiger Zähne, die ich mir selbst aus dem Mund nehmen mußte, hat mir mehrmals schlimme Nachrichten vorangemeldet. So wachte ich vor längeren Jahren von diesem üblen Traum auf. Eine Stunde später rief mich ein Mann von auswärts an; er war kaum der Sprache fähig vor innerer Erregung. Er berichtete mir in hellem Entsetzen, er habe soeben seine Frau erschossen, der Schuß sei ihr durch den Mund gegangen, natürlich unabsichtlich, in dem Augenblick, als er einen Raubvogel abschießen wollte und dabei auf einem feuchten Brett auf der Türschwelle seiner Hühnerfarm ausgeglitten sei. Sie wollte den Abschuß beobachten und war im Türrahmen dicht hinter ihrem Gatten erschienen.*
Ein andermal, als ich wieder im Traum mir blutige Zähne herausnehmen mußte, bekam ich am gleichen Tag die Nachricht vom Tode zweier mir nahestehender Menschen. Nichts deutete aber auf deren Sterben in weiter Ferne hin.

Ein Tierbändiger, der gewohnt war, Vorstellungen mit Löwen zu geben, träumt, seine Hand sei von Krallen zerkratzt. Trotzdem wagt er es wie allabendlich, seine Vorstellung zu geben. Und es geschieht nichts. Da nimmt er sich vor, am späten Abend noch seiner Mutter zu schreiben, Traumahnungen seien barer Unsinn. Während er nach dem Schreibpapier greift, wird eine neben ihm sitzende Katze durch das Rascheln des Papiers nervös, zerknüllt das Blatt und verkratzt dabei die Hand des Mannes so, daß er sie verbinden mußte — wie er es im Traume vorhergesehen hatte.

Frau C. R. träumte: ihr Schwager gehe auf sie zu, um ihr eine lebensgefährliche Reise anzukündigen. Die Frau wußte mit dem Traum nichts anzufangen. Nach einigen Monaten bekam sie eine behördliche Mitteilung, jener Mann sei, in einem anderen Erdteil, mittels eines kleinen Schiffes von Verbrechern verschleppt worden. Er gehe einem schweren, völlig ungewissen Schicksal entgegen.

Bedeutsam ist folgendes Erlebnis einer thüringischen Bäuerin. Mitten aus gesundem Schlaf heraus wurde sie hellwach, um erst dann eine klare Ahnung zu empfangen, also nicht durch Vermittung eines Traumes. Es war im Februar 1942. Plötzlich wach, springt sie erschreckt aus dem Bett und ruft mehrmals: „Unser Junge! Ich glaube, er stirbt!" Ihr Gatte beruhigt sie, erinnert daran, daß der Sohn ja nicht vor dem Feind, sondern bei einem harmlosen Fährenlehrgang in Frankreich eingesetzt sei. Die Bäuerin kommt aber aus ihrem Zittern noch lange nicht heraus. Später schrieb ein Bauernsohn des Nachbardorfs, der ‚zufällig' dem gleichen Fährenlehrgang zugeteilt war, daß seine Leute in jener Nacht beinahe im Meer ertrunken wären. Die Mutter schrieb diese Andeutung wiederum ihrem Sohn, worauf er antwortete: „Gern hätte ich euch alles zu erfahren erspart. Aber jetzt sollt ihr auch alles wissen. Trotz sehr stürmischen Wetters mußte unsere Fähre aufs Meer hinaus. Nahe beim Golf von Biscaya kamen wir in arge Seenot, zwölf Stunden lang, weil wir in große Eisschollen eingeklemmt wurden und weder vorwärts noch zurück konnten. Alle unsere Notsignale blieben erfoglos. Wir hatten mit unserem Leben abgeschlossen. Ich betete zum Herrn für meine Seele und dachte an Dich, liebste Mutter. Immer mehr Wasser drang eisig auf uns ein. In letzter Minute erst kam ein französischer Schlepper heran und rettete uns alle vor dem Tod ..."

Viel seltener ist die merkwürdige Gabe, das bevorstehende Sterben eines Menschen in dessen Gegenwart vorauszuahnen. Aus früherer Zeit ist Emanuel Swedenborg, der Geisterseher aus Stockholm (1688—1772), um dieser Begabung willen unvergessen geblieben.

Man nennt diese Art der bösen Ahnungen in der Fachsprache Nekroskopie (Toten-Schau).

Aus dem Zweiten Weltkrieg kann ein solches Beispiel erwähnt werden, das L. S. in H. berichtet. Einige Offiziere sind beisammen; einer unter ihnen behauptet, er könne seinen Leuten ansehen, ob dieser oder jener nicht mehr lebend aus einem Gefecht heimkehre. Ein Mann des Offizierskreises wirft ein: „Alles nur Vorherbestimmung! Ich wollte mir eine Pistole laden und abdrücken! Wenn es nicht sein soll, muß sie augenblicklich versagen!" Und der Frevler wagte es, hält die Waffe an die Schläfe, drückt ab — sie versagt ihren Dienst. Da sagt der erste Offizier bedeutungsvoll: „Ich wundere mich, Herr ..., daß es eben nicht losging, denn ich habe Ihnen angesehen, daß Sie fallen!" Der Angeredete erblaßt bis unter die Haarwurzeln und verläßt sofort in bösem Schweigen den Kreis der Zuhörer. Unterwegs aber wird er erschossen; irrtümlich, wie die Untersuchung ergab.

Pfarrer S. L. in L. schreibt: „Ich leide unter der Gabe der gelegentlichen Nekroskopie. Am Neujahrsmorgen beglückwünschte ich bei einem Empfang unser Stadtoberhaupt. Dem bärenstarken Mann gegenüberstehend, wußte ich spontan, daß dieser in sein letztes Lebensjahr eingetreten sei. Nichts deutete auf lebensgefährliche Krankheit hin. Aber nach wenigen Wochen war er tot. — Einer meiner Kirchenvorsteher verabschiedete sich von mir vor Antritt einer sommerlichen Urlaubsreise. Während ich dem ganz gesunden Mann die Hand gab, wußte ich spontan, daß ich ihn nie mehr wiedersehen würde. Ich sah ihn tot, mit dem inneren Auge. Kaum erreichte er noch seinen Ferienort, da brach er auf den Stufen seines Hotels tot zusammen. — Oft begegnete ich in meiner Pfarrei einem ebenfalls kerngesunden Mann. Plötzlich wußte ich ihn in Lebensgefahr, redete mir diese innere Gewißheit aber aus, weil nichts darauf hindeutete. Nach wenigen Tagen wurde er von einem scheuenden Pferd an der Stirnseite seines Hauses beinahe zu Tode geschleift (1967).

Dazu ein Beispiel aus älterer Zeit, das in einen sogenannten „Erfüllungszwang" ausmündete:
Robert Schumann schrieb am 28. November 1837 an seine Braut Klara Wieck: „Mir träumte, ich ging an einem tiefen Wasser vorbei. Da fuhr mir's durch den Sinn, und ich warf meinen Ring hinein — da hatte ich unendliche Sehnsucht, so daß ich mich nachstürzte." — Siebzehn Jahre später, am 27. Februar 1854, warf Schumann in geistiger Umnachtung seinen Ehering in den Rhein und stürzte sich hinterher in die tödlichen Fluten. Er wurde aber gerettet und nach einer Heilanstalt verbracht, wo er noch zwei Jahre umnachtet dahindämmerte.

Eine böse Ahnung erfüllte sich im Leben einer jungen Lehrerin. Sie ließ beim Frühstück ihre Gabel fallen und schrie auf: ihr Verlobter, ein junger Ingenieur der Handelsmarine, der eben mit seinem Schiff auf hoher See war, sei in Lebensgefahr. „Er kann jeden Augenblick in die Luft fliegen!" rief sie. Sie sprang auf und drehte das Radio an. In den Nachrichten wurde gemeldet, in einem Schiff auf hoher See habe sich eine Sprengstoffladung losgerissen und könne jeden Augenblick explodieren. Es war das Schiff ihres Verlobten. Der Sprengstoff wurde dann noch in Sicherheit gebracht, und das Schiff kam heil davon. Die Lehrerin konnte sich nicht erklären, warum sie die Gefahr gespürt hatte (1961).

Eine warnende Stimme hörte Frau Dr. F. Sch. in H. Sie berichtet:
Als zwölfjähriges Mädchen weilte ich bei meiner Großmutter in Baden in der Wohnung meines Onkels, eines Arztes. Einmal war ich allein, Großmutter war früh nach Ulm gefahren und sollte erst abends zurückkommen. Mittags ging ich in das Studierzimmer des Onkels. Dort wollte ich einen Bleistift holen. An der Zimmertür angelangt, hörte ich plötzlich meine Großmutter deutlich rufen: „Franzele!" Ich glaubte, mich getäuscht zu haben und wollte weitergehen. Da rief es noch einmal deutlicher: „Franzele!" Und als ich den Fuß über die Schwelle setzen wollte, rief es zum drittenmal und so scharf, wie es Großmutter nur im Zorn sagte: „Franziska!!" Wie gebannt blieb ich stehen. In diesem Augenblick stürzte der mittlere Teil der Zimmerdecke ein und überschüttete mit seinen Trümmern den Schreibtisch des Onkels. Großmutter kehrte heim; sie war sehr betroffen von meiner Erzählung und hatte tagsüber keine Ahnung von der Gefahr, in der ich schwebte, gehabt (1962).

Es liegt nahe, unsere Beispielskette mit Theorien über Telepathie abzuschließen, ihre Möglichkeiten und Grenzen zu erörtern. Auf die experimentellen Versuche haben wir schon verwiesen. Jedenfalls gilt Telepathie unter den Fachleuten heute als die am besten gesicherte Erfahrungsform von PSI. Den Zweiflern gelte ein gutes Wort von Anton *Neuhäusler:* „Wir gehen einerseits von der Erfahrung aus, man soll nichts von vornherein für unmöglich halten, solange es nicht widerlegt ist. Aber wir setzen gleich die Forderung hinzu: man soll nichts für wahr halten ohne hinreichende Beweise. In diesen beiden Forderungen gründet wissenschaftliches Arbeiten... Landläufig verbindet man mit der Wissenschaftlichkeit nur die eine Forderung, nichts für wahr zu halten ohne hinreichende Beweise. Das ist richtig. Denn darin hebt sich wissenschaftliches Denken vom bloßen Meinen und Glauben ab. Aber man vergißt die andere Forderung, die ebenso den Charakter echter Wissenschaftlichkeit ausmacht. Denn das „nichts für unmöglich halten" bedeutet einfach: sich offen halten für „alles Mögliche", sich nicht abriegeln gegen eine Kunde, die uns die Wirklichkeit geben kann. Positiv bedeutet das: entdecken wollen, Neuland suchen." [14]

Aus dieser Beispielkette folgern wir trotz mancher möglicher Einwände: wir haben uns unbefangen offen zu halten auch für das scheinbar Unmögliche, in welcher Gestalt es auch immer auf uns zukommen mag; denn gerade der christliche Glaube erlaubt uns die Freiheit und Unbefangenheit dieses Standorts. Sollte nicht auch in mancher dieser bösen Ahnungen oder guter, genialer Eingebungen die göttliche Spur zu ahnen sein? „Die Parapsychologie muß zwischen der Skylla der Leichtgläubigkeit und der Charybdis der unfruchtbaren Erstarrung fahren. Sie muß die Furt finden, auf der sich entdeckende Offenheit und prüfende Vorsicht die Waage halten." [7]

4. *Warnungen*

Carl Ludwig *Schleich* hat das Unterbewußtsein, auf dessen Ebene sich die Träume wie auf einer matt erhellten Bühne abspielen, umschrieben als ein „dunkles Wort mit einem tiefen Sinn, eine dämmernde Ahnung von Dingen in uns, für die wir noch keinen Namen haben, ein Gefühl für geheimnisvoll schwebende Schatten, für etwas dämonisch in uns Herrschendes, dem wir nicht ins Auge sehen können."

Dennoch kann dieses „dunkle Wort" zuzeiten erhellt sein, ja uns eine ganz klare Warnung übermitteln und zwar in der Form des Wortes, einer plötzlich erinnerten Schriftzeile oder eines Ereignisses. Es kann dies „dunkle Wort" ein Wink unsres Gottes sein, uns in letzter Gefährdung zu retten, wann immer er will, weil ja er, „der alles in seiner Gewalt hat, mein Ratgeber, Tröster, Schutzherr, Helfer ist, der Himmel und Erde und alles, was darinnen ist, aus geringerem Ding denn ein Stäublein geschaffen hat, nämlich aus Nichts, dem alle Kreaturen, Engel, Teufel, Menschen, Sünde, Tod unterworfen sind ..." (*Luther* zu Psalm 23).

Ist also Gott ein Herr *aller* Dinge, so ist er auch ein Herr der Botschaften und Warnungen, die im Wachbewußtsein oder im Traum Menschen und Tiere überkommen. Es ist uns freilich nicht von Schaden, wenn wir auf die Mahnung hören, welche uns Jesus Sirach knapp zweihundert Jahre vor Christi Geburt in seinem Weisheitsbüchlein aus Ägypten hinterließ: „Narren verlassen sich auf Träume ... Wer auf Träume hält, greift nach dem Schatten, will den Wind haschen ... Träume sind nichts denn Bilder ohne Wesen ... sind nichts und machen doch schwere Gedanken, betrügen viele Leute." Aber damit hat er nur eine Seite der Sache gesehen. Gerade die Bibel ist ja Kronzeugin für die oft tröstliche Gewißheit, daß Gott durch Träume redet und rettet, warnt und straft. So ist Joseph samt seiner Familie durch einen Traum vor den Häschern des Herodes bewahrt geblieben (Matth. 2,13; vergl. dazu 1. Mose 28,12; 31, 10,24; 37,5—11; 1. Kön. 3,5; Daniel 7,13). Unsere alt-deutsche Sprichwortweisheit gab dieser Erkenntnis derb-treuherzigen Ausdruck:

Ob gleich vil Träum geschehn ohn Ernst,
so warnen sey doch offt von fernst.

Der junge R. H. in A. schlief mit mehreren Geschwistern im oberen Stock des Großelternhauses. Dort oben brannte abends eine Petroleumlampe, auf einem Zigarrenkistchen abgestellt. Jeden Abend verabschiedete sich die Großmutter nach dem Abendgebet von ihren Enkeln, um sich im unteren Stock schlafen zu legen. Eines Nachts wird sie plötzlich wach und erinnert sich sofort, daß sich eben eine Gestalt über sie gebeugt habe, die ihr sagte: „Steh auf, es brennt." Sie will aufstehen, aber ihr Mann will es ihr verwehren. Sie tut es dennoch und eilt hinauf. Qualm schlägt ihr entgegen. Dem älteren Sohn war schon das Hemd angebrannt, während der jüngere immer wieder rief: „Der reiche Mann." Mit der Erzählung nach Lukas 16, 19—31, hatte sich die Großmutter an jenem Abend verabschiedet am Bett der Enkel. Beide Kinder wurden gerettet.

Ein ergreifendes Erlebnis aus dem Zweiten Weltkrieg möge hier folgen, das sogar einen Hund als Warnungsträger beglaubigt.

Herr W. F. in A. saß eines Abends wie immer im Erdgeschoß zu Hause, als plötzlich sein Hund mit allen Zeichen des Entsetzens seinen Herrn aus dem Zimmer hinauszuzerren versuchte. Nichts deutete auf eine Gefahr; das Haus stand noch fest, obwohl es schon mehrere Bombenangriffe miterlebt hatte und die oberen Stockwerke beschädigt waren. Der Mann ging tatsächlich, dem Hund folgend, ins Freie, wo er ihn erschoß, da er Tollwut vermutete. Fast zur selben Sekunde krachte hinter seinem Rücken das Haus zusammen, das seinen Besitzer um Haaresbreite unter den Trümmern begraben hätte.

Eine Warnung bei klarem Bewußtsein widerfuhr dem jungen Deutschen A. E. in B. im nördlichen Norwegen, als er nach anstrengender Bergwanderung in der Lappmark an einen See geriet:

„In mir entstand sofort der Wunsch, hier zu baden. Im Nu waren die Kleider abgelegt, und als Ziel galt eine kleine Insel, welche ungefähr 30 m vom Ufer entfernt lag. Ich sprang hinein und fühlte mich überaus wohl. Nach zwei Dritteln der Strecke jedoch erfaßte mich eine gewaltige Unruhe. Ich versuchte, sie sportlich hinwegzubefehlen, doch sie blieb und wich nicht. Entgegen meinem Willen kehrte ich vor dem Ziel um und kletterte alsbald zitternd an das Ufer. Da stand ich nun in der warmen Sonne, schaute auf den spiegelblanken See und schalt mich einen Narren und Feigling, weil ich der

inneren Stimme gefolgt war. Dabei bin ich ein guter Schwimmer ...
Bald kam ich zu einer armen Lappenfamilie in der Fischersiedlung. Dort kauderwelschte ich den Leuten von meinem Bad. Ein Aufschrei ging durch den Raum, und sie zogen sich unter Gebärden des Entsetzens in die Zimmerecken zurück, soweit sie nur konnten! Sie hielten mich für einen Geist; der See, in dem ich gebadet, hatte mehrere ihrer Bekannten zum Bade verleitet und sie das Leben gekostet. Er hieß, wie ich erfuhr, der ‚Teufels-See'. Man sagte mir, er habe keinen Grund, in ihm walte ein mächtiger Strudel, der dem Teufel die Menschen zubringe. Es kostete mich Mühe, die Leute zu beruhigen. Heute glaube ich, daß mich Gott damals durch einen Engel beschützt hat ... Ja, erst heute. Weil ich damals jung und verblendet war."

Ebenfalls eine Warnung im Wachbewußtsein:
An unserem Ortsfriedhof ist eine gefährliche scharfe Rechtskurve. Als ich einmal mit dem Auto dort heranfuhr, fühlte ich mich gezwungen, plötzlich auf die linke Seite zu fahren, was ich nicht durfte! Ich gab dem inneren Befehl aber nach — und nun schoß rechts ein großer Wagen heran, der mich zermalmt hätte, wenn ich vorschriftsmäßig weitergefahren wäre. Die innere Warnung rettete mich (1974).[7a]

Hierzu eine Traumwarnung:
„In den ersten Januartagen mußte ich nach N. in Niederösterreich reisen, um eine Religionslehrerin zu vertreten. In der Neujahrsnacht hatte ich einen Traum. An einem Tisch saßen drei Herren: einer, auffallend schönen Wuchses, bat mich, ihm meine Hand zu reichen, deren Linien er aufmerksam beobachtete. Darauf sagte er, auf eine kleine Linie deutend: ‚Sie gehen einer großen Gefahr entgegen.' ‚Wann?' fragte ich. ‚Sie steht gerade bevor.' Ich wollte noch mehr wissen, er aber zog sich zurück; er habe keine Zeit mehr. Ich wachte auf und fand tatsächlich die Linie an meiner Hand.

— Wenige Tage später fiel Schnee, oft Tagereisen bergauf und bergab bis zu sechzehn Stunden! Anfang März geriet ich in ein furchtbares Wetter. Ein wilder Schneesturm verwehrte mir, das Tagesziel zu Fuß zu erreichen. Gegen 9 Uhr abends glückte mir eine Fahrt mit der kleinen Bergbahn, der ich mich, völlig durchnäßt, anvertraute. Das Abteil war dicht gedrängt voll Menschen. Nur ein trübes Licht erhellte es. Mir gegenüber saß eine Frau mit großem Korb, neben mir ein pfeifenrauchender Bursche mit grünem Hut und Gamsbart. Von der Kälte geschüttelt, saß ich in eine Ecke gedrückt, wo ich grübelte, wo ich all das schon gesehen und erlebt hätte. Es wurde stockfinster. Wir fuhren durch eine Waldstrecke. Plötzlich stand der Zug still — er blieb im Schneesturm stekken. Da fiel mir mein Traum ein! Was würde kommen? Nach einer halben Stunde erst ging es weiter. Mit Schüttelfrost kam ich in meine ungeheizte Wohnung zurück. Nach zwei Tagen war ich an doppelseitiger Lungen- und Rippenfellentzündung lebensgefährlich erkrankt" (1921).

In ihrem Buch „Traum-Journal" berichtet die Freiburger Schauspielerin *Christine Mylius* von mehreren Warnungen, die sie an bestimmten kritischen Lebensabschnitten mittels klarer Träume empfangen habe. Eins dieser Beispiele folge hier: Traumwarnung vom 2./3. Dezember 1952.

Ich bin im Zimmer mit Fred. Da höre ich aus dem Garten eine vertraute Stimme meinen Namen rufen. Ich will ans Fenster, um nachzusehen, wer da ruft. Fred hält mich zurück, ich könne mich verleugnen, brauche mich nur nicht am Fenster zu zeigen. Ich gebe nach, bleibe bei ihm, für den Rufer unsichtbar. Doch die Stimme wird immer beschwörender, immer eindringlicher höre ich meinen Namen vom Garten heraufstönen. Plötzlich erkenne ich die Stimme! Es ist die meines Bruders Christian! (Er fiel 1943 im Kaukasus.) Jetzt bin ich nicht mehr zu halten, stürze ans Fenster und höre hinter mir Freds böse Stimme: „Laß den doch rufen, kümmere dich nicht um ihn, komme sofort zurück!" Im Garten zwischen

Obstbäumen steht Christian. Er weint. Er sieht so alt und verhärmt aus, wie er heute vielleicht, zehn Jahre nach seinem Tod, aussehen würde. Eine zerschlissene Wehrmachtsuniform hängt ihm viel zu locker am mageren Körper. Voll Verzweiflung streckt er die Arme nach mir aus und ruft: „Christine, bitte, komm herunter!“ Im Zimmer will mich Fred an sich ziehen, aber nun reiße ich mich wütend los und renne hinunter in den Garten in die ausgestreckten Arme von Christian. — Beim Erwachen meine ich noch den Druck seines Kopfes an meiner Schulter zu spüren.

Seit diesem Traum waren die Gefühle für Fred in ihr erloschen „wie durch höhere Gewalt“. Es stellte sich alsbald heraus, daß die Künstlerin beinahe einem „pathologischen Lügner, Gangster und Betrüger auf den Leim gegangen wäre“. Die Berichterin fragt: kam die Warnung aus irgend einem Winkel ihres Unterbewußtseins? Hatten die Kollegen ihr den Traum suggeriert? „Das flehentliche Rufen meines toten Bruders ist und bleibt für mich ein Wunder, das ich wohl von irgendwoher bemüht haben muß, wofür ich heute noch dankbar bin.“ Sollte nicht der allmächtige Gott heimlich die Fäden gelöst haben mittels des Warntraums, um die Dame vor schwerem Leid zu bewahren? [8]

5. *Todesahnungen*

Es ist nicht verwunderlich, daß die harte Grenze zwischen Diesseits und Jenseits, der Sterbe-Augenblick, unzählige PSI-Erfahrungen herausgerufen hat. Besonders beachtlich ist für die Erhellung unserer letzten Minuten im leiblichen Dasein das Zeugnis der Selbsterfahrung im Sterben, das Prof. *Eckart Wiesenhütter* jüngst, aus seiner eigenen Lebensführung und seiner ärztlichen Praxis schöpfend herausgegeben hat.[9] Der „Blick nach drüben“ wird manchmal als ein „Sog von der anderen Seite“ empfunden, als ein Näherrücken „einer herrlichen Welt, als ein lustvolles Steigerungsgefühl trotz

Schmerz, Ersticken und Bewußtseinsschwund", so daß der Patient „endlich hinüber will" (S. 18). Wiesenhütter erinnert sogar an die Macht der Liebe, die „im Sinn Paul Tillichs in all ihren Formen und in letzter Erfüllung der Drang nach Wiedervereinigung des Getrennten" sei (19). Der Sterbende erlebe sein Sterben „als Vollendung der Selbsthingabe, als „das größte Erlebnis schlechthin".

PSI-Erfahrungen am Rand des Todes wissen von gegenseitigen Beziehungen zwischen weit entfernten Menschen, von spontanem Wissen gleichzeitigen Sterbens, von Grüßen und Winken, von genau eintretenden Sterbe-Daten.
Durch all diese Erfahrungen wird uns die biedermännische Verharmlosung unannehmbar, die *Schiller* in „Kabale und Liebe" seiner Luise in den Mund legte: „Nur ein heulender Sünder konnte den Tod ein Gerippe schelten. Er ist ein holder niedlicher Knabe, blühend (!), wie man den Liebesgott malt, aber so tückisch nicht — ein stiller, dienstbarer Genius, der der erschöpften Pilgerin Seele den Arm bietet über den Graben der Zeit ..." Nach dem Massen-Sterben zweier Weltkriege und anderer Massen-Greuel können wir den Tod nur als grausamen Zermalmer verstehen — falls wir nicht eine Botschaft von jenseits des Todes, von Drüben haben, die wiederum die Spuren nach Drüben ergänzt und bestätigt.

Eduard Mörike schildert in seiner Novelle „Mozart auf der Reise nach Prag", wie jemand seine eigene spätere Beerdigung vorwegnehmend erschaut.

Ernst Moritz Arndt wurde im Jahre 1856 aufgefordert, aus früheren Gedichten einen neuen Band zusammenzustellen. Arndt war aber schon 86 Jahre alt. Zu einem Bekannten äußerte er: „Sie werden sich wundern, daß ein Mann meines Alters noch eine mehrjährige Arbeit auf sich nimmt ... Vor zwanzig Jahren träumte ich, daß ich, auf dem Bonner Gottesacker wandelnd, einen Grabstein erblickte, auf dem deutlich mein voller Name, mein Geburtsort nebst Jahr und Tag zu lesen war. Dann kam das Wort ‚Gestorben', dahinter eine verwischte Zeile und dann wieder deutlich „im einundneunzigsten Jahr". — Der Traum erfüllte sich genau. Und Arndt wurde auf dem Bonner Friedhof begraben.

Max Reger, der berühmte bayerische Komponist, ein Mann von großer Körperkraft und derbem Lebensstil, ahnte einen Monat vor seinem Sterben sein nahendes Abscheiden. Er ließ nach einem rauschenden Konzerterfolg seiner eigenen Werke einen Seelsorger kommen, dem er, aus festlich lärmender Gesellschaft heraus sich plötzlich zurückziehend, eine Beichte seines ganzen Lebens ablegte. Am 7. April 1916 schrieb er an Karl Straube: „... Ich bin mit allen Konzerten fertig ... Nun brauche ich nächstens kein Frackhemd mehr anzuziehen, da man dasselbe bald nicht mehr sieht!" [10]

Ernst Wiechert zeichnete in seinem Roman „Jedermann" die edle Gestalt des Soldaten Percy. Drei Tage lang erwartet er klaren Sinnes den tödlichen Schuß. Und er trifft genau, wie vorhergesehen ein. — In der Erzählung „La ferme morte" von Ernst Wiechert ist es der junge Pfarramtsbewerber Badeleben, der seinen Todestag vorausahnt und voraussagt, so daß „bei seinen Kameraden ... die Angst Wohnung nahm ..., eine nicht mehr geahnte, sondern eine unerschütterliche Wohnung, aus der ihn nichts mehr vertreiben konnte." Er täuschte weder sich selbst noch die anderen.[11]

Studentenpfarrer Dr. E. B. in T. hielt am Heldengedenktag 1942 in Rußland eine Predigt vor Studenten, in der er sagte: „Ich hatte neulich einen sonderbaren Traum. Ich sah ein Holzkreuz, wie auf allen Gefallenengräbern, darauf meinen eigenen Namen: E. B., Kriegspfarrer. — Da wachte ich auf. Aber nicht nur aus dem Schlaf. Ich war hellwach und sah mich selbst am Rande der Ewigkeit. Mein Leben ist begrenzt. Über kurz oder lang muß ich selber vor Gott treten ..." Er fiel kurz danach am 30. 6. 1942 bei einem russischen Fliegerangriff in S.

Frau Pfarrer E. v. L. verabschiedete ihren Sohn, der als Nachrichtenoffizier der Fallschirmtruppe eingesetzt war, nach einem Heimaturlaub mit dem Psalmwort „Und ob ich schon wanderte im finstern Tal ...“ (Psalm 23). Seit dem 4. Februar 1943 aber galt er als vermißt, da er mit seinem Funkwagen den Russen in die Hände gefallen war. Am 11. März traf die Nachricht bei den Eltern in F. ein.

In diesen Tagen hatte Pfarrer v. L. einen Traum. Er kam ins Wohnzimmer, wo er seinen Sohn H. kleiner als sonst, in grauer Zeitlosigkeit, aber ganz deutlich auf dem Sofa unter dem alten Ahnenbild sitzen sah. Der Vater eilte auf ihn zu und fragte: „Bub, warum schreibst du nicht?“, worauf die Erscheinung laut und deutlich sagte: „Wie heißt der Psalm?“ Dies klang sehr feierlich gesprochen. Der Vater antwortete mit Psalm 23: „Und ob ich schon wanderte ...“, ohne gewußt zu haben, daß die Mutter mit diesem Wort sich seinerzeit von ihrem Sohn verabschiedet hatte. H. antwortete darauf wieder feierlich „Ja“. Der Vater will seinen Sohn eben noch in die Arme schließen — da entschlüpfte die Gestalt und zerfloß. In größter Erregung wachte H. v. L. auf, wagte aber erst nach einiger Zeit, das Erlebnis seiner Frau zu erzählen. H. aber ist bis heute vermißt geblieben. Seine Eltern beugten sich und betrachteten ihren Sohn seit jenem Traumbegegnen als tot. Sie sind aber gewiß, daß die Toten leben, leben in jener anderen wirklichen Welt, in die einstweilen uns nur die Fühlfäden der Seele eindringen lassen, uns aber untrüglich zeigen, daß auch ein Soldatengrab, ein Totenbett zur „Wiege der Ewigkeit werden kann“ (Peter Sirius).

Der Maler *Franz Marc* (1880—1916) schrieb unmittelbar vor seinem Tod an einen Freund:

Mein Lieber! Mir hat die jenseitige Welt eine Ahnung geschickt, daß auch ich nun bald abtreten muß von der Bildfläche dieser Zeitlichkeit. Und das ging so: Acht Tage waren wir vorn in Stellung — eine furchtbare Zeit im wütenden

Trommelfeuer. Fast zwei Drittel meiner Kompanie hatte ich schon verloren, da kam endlich der Ablösungsbefehl. Wir bezogen Ruhestellung in einer kleinen Dorfkirche hinter der Front. In ihr war alles zerstört mit Ausnahme des Kreuzes. Dort erlebte ich nachts einen seltsamen Traum. Das Kreuzesbild hat anscheinend meine Sinne gefesselt. Ich sah nämlich, wie Christus am Kreuz lebendig wurde, wie er von dort ruhig herabstieg, es auf seine Schulter nahm. Damit schritt er hinaus ins Freie ... der Front entgegen, gerade dorthin, wo wir so furchtbare Tage verbracht hatten. Bald schlugen die Granaten des französischen Sperrfeuers in den Boden und warfen gewaltige Erdfontänen hoch. Christus mit seinem Kreuz ging aber ruhig seinen Weg. Sollte das nicht ein tröstlicher Hinweis sein, daß auch mein Kreuzweg in diesem furchtbaren Krieg bald in die Verklärung führt ...?
Franz Marc hat diesen Brief nicht vollendet. In fremder Handschrift stand unter den letzten Zeilen: „Die Kompanie wurde plötzlich alarmiert. Kompanieführer Marc fiel im Kampf um die Höhe 304.“[12]

Wilhelm von Scholz, Dramatiker, Lyriker und Erzähler, schildert in der Novelle „Der Auswanderer“ einen alten Bauern aus dem Sauerland, der nicht nur seinen eigenen Tod voraussah, sondern bei wachem Bewußtsein beliebigen Menschen deren Tod bis zur Frist eines Jahres vorhersagte. Während er mit solch einem Todgeweihten plaudert, sieht er ihn sterben, wie es dann später geschieht.[13]

Ein ganz ungewöhnliches Ahnungsvermögen im Blick auf künftige Todesfälle muß Lady Q. gehabt haben, die in England mit ihrem Onkel zusammenlebte. Sie träumte eines Nachts, sie sitze mit ihrer Schwester zusammen im Wohnzimmer des Landhauses. Draußen ein herrlicher Frühlingstag, ein Meer von Blumen im Garten, darüber ein Hauch von Schnee. Sie weiß in ihrem Traum: der Onkel ist tot neben einem Reitweg gefunden worden, ungefähr drei Meilen weit

vom Hause entfernt, in einem dunklen handgewobenen Anzug, das Pferd neben ihm stehend. Sie weiß: die Leiche ist auf dem Weg hierher, in einem Karren, mit Heu unterlegt, von zwei Pferden gezogen. Sie sieht: der Wagen hält vor der Tür; zwei Männer, deren Gesichter sie kennt, schleppen den Körper mühsam die Treppe hinauf; dabei baumelt einer der Arme herab und schlägt gegen das Geländer.
Am Morgen erzählt Lady Q. aufgeregt dem Onkel den Traum und nimmt ihm das Versprechen ab, nie mehr ohne Begleitung den besagten Reitweg einzuschlagen. — Nach zwei Jahren ist der Traum so gut wie vergessen, als er sich, Zug um Zug, auf die gleiche Weise wiederholt. Lady Q. stellt ihren Onkel zur Rede, und er gesteht ihr, daß er ab und zu sein Versprechen mißachtet hat. — Wieder vergehen vier Jahre! Lady Q. hat inzwischen geheiratet und erwartet ihr erstes Kind. In der Nacht vor ihrer Niederkunft sieht sie dasselbe furchtbare Bild wie vor sechs Jahren. Dann einen Mann in schwarzer Kleidung, der an ihr Bett tritt und meldet, der Onkel sei tot. Ihr Zustand erlaubt es ihr erst nach einigen Tagen, ein paar Zeilen an ihren Onkel zu kritzeln. Sie erreichen ihn zwei Tage vor seinem Tod, einem Tod, der sich haargenau unter jenen Umständen vollzieht, wie ihn Lady Q. im Traum vorhersah. Als eines Tages ihr Stiefvater an ihr Bett tritt, in schwarzem Anzug, weiß sie schon genug: „Der Onkel ist tot — ich habe es ja gewußt!", schreit sie. Dadurch, daß die Dame ihren wiederholten Traum erzählte, ist er gefeit gegen die etwaige Verdächtigung, er wäre hinterher zurechtgebogen worden.[14]

Zwischen Menschen, die sich nahestehen, sind die unsichtbaren Kabel von Seele zu Seele besonders deutlich erkennbar. So berichtet Pfarrer J. W. R. in W. (1962):
Ich war als Missionar in Südindien tätig. Plötzlich überfällt mich eine merkwürdige Unruhe und Angst um das Leben meines Freundes, Missionar Sch., der mein Nachbar war. Ich weiß ihn in Lebensgefahr, habe aber keine greifbaren An-

zeichen! So fuhr ich zu einer englischen Ärztin, entgegen anderen Plänen meiner Pflichten, nach Ikkadu, da diese Ärztin meinen Freund früher behandelt hatte wegen Typhus. Als ich sie erregt nach dem Ergehen von Sch. fragte, sah sie mich an wie einen Verrückten. Er sei doch ausgeheilt, das müsse ich doch wissen! Das war freilich wahr. Aber meine Angst um Sch. blieb. Ich fuhr weiter nach Pandur, um Sch. zu besuchen. Er war tatsächlich gesund und voll neuer Arbeitslust — ich aber wußte, daß der Tod vor seiner Türe stand. Meine Erregung klang nicht ab, ich konnte nicht schlafen. Da, nachts 2 Uhr, wurde ich herausgeklopft. Der Kutscher von Missionar Sch. teilte mir mit, daß dieser vor etwa zwei Stunden in seinem Quartier plötzlich verstorben sei.

Frau R. L. träumte, ihre vier Söhne seien zum Schwimmen gegangen. Der Neunjährige trug eine rote Badehose. Im Verlauf des Traumes gerieten die Kinder in eine Strömung. Die Mutter springt ins Wasser und es gelingt ihr, drei der Buben zu retten, nur nicht den vierten mit der roten Badehose. Dann erwachte sie. Ein paar Wochen später geriet ihr Neunjähriger in eine Strömung und ertrank. Obwohl er drei blaue Badehosen besaß, trug er an diesem Tage eine rote, von seinem Bruder entliehene (1961).

Frau H. P. in K. berichtet:
Ich träumte, ich ging ganz allein über unseren Friedhof und fand u.a. ein frisches Grab, vor dem ich unbegreiflich traurig wurde. Denselben Gang mit allen Einzelheiten träumte ich drei hintereinander folgende Tage dreimal und konnte mir nichts dazu erklären. Aber ich wurde ängstlich; was sollte das bedeuten? Am Tag nach diesen drei Traumtagen kam ein Brief meines Vaters. Er teilte mit, er habe mir die Feiertage nicht verderben wollen, aber ich müsse nun wissen, daß unser geliebter Onkel vor vier Tagen verstorben sei, und dies ganz plötzlich (1959).

Der russische Wissenschaftler *Lomonossow* war Anfang der zwanziger Jahre nach einem Studienaufenthalt in Europa in seine Heimat zurückgekehrt. Auf dem Schiff, das ihn zurückbrachte, träumte er:
Er sah seinen Vater, einen Fischer, auf einer einsamen Insel im Eismeer. Sein Kutter war untergegangen, er selbst und ein Teil der Besatzung hatten sich auf die Insel retten können. Im Traum erkannte der Sohn die Insel: Vater und Sohn waren früher einmal bei einem Sturm dorthin verschlagen worden. Zuhause fand Lomonossow seinen Traum bestätigt. Der Vater war vor vier Monaten zu einer Expedition ins Eismeer aufgebrochen. Seit zwei Monaten fehlte jede Nachricht von ihm und dem Schiff. Nun erst recht beunruhigt, beschwor L. die Fischereiorganisation in Kolmogory an der Eismeerküste, bei der nächsten Ausfahrt diese Insel anzulaufen. Es geschah. Tatsächlich fanden Fischer den Vater auf der Insel. Er war tot. Sie begruben ihn an Ort und Stelle. Der „Hilferuf" des Vaters war zu spät gekommen.[15]

Auch Tiere haben das Ahnungsvermögen im Zusammenhang mit einer nahenden Katastrophe oder einem Todesfall. Pferde, Hunde und Katzen scheinen hier einschlägig zu sein. Der berühmte dänische Dichter *Andersen* erzählt:
Sein Freund, der nach Italien reisen mußte, überließ dem Dichter während seiner Reisezeit den geliebten Pudel. Eines Tages ließ das sonst muntere Tier den Kopf hängen, kroch nachts grundlos ängstlich auf das Bett des Dichters, zitterte am ganzen Körper, stieß einen Schrei aus, der in langes Geheul überging und streckte sich dann, alle Viere von sich, auf dem Boden wie tot aus. „In dem Augenblick wußte ich genau, daß mein Freund in Italien gestorben sei. Tatsächlich stimmte das Benehmen des Hundes mit der Todesminute meines Freundes genau überein."

Und die Störche? Pfarrer F. H. in S. berichtet:
Auf einem Bauernhof nisteten Störche. Aber der Bauer erschoß einen der Störche. Daraufhin verschmähten die Störche

genau dreißig Jahre lang diesen Hof und nisteten anderwärts. Der grobe Bauer starb dann; seit seinem Todesjahr aber nisten die Störche wieder auf dessen Hof (29. 6. 1958).

In einem kath. Pfarrhof in V. (Ö.) lebte Pfarrer J. mit seinem Hund. Plötzlich wurde der Hund an einem Januarabend sehr erregt, ohne ersichtlichen Grund. Er holte dem Pfarrer dessen Schuhe herbei, riß an seinen Kleidern und Füßen, bis der Pfarrer aufbrach, das Haus mit dem Hund verließ und, ihm nach, die andere Dorfseite aufsuchte. In dieser Nacht ging eine Lawine nieder, die den Pfarrhof ganz verschüttete. So retteten beide ihr Leben durch die Vorahnung des treuen Tieres (1974).[16]

Wenn man diese Beispiele unbefangen auf sich wirken läßt, ergeben sich ganz von selbst einige wichtige Einsichten, gleichgültig, welchen parapsychologischen oder religiösen Standort man einnimmt. Die Reichweite der Seele wird überwältigend deutlich, selbst wenn man sich noch gar nie klar gemacht hat, was das Wesen der Seele eigentlich sei. Jedenfalls verstehen wir allgemeinhin und unbestritten unter dem Begriff „Seele" das Zentrum, die Quelle, genauer die schöpferische Quelle unsres Denkens, Fühlens, Wollens und Handelns, also eine ungeheure Energie, deren letzte, geheimnisumwitterte Ausstrahlungen sich offenbar in der Umwelt des Todes besonders eindrucksvoll manifestieren können. Dort, wo die Angst sich einnistet (wir sehen hier von den Hunden und Störchen einmal ab), am Rande der physischen Existenz, „spricht" die Seele zur Seele in einer mitunter verblüffenden Klarheit und Spontaneität. Martin *Heidegger* sagte, die Angst sei das eigentliche Grundgefühl, Grundbewußtsein, aus dem heraus wir leben, das uns alle mit allen verbinde. Könnte nicht auch die gesteigerte Spannung der Angst im Sterbe-Augenblick die Kräfte der Seele ausweiten? *Martin Luther* hat von dieser Angst sehr wohl gewußt, ohne den modernen skeptischen Existentialismus gekannt zu haben: „Im Tode kommt das

Zagen über uns. Da soll ich getrost lernen glauben und sprechen: Es steht geschrieben: ER hat seinen Engeln befohlen über dir, daß sie dich behüten auf allen deinen Wegen. Hier ist kein Weg ausgeschlossen, du gehst zum Leben oder in den Tod, ins Haus oder aus dem Hause, sondern da ist sein starker Befehl ... So sollst du dennoch sicher sein in deinem Geleit zum Tode. Gott bestellt einen Haufen Engel, die uns aufnehmen, darum sind wir nicht blöde oder erschrocken."

Wenn demnach Gottes unsichtbare Boten die Augenzeugen unsres Sterbens sind, sollte er nicht durch sie die letzten Engelsdienste von Seele zu Seele geheimnisvoll geschehen lassen, indem Botschaften übermittelt werden, tröstende, warnende, Liebe bezeugende, Hoffnung erregende, eine Kunde, die den letzten Verfallstag als Gnadenfrist verstehen läßt?

Der todbedrohte Mensch kann offenbar Willensimpulse aussenden oder empfangen. Er ahnt Winkzeichen des himmlischen Kalenders, er erlebt, daß die irrende Seele aushäusig wird, um sich der verborgenen Führung Gottes im Jenseits anzuvertrauen. Der Sterbende ahnt den Gott zwischen den Zeiten und jenseits aller Zeiten, der ihm noch einmal erlaubt, eine letzte Kunde an Nah- oder Fernstehende in der räumlichen Nähe oder größten Entfernung zu senden, auch wenn ihm eben diese vordergründige Welt bereits entsinkt.
Unsere Beispiele zeigen aber auch, wie fragwürdig die konstruierte Meinung *Sigmund Freuds* ist, nach der „der Mensch zuletzt einen auf das Nichts gerichteten destruktiven Todestrieb" auslebe. Der Sterbende drängt vielmehr über sich hinaus, die Spannkräfte der Seele wachsen ein letztes Mal ungeheuer an; die gewalthafte Auseinanderreißung von Leib und Seele, das Zerbrechen der Lebensganzheit, der eigentliche Sterbe-Augenblick entbindet Zeit und Räume überspringende Kräfte, die wir als Ahnungen, Warnungen, Botschaften zu verstehen haben. „Kein Lebewesen geht gänzlich unter" (*Leibniz*). In solchen Erfahrungen bestätigt sich auch die Prophetie Jesu Christi, denn „das letzte, was wir beim Blick

über den Zaun noch erhaschen können, deutet auf Ausweitung, Erlösung, Erhöhung hin".[17]

Wie anders sollte man den schmerzlich-reuevollen Ausruf verstehen, den *August Strindberg*, der schwedische Dramatiker, nach böse umdunkelten Stunden vor seinem Sterben noch getan: „*Jetzt* könnte ich schreiben!" — Wer der oberflächlichen weltläufigen Meinung huldigt, mit dem Tode sei alles aus, der kann noch durch solche letzten Widerfahrnisse der Gewißheit inne werden, die *Goethe* seinem Faust eingab: „Es kann die Spur von meinen Erdentagen / nicht in Äonen untergehn." *Goethe* hat uns ein wundervolles Wort hinterlassen, die letzten Augenblicke und Gedanken des Lebens betreffend, das er im Blick auf die vor ihrer Hinrichtung stehende Mme. Roland sprach: „Man sollte jedem vor dem Tod stehenden Menschen noch Gelegenheit geben, seine letzten Gedanken niederzuschreiben, denn am Ende unsres Lebens gehen dem gefaßten Geist Gedanken auf, bisher undenkbare; sie sind wie selige Geister, die sich auf den Gipfeln der Vergangenheit glänzend niederlassen."

III

WAHRTRÄUME

Jedermann träumt. Und doch überschaut keiner das ganze uferlose Meer der Träume. Hätten wir auch wirklich die ganze Nacht über geträumt, wie wir oft meinen, hätten wir also ein ausgedehntes zweites Ich-Leben neben unserem Tages-Wachbewußtsein geführt, so bliebe in uns nur der Rest jener Träume als schmale Erinnerung hängen, die wir knappe Minuten, ja nur Sekunden vor dem Erwachen träumten. So belehrt uns die Psychologie.

Wir retten also nur ein allerletztes Zipfelchen des Traumfilms in das Wachbewußtsein hinein. Wie im Traum Raum und Zeit verblassen, so auch die sittlichen Antriebe und Hemmungen; all die Maßstäbe unsres Tageslebens scheinen im Traum einzufrieren. Auch hat der Traum etwas Nur-Gegenwärtiges, Schnellebiges an sich, hat weder Vergangenheit noch Zukunft. Aber keineswegs ist er ein sinnloses Zwittergebilde, über das wir lächelnd hinwegsehen könnten. Die Weisheit Indiens hat zweifellos vieles vom Wesen des Traumes erkannt. So versteht man den Traum dort als ein Zurückfluten des menschlichen Geistes in das göttliche Urwesen des Brahma, der Traum vermittelt demnach dem gläubigen Brahmanen die höchste Seinsweise des Menschen. Wir Abendländer sind solch religiöser Wertung des Traumes ferne, vielleicht zu ferne, wo der Inder sie wiederum zu einfach vollzieht. Wir erkennen ihm allenfalls zu, daß er „wesentlich Anteil hat an der Arbeit jenes Meißels, der die Furchen in unser Antlitz treibt... Heiterkeit in der Ausgeglichenheit, Schatten der Leidenschaft, überlegene Selbstsicherheit bilden sich während des Träumens mit derselben

biologischen Pausenlosigkeit, wie ein Baum wächst oder etwa die physiologischen Vorgänge der inneren Sekretion nicht ruhen" (*K. Conrath*).[1]
Wenn aber Gott ein Herr aller Dinge, der offenbarsten wie der geheimsten, der stofflichen wie der geistigen ist, so ist er auch der Herr der Traumwelt. Daher steht die Bibel dafür ein, daß Gott sich des Mittels der Träume bediente, wenn er sich begnadeten Menschen zu einer Warnung, einer Leitung, einer Weissagung kundtun wollte. Solche Träume bleiben aber nicht nur Mystikern, Heiligen oder Märtyrern vorbehalten als Siegel ihrer Gottinnigkeit. Sie können jederzeit jedermann widerfahren.

Wir unterscheiden Träume, die gleichsam ein vergeistigtes „Wiederkäuen" vergangener Tageseindrücke sind. Sie spiegeln die reale oder geistige oder religiöse Welt, in der wir tatsächlich leben. *Roger Schutz,* der Prior der Mönchsgemeinschaft in Taizé, hat solch einen Traum in seinem Tagebuch festgehalten:
11. Juni 1969. — „Kurz vor dem Erwachen kommt mir ein Traum. Irgend jemand, den ich nicht sehe, legt mir eine Christusfigur in die Hand. Ich gebe meiner Freude Ausdruck. Aber mit welchem Wort? Ich habe es vergessen. Christus ist ganz nahe bei mir: das ist alles. Mehr will ich gar nicht darüber wissen.[2]

Andre Träume lassen unser zweites Ich auf abenteuerliche Wanderschaft gehen, bauen mit den Elementen der Tageswelt die des zwitterhaften Dunkels zu einem täuschenden Gebild und Gespinst, während andere Träume zur Begegnung mit dem sich offenbarenden Gott werden. Wenn Träume ein Körnlein Wahrheit in sich bergen, kann es nur Gott sein, der Gott der Wahrheit, der es ihnen leiht. Dürfen sie warnen, schützen, retten, so können sie nur von dem Gott herstammen, dem wir die Führung unsres ganzen Lebens anzuvertrauen, bedingungslos auszuliefern haben, der außer seinem Wort uns auch wortlos durch Träume führen und bewahren kann. Um aber der echten Offenbarung Gottes Raum zu geben, wie sie den Propheten Israels zuteil wurde, warnt gerade der Prophet Jeremia vor Traumbüchern und Traumdeutern (Jer. 27,9).

In neuerer Zeit hat kein erlauchter Geist so tief über das Wesen und die Wahrheit der Traumwelt nachgedacht, wie der Dichterseher *Jean Paul.* Auch er warnt: „Die vormaligen Traumdeutereien ... lehren uns Mißtrauen gegen die jetzigen" („Geist der Erziehung"). Weg also mit scheinwissenschaftlichem oder gar scheinchristlichem Gedeutel!

Träume sind nicht zum denkenden Nachbuchstabieren, sondern zum Schauen da. Der Traum-Schauende erlebt „Augenblicke, wo die beiden Welten, die irdische und die himmlische, nahe aneinander vorüberstreichen und wo sich Erdentag und Himmelsnacht in Dämmerungen berühren." — „Im Traum bewahrt der Mensch seine ätherischen Flügel", die Erde sinkt „wie in eine Vergangenheit zurück", darum ist der Träumende „ein Johann ohne Land", ein Land, das ihm nicht minder wirklich ist wie die Welt. Jean Paul geht noch einen Schritt weiter: Die sichtbare Welt kann gar nicht genossen, nicht empfunden werden „ohne den Reflexionsspiegel der inneren (vorgestellten) Welt", denn das Sichtbare ist nur „Resonanzboden, Spiegel, Reliquie der Traumwelt", die „wie den Regenbogen und das Morgenrot niemand betasten kann."

Sprach Goethe von den „Fühlfäden" der Seele, so Jean Paul von „den feinsten und unsichtbarsten Fühlhörnern der Seele", die als verborgene „Wurzeln unter der groben Sinnenwelt durchlaufen". Darum beklagte er, daß für so Viele das wirkliche Leben nur ein „dicker Mitternachtstraum ist, in den kein Licht aus der anderen Welt durch die Ritzen des Traumes fällt; bei andern eine tappende Schlaftrunkenheit, weil sie nicht zur Erinnerung und Erkenntnis des Geträumten gelangen; bei wenigen nur ein tagender Morgentraum".[3]

Damit treten wir ein in den großen Bereich der Träume, welchen ein eindeutig erkennbares Stück Wahrheitsgehalt zuerkannt werden muß — die *Wahrträume*. Dabei wird sich zeigen, wie diesem Traum auch Winzigkeiten des täglichen Lebens nicht zu geringfügig sind, als daß er sie in seiner geradezu virtuosen Bilderschrift unterschlüge.

Aus älterer Zeit ein besonders bedeutsames Beispiel. Der Kammerdiener Friedrichs des Großen berichtet:
In einer Nacht, einige Jahre nach dem Siebenjährigen Krieg, hörte ich den König laut schreien: „Feuer! Feuer!" Ich stürzte sofort in sein Schlafzimmer, aber es brannte nirgends. Der König lag auf seinem Lager, ächzend, offenbar von schlimmen Träumen geängstigt. Ich erlaubte mir, ihn zu wecken. „Ach", sagte er, „es ist gut, daß du mich wecktest. Ich hatte einen schlimmen Traum ... Mir träumte: Ich stand auf der Terrasse von Sanssouci, und um mich her sah ich mein Land und alle meine Schlösser, alles ganz dicht beieinander, und dahinter war's, als schaute ich die ganze Welt mit allen Städten und Ländern. Das alles lag da wie ein wunderschönes Bild, und ich freute mich daran. Auf einmal verfinsterte sich der Himmel, schwarze Wolken zogen darüberhin, tiefe Nacht bedeckte die schöne Welt, unheimliches Kreischen und Ächzen ging durch die Luft. Plötzlich leuchtete mitten in den schwarzen Wolken ein glänzender Stern auf, fiel nieder, blitzschnell, und die Erde flammte auf in Feuer und Brand, die Dunkelheit wandelte sich in Tageshelle, das Feuer fraß immer weiter um sich, verbrannte alle meine Schlösser, die krachend zusammenstürzten. Der gefallene Stern hatte sie alle versengt und verbrannte mein ganzes Land, verwandelte die Flüsse in blutrote Ströme und die Kornfelder in Totenäcker. Und weiter sah ich, wie der Stern, einer Rakete gleich, über alle anderen Länder der Erde dahinfuhr, überall Feuer entzündend, bis alle Länder und Städte in Asche zerfielen. Da schrie ich: ‚Feuer, Feuer!' und du wecktest mich."

Der König sagte noch: „Dieser Traum hat gewiß etwas zu bedeuten, und gewiß geschieht etwas Merkwürdiges in dieser Nacht. Schreib dir genau auf, was ich sagte, und merk dir das Datum und das Jahr!" — Es war der 15. August 1769, nachts 3 Uhr — die Geburtsstunde Napoleons I.[4]

Sollte der Preußenkönig die Bombenteppiche des Zweiten Weltkrieges, das Auslöschen seines Staates auf der Landkarte unserer Jahrhundertmitte, hellseherisch vorweggenommen haben?

Was der frühere Bischof von Großwardein Josef von Lànyi erlebte, ist geradezu als Filigranarbeit eines Wahrtraumes zu bezeichnen. Er stand in besonderer Gunst des später ermordeten Erzherzogs Ferdinand. In der Nacht des 28. Juni 1914 hatte der Bischof einen Traum, den er, wie folgt, niederschrieb:

Am 28. Juni 1914, 3.30 Uhr früh erwachte ich aus einem schrecklichen Traum. Mir träumte, daß ich in der Morgenstunde an meinen Schreibtisch ging, um die Post durchzusehen. Ganz oben lag ein Brief mit schwarzem Siegel und dem Wappen des Erzherzogs. Sofort erkannte ich die Handschrift meines höchsten Herrn. Ich öffnete den Brief und sah am Kopf des Bogens in himmelblauem Ton ein Bild, das eine Straße und eine enge Gasse darstellte. Die Hoheiten saßen in einem Auto, ihnen gegenüber ein General, neben dem Chauffeur ein Offizier. Auf beiden Straßenseiten eine Menschenmenge. Zwei Burschen springen plötzlich hervor und schießen auf die Hoheiten. Der Text des Briefes ist wörtlich derselbe, wie ich ihn im Traume gesehen. Er lautete:

Eure Bischöfliche Gnaden, lieber Doktor Lànyi!
Teile ihnen hiermit mit, daß ich heute mit meiner Frau in Sarajewo als Opfer eines politischen Meuchelmordes falle. Wir empfehlen uns ihren frommen Gebeten und heiligen Meßopfern und bitten Sie, unseren armen Kindern auch fernerhin in Liebe und Treue so ergeben zu bleiben wie bisher.

Herzlich grüßt Sie Ihr Erzherzog Franz. Sarajewo. 28. Juni 1914, 3.30 Uhr morgens.
Zitternd und in Tränen aufgelöst sprang ich aus dem Bett, sah auf die Uhr, die 3.30 Uhr zeigte. Ich eilte sofort zum Schreibtisch, schrieb nieder, was ich im Traum gelesen und gesehen ... Mein Diener trat an diesem Morgen um 6 Uhr in mein Schlafzimmer ein, sah mich blaß dasitzen und den Rosenkranz beten. Er fragte mich, ob ich krank sei. Ich sagte ihm: „Rufen Sie gleich meine Mutter und G., ich will gleich die Hl. Messe für die Hoheiten lesen, denn ich hatte einen schrecklichen Traum." Mutter und G. kamen 6.30 Uhr herbei; ich erzählte ihnen in Gegenwart des Dieners den Traum, dann zelebrierte ich ... um 3.30 Uhr nachmittags brachte mir ein Telegramm die Nachricht, daß de Hoheiten in Sarajewo ermordet worden waren.

Es folge ein Traum, der die Krise der heutigen christlichen Kirche abbildhaft spiegelt. *Roger Schutz* berichtet ihn in seinem Tagebuch vom 7. Dezember 1970:
Ich habe einen Brief wieder gelesen, den mir Daniel vor einigen Jahren aus Rom schrieb. Darin erzählte er mir einen Traum: „Wir befinden uns im Vatikan, im obersten Saal eines vielstöckigen Gebäudes während einer Papstaudienz. Die Menge füllt den Raum. Wir umgeben Paul VI. Der Papst, von Sorgen zermürbt, hat sich in einen einfachen Lehnstuhl fallen lassen, während ein Priester — offenbar der Sprecher des Papstes — Worte an die Menge richtet, gegen die der Papst vergeblich zu protestieren versucht. In diesem Augenblick greifst du ein, empört über diesen Amtsmißbrauch. Kaum hast du zu reden begonnen, hört man das Schreien einer Pilgergruppe, unter deren Füßen der völlig vermorschte Boden eingebrochen ist. In einem Augenblick lösen sich sämtliche Fußböden in Staub auf. Mit dem Papst balancieren wir auf einem Balken, bis ein gutwilliger Helfer eine Leiter herbeibringt. Sie ist kurz, ermöglicht uns aber

dennoch das Hinabsteigen. Wir finden uns vor dem Gebäude wieder, im Gewühl eines Marktes."
Der Träumer gibt hierzu folgenden Kommentar: „Die Lage der Kirche verfolgt uns offenbar bis in unsre nächtlichen Träume. Die Kirche, die in uns und unserer Umgebung sehr verborgen, unscheinbar und unauffällig ist und doch im Innern so viel Feuer hat. Es wäre ein Leichtes, die Einzelheiten des Traums auf frühere und heutige kirchliche Tatbestände und Entwicklungen hin zu interpretieren ...![5]

Träume, auch Wahrträume, haben es oft mit ganz alltäglichen Dingen zu tun. Hierfür stehe ein Erlebnis von M. H. (1974):
„Ich träumte: Ich bin zu Bekannten nach Berlin eingeladen, die vor einigen Wochen ihr erstes Kind bekamen. Ich gehe im Traum durch die Straße seiner Eltern. Der junge Vater kommt mir auf der Treppe entgegen und sagt: Entschuldigen Sie, ich muß schnell weggehen und Milch holen; alle Milch ist übergelaufen, als meine Frau mit Gästen im Zimmer plauderte. — Ich nahm nun vorsichtshalber eine Dose Milch mit, als ich zu den Freunden fuhr, so lächerlich mir das vorkam. Drei Stunden später traf ich ein und fand alles genau so, wie geträumt, dort vor!"

Anfang Juli 1943 wurde das dreijährige Büblein der Familie V. W. in O. mehrere Tage lang vermißt. Man sah den Kleinen zuletzt auf der Donaubrücke, dann aber fehlte jede Spur. War er ertrunken? Man suchte überall vergebens. Da träumte ein Bekannter der Familie W., er habe das Kind einsam in einer alten Kiesgrube gesehen. Er maß dem Traum zunächst keine Bedeutung bei, da die Entfernung so groß war, daß sie das Kind unmöglich hätte allein bewältigen können, ging aber doch zu jener Stelle und fand das Kind dort vor, wie er geträumt hatte. Es hatte drei Tage und drei Nächte allein ausgeharrt! Und blieb leben.

Wahrträume können auch Merkmale des Hellsehens an sich tragen.

Frau N. war längere Wochen von ihrem Haus abwesend durch eine Reise in die Schweiz. Dort träumte sie, zu Hause sei eingebrochen worden. Sie zählte sogar die gestohlenen Gegenstände einzeln auf. — Nach wenigen Tagen kam die Nachricht von jenem Diebstahl. Sie hatte auch die Einzelheiten richtig im Traum gesehen.

Am häufigsten sind Wahrträume, die bevorstehende Unfälle darstellen, denen niemand mehr entgegenwirken kann.
Ernst Jünger hat in einer Rede in Stuttgart beim Empfang des Schillerpreises aus seiner Familiengeschichte erzählt. Dabei erwähnte er den seltenen Fall, den Tag-Traum eines 12-jährigen Mädchens, seiner Urgroßmutter Anna Determann. „... Sie sah vor der Haustür einen Leichenzug. Voran ging ihr Vater mit Schulkindern, dann folgte ein Kindersarg mit einem kleinen Geleit. Der Zug ging nicht durch das große Friedhofstor, durch das alle Leichen getragen wurden, sondern durch eine Pforte, die nur von den Kirchgängern benutzt wurde. Das Mädchen erschrak, denn es wußte, daß der Vater in der Wohnstube war. Es rief ihn heraus und erzählte ihm das ‚Gesehene'". Er wollte es ihm ausreden: „... Du kannst das schon deshalb nicht gesehen haben, weil durch diesen Eingang nie eine Leiche getragen wird." Einige Tage später starb das Kind eines Heuermanns; in der Nacht vor der Beerdigung stürzte das Tor ein, und der Sarg mußte durch diese Pforte getragen werden — genau so, wie sie es gesehen hatte.[6]

Der Knabe F.R. sollte in Prag zum zweitenmal an den Augen operiert werden. Sein Vater war eben in Urlaub gekommen. Die Tante des Knaben sagte zu ihm: „Schau dir den Vater nur recht genau an — du siehst ihn heute zum letztenmal." Daraufhin gab sie ihren Traum preis: Dichte Nebelschwaden legten sich zwischen Vater und Sohn, so daß der Junge vergeblich seinen Vater suchte. — Der Vater starb aber nicht. Die Augenoperation mißglückte. Der Junge sah seinen Vater nicht mehr, denn er erblindete.

Ganz ungewöhnlich ist der Fall des Schülers Adalbert Ch., der seinen eigenen Tod träumend voraussah.
Die Lehrerin ließ ihre Schüler als Aufsatz ihren letzten Traum schildern. Fast alle beschrieben die zu erwartenden Nichtigkeiten. Aber Adalberts Aufsatz erschütterte sie. Der versonnene Knabe beschrieb, er sei mit seinem Schulkameraden N. über das Eis der Suzawa gegangen. Das Eis sei gebrochen und er ins Wasser gestürzt. Er hatte nun einen furchtbaren Todeskampf zu bestehen, den er genau beschrieb. Die Lehrerin wußte zunächst mit der „dichterischen" Leistung des Zehnjährigen wenig anzufangen. Am nächsten Tag aber ging der Traum wörtlich in Erfüllung. Adalbert war mit dem Schuhmachersohn N. eingeladen worden, im Hause eines Mitschülers eine Laterna magica zu bewundern. Das Landhaus befand sich auf dem jenseitigen Ufer der Suzawa. Da der Fluß schon ziemlich stark zugefroren war, wagten die Buben den kürzesten Weg quer über den Strom, um schneller zu ihrem Kameraden zu gelangen. N. hatte bereits den Fluß überschritten, Adalbert folgte gleich hinter ihm. Plötzlich hörte N. die Schreie des Eingebrochenen, und als er sich umsah, versank eben Adalbert in den eisigen Fluten, nur 2 bis 3 m vom Ufer entfernt. Es war genau die Stelle, die er im Aufsatz beschrieben hatte. Man barg nur mehr den Leichnam!

Aus dem Leben des österreichischen Lyrikers und Dramatikers *Hugo von Hofmannsthal* ist überliefert:
Kurze Zeit, ehe sich Franz, der Sohn des Dichters, erschoß, hatte sein Vater einen Angsttraum. Dem Dichter war, als wollte er auf dem Flur des Hauses in Rodaun nach seinem Hut greifen, der zwar am gewohnten Haken hing, aber für ihn durchaus unerreichbar war, obwohl er vertrackte Anstrengungen machte, um sich in seinen Besitz zu bringen. — Hofmannsthal hat am nächsten Tag den Seinen berichtet, welche Mühe er sich im Traum geben mußte. Dabei empfand er eine seltsame Unruhe. An dem Julitag, an dem sein Sohn beerdigt werden sollte, erfüllte sich aber der Traum auf

schreckliche Weise. Als der Dichter dem Sarg zu folgen gedachte und nach seinem Zylinder griff, war er plötzlich außerstande, ihn zu fassen. Er reckte wie im Traum die Arme danach, aber sie sanken kraftlos herab. Der Dichter taumelte. Im nächsten Augenblick ging es wie ein Sprung durch das südlich feine Gesicht mit den samtdunklen Augen, und als man ihn in den Armen auffing und auf sein Lager bettete, hatte ihn der Tod schon bei der Hand genommen.

Unter Umständen kann ein Traum auch rettende Wirkung ausüben. Ein italienischer Motorradfahrer verdankte einem solchen sein Leben.

Kurz nach 1 Uhr nachts wurden zwei Deutsche von einem Italiener namens Giuseppe Rossi bei Malcesine am Gardasee alarmiert. Der Italiener bat sie, ihm zu helfen, seinen Zwillingsbruder Guido zu suchen. Er habe, so berichtete er den Deutschen, von einem Verunglückten geträumt, der in eine Schlucht gefallen sei und zu verbluten drohe. Von dem schrecklichen Traum sei er aufgewacht und habe sogleich an seinen Bruder denken müssen, der zu dem Zeitpunkt noch nicht heimgekehrt war. — Tatsächlich fanden die drei Männer kurz darauf den Zwillingsbruder. Er lag bewußtlos auf einer Straße und blutete aus mehreren Wunden, da er gegen 1 Uhr mit seinem Motorrad verunglückt war (31. 7. 1959).

Durch zwei sich ergänzende, bzw. kreuzende Träume wurde eine Ehe gestiftet: „H. E. träumte an Weihnachten, ein Jahr vor seiner Verlobung, er sähe in einem Gottesdienst einen Kirchenchor, wobei ihm ein bestimmter Mädchenkopf besonders einprägsam blieb. Als er später seine Braut kennenlernte, erkannte er in ihr genau die Gesichtszüge jenes geträumten singenden Mädchens; jene Braut wiederum hatte fünfzehn Jahre vorher einen Traum, in dem sie ihr Verlobungsjahr ‚sah'. Beide empfanden ihr Zusammenfinden als eine klare Führung Gottes" (Briefbericht 1974).

Dazu der Traum einer Studentin.

Sie sah sich mit einem Bekannten, über dessen Aufenthaltsort sie nicht Bescheid wußte, im Traum eine Anhöhe hinaufgehen. Der junge Mann trug einen Trainingsanzug und eine Schutzbrille. Mühsam schleppte er eine Art Koffer oder Kiste. Er sagte: „Wenn ich nur die Kiste über den Berg bringe!" Dann sah die Träumerin ihn mit zerbrochener Brille in einer bewaldeten Mulde. Er faßte sich ängstlich an die Augen. Sie fürchtete, daß er sich verletzt haben könnte. Alles war kulissenhaft wie im Theater. Die Erinnerung verfolgte die Studentin, so daß sie dem Bekannten schrieb und ihm ihr Erlebnis mitteilte. Nach einigen Tagen kam der junge Mann persönlich aus einem Segelfliegerlager, um ihr zu berichten, daß er am Tage vor ihrem Traum vergebens versucht habe, mit einem Segelflugzeug eine Anhöhe zu überfliegen. Der Aufwind reichte nicht aus, und er hatte ständig den Gedanken: „Wenn ich nur die Kiste über den Berg bringe!" Es kam zu einer Bruchlandung in einem bewaldeten Tal. Er fürchtete um seine Augen, bei der Landung zerbrach die Brille.

„Hier ist", folgert Professor Hans Bender-Freiburg, ein telepathisch übertragener Gedanke dargestellt worden, ohne daß die Träumerin den Sinn des Traumes verstand" (1954).

Pfarrer P. B. in M. berichtet:

Mitte Mai 1961: Anruf meiner Schwester aus Düsseldorf. „Ist es euch recht, wenn ich euch Mitte Juni für ein paar Tage besuche?" „Ja, aber rufe bitte unmittelbar vorher nochmals an, damit wir alles vorbereiten können!" Ich erzähle nun mehreren Bekannten, daß meine Schwester Mitte Juni kommen wolle. — Samstag, den 10. Juni 1961: Frl. St. fragt uns beim Mittagessen, ob wir schon genau wissen, ob und wann meine Schwester kommen will. „Nein, wir haben noch keine Nachricht." — Da sagte sie, sie habe heute Nacht einen seltsamen Traum gehabt, den sie uns erzählen müsse: sie habe auf einem sehr hohen Berge gestanden und konnte von dort auf eine Autobahn sehen. Da sah sie einen großen Wagen

mit riesiger Geschwindigkeit die bergige Autobahn herabrasen, im Tal ins Schleudern geraten und gegen Hindernisse prallen. Die Insassen seien herausgeschleudert worden und schienen tot oder schwerverletzt zu sein — unter ihnen auch meine Schwester. Unmittelbar nach diesem Traum sei sie erwacht.
Samstag, 10. Juni 1961, gegen 19 Uhr: Anruf meiner Schwester aus Düsseldorf. „Also morgen, Sonntag, komme ich euch besuchen!“ — Meine Frage: „Mit welchem Zug kommst du? Wann soll ich dich am Bahnhof abholen?“ — Antwort: „Ich komme mit einem Auto einer Mitfahrerzentrale.“ Ich: „Dann muß ich dich warnen, denn Frl. St. hat einen eigenartigen Traum gehabt. Demnach seiest du mit einem Auto gefahren und dabei schwer verunglückt.“ Antwort: „Träume sind Schäume!“
Sonntag, den 11. Juni 1961, gegen 19 Uhr: Das Telefon läutet. Ein Ferngespräch: „Hier Landespolizeistelle Idstein/Taunus: Es ist ein schreckliches Autounglück passiert, ein Wagen bei Regen ins Schleudern geraten, im Tal mehrfach gegen Hindernisse geprallt, die Insassen wurden 30 m weit herausgeschleudert, darunter auch eine Dame, die sagt, sie sei Ihre Schwester! Wunderbarerweise aber leben alle, wenngleich auch verletzt ...“ Der Traum hatte sich also binnen 36 Stunden haargenau erfüllt.

Großkaufmann W. R. in M.-A. träumte von einem Jugendfreund, den er dreißig Jahre lang nicht mehr gesehen hatte, weil er im Ausland für ihn verschollen war. Am Tag dieses Traumes nimmt R. an einer Tagung seiner Handelskammer teil und — trifft dort gegen jedes Erwarten den Jugendfreund wieder! (1966).

Der junge B. P. in W. wurde seit dem 2. März 19 .. vermißt. Er hatte sich verabschiedet, um in der Nachbarstadt Arbeit zu suchen. Als er bis zur nächsten Nacht nicht ins Elternhaus zurückgekehrt war, verständigte man die Polizei. Alles Nach-

forschen blieb umsonst. Nach zwei Wochen träumte die Schwester des Vermißten, ihr Bruder B. hänge im Keller des Elternhauses an einem Balken. Sie wachte sofort auf, weckte den Vater, der sich zunächst weigerte, im Keller nachzusehen. Dann folgte er der dringlichen Bitte. Er fand die Kellertür von innen verriegelt. Ein Beil öffnete den Weg. Wie im Traum gesehen, hatte sich B. dort erhängt. In seiner Tasche fand man einen Zettel: „Wegen unheilbarer Krankheit."

Ganz ungewöhnlich aber ist ein Traumbeispiel, bei dem zwischen Traumzeit und Erfüllungszeit vierzehn Monate liegen: *Ein Fremder stürzte in meine Wohnung, so träumte B. B., und meldete, mein Vater sei auf der Straße verunglückt. Ich lief im Traum sofort hinunter. Da lag mein Vater auf der Straße mit einer stark blutenden Hinterkopfwunde. Ich schrie laut auf, so daß ich selbst und meine Schwester erwachten. Ich erzählte am Morgen ihr und meiner Mutter den Traum, nicht aber meinem Vater. — Vierzehn Monate vergingen. Da wurde mein Vater eines Abends von der Plattform der Straßenbahn in einer Kurve heruntergeschleudert, so daß er mit einem Schädelbruch liegen blieb. Heute, nach langen Jahren, sieht man noch die Narbe da, wo ich sie im Traum als Verwundung gesehen hatte.*

Christine Mylius berichtet in ihrem „Traum-Journal" (S. 105), daß sie in der Nacht vom 25. zum 26. November 1950 „ganz realistisch und gar nicht verschlüsselt einen Vulkanausbruch geträumt" habe. Am nächsten Tag stand in den Tageszeitungen zu lesen, daß der Ätna wieder ausgebrochen sei.

In einer Serie von sechs aufeinanderfolgenden Träumen „sah ich die Hamburger Sturmflut vom 16./17. Februar 1962 voraus. Die ganz eindeutigen Warnträume begannen am 9. Januar und steigerten sich in großer Eindringlichkeit bis kurz vor dem Einsetzen des Orkans, der die tobenden Fluten der Elbe an hundert Stellen die Deiche brechen ließ und ein Ge-

biet von mehr als 150 qkm, das ist ein Sechstel des Hamburger Staatsgebietes, mit einer über fünf Meter hohen Flutwelle überrollte."

Ihre geradezu virtuose Traum-Begabung beweist Christine Mylius mit der Serie „daten-genauer Träume" (S. 136 ff.), die eine seltene Präzisionsarbeit zu Tage brachten, selbst über jahrelangen Abstand zwischen Traum und Erfüllung hinweg!

„Andrea's (ihrer Tochter, Schauspielschülerin) Brief war am 2. Oktober 1962 bei mir in Bayern angekommen. In der Nacht hatte ich folgenden Traum: Ich mache mit einem Karren eine wichtige Fahrt vom Züricher Hauptbahnhof durch die Bahnhofstraße. Es ist 16.20 Uhr, und ich muß dringend in einem großen Gebäude ankommen, obwohl ich nur Publikum sein werde. Eine Zweizimmerwohnung spielt noch eine wesentliche Rolle und viele Theatergespräche um Andrea.

Warum der Traum ausgerechnet auf Zürich kam, war mir schleierhaft. ... Natürlich gab es noch weitere, für mich bedeutsamere Traumelemente. Vor allem, was den ‚Karren' betraf, an den man mich fuhr, um mich zur Umkehr zu bewegen ... Am 2. Oktober 1966, auf den Tag genau vier Jahre später, fuhr ich, vom Hauptbahnhof kommend, mit der Straßenbahn (dem „Karren") die Züricher Bahnhofstraße entlang. Andrea war seit Mitte August 1966 am Züricher Schauspielhaus verpflichtet, und ich sollte sie dort in ihrer Antrittsrolle, der Viola in Shakespeares „Was ihr wollt", in einer Nachmittagsvorstellung erleben. Es war bereits 16.20 Uhr, und ich hatte es sehr eilig, denn wenn ich auch, wie geträumt, ‚nur Publikum' war, so hatte das Ereignis für mich doch große Bedeutung. (Im Traum: eine wichtige Fahrt.) Um 16.30 Uhr begann die Vorstellung ... Auch Andrea's Zweizimmerwohnung in Zürich wurde im Traumtext erwähnt. Vier Jahre später, am 2. Oktober 1966 traf der Traum bis ins kleinste Detail ein."

Erstaunlich sind aber auch jene Traumerfahrungen, wo zwischen Traum und Erfüllung nur ganz wenige Stunden liegen. Dazu ein Beispiel aus dem schwarzen Erdteil. Ein Missionar schrieb (am 23. 11. 1963):

Träume haben bei den Melanesiern große Bedeutung. Einmal kam ein schwarzer Arbeiter morgens zu mir. Er war 6 Stunden gegangen, hatte seine Arbeitsstelle verlassen, eine Pflanzung, um zu seinem Dorf zurückzukehren. Ich fragte ihn, warum er das getan habe? „Ich habe im Traum gesehen, daß mein Vater gestorben ist. So bin ich gekommen.“ Tatsächlich war sein Vater in derselben Nacht gestorben — aber niemand konnte ihm das bei unseren Entfernungen hinterbracht haben.

Daß im Traum Warnungen zur Rettung Einzelner ergehen, wird anhand vieler Beispiele besonders gut bezeugt. Ein Musterbeispiel berichtete der Dichter *Werner Bergengruen* aus seiner Verwandtschaft.[7]

Einer seiner Onkel träumte vor dessen Abreise von Riga nach Paris, er gehe auf unbelebter Straße entlang, während ihm ein Wagen mit Pferden entgegenkomme. Zunächst glaubte er, es seien weiße und braune Pferde, beim Annähern aber waren es Rappen. Sie trugen Trauerschabracken, der Kutscher war im Trauermantel, neben ihm ein grüngekleideter junger Mann. Schon lenkte das Fuhrwerk auf ihn zu. Unverkennbar war es ein Leichenwagen, der plötzlich anhielt. Der Diener sprang ab, er war genau erkennbar. Er nahm sein Käppchen ab und öffnete den Schlag. Dabei sah er den Träumer lächelnd an, wie in höflicher Gewöhnung ihn zum Einsteigen einladend. Der Träumer fühlte sich angelockt und abgestoßen zugleich. Ein heftiger Widerwille obsiegte. Darauf schloß der Diener den Schlag und stieg auf den Bock zum Kutscher zurück. Schnell entschwand das Gefährt. — Am gleichen Abend reiste der Onkel, der Träumer, ab. Bald betrat er in Paris ein großes Kaufhaus mit vielen Stockwerken, die durch einen Lift verbunden waren. Mit anderen

wartenden Kunden stellte er sich am Lifteingang auf. Der Lift kam auch, die Fahrgäste wechselten. Der Onkel näherte sich und hatte Mühe, einen Ausruf zu unterdrücken: denn der Fahrstuhlführer war haargenau derselbe Livrierte, hielt ein grünes Käppchen in der Hand und sah genau jenem Diener gleich, den er im Traum erschaut hatte. Gebannt starrte er auf den Diener, unfähig, den Lift zu betreten, der hier die Stelle des Leichenwagens einnahm. Der Liftführer verschwand in seinem Behältnis und fuhr wieder empor.
Kurze Zeit später beobachtete der Onkel eine wachsende Unruhe unter den Käuferscharen. Eine böse Nachricht wurde offenbar von Mund zu Mund weitergegeben. Ausrufe, Schreie — dem Lift war ein Unglück zugestoßen. Ein Seil war gerissen, der Behälter abgestürzt! Auch der livrierte Diener war dabei zu Tode gekommen. Der Träumer aber war gerettet.

War, so fragt Bergengruen, der geträumte Diener der Schutzengel des Onkels, nur eben in der Maske des Dieners? Läßt sich der Sachverhalt besser ausdrücken als auf diese theologische und zugleich kindlich anmutende Weise? Er erinnert an seinen Konfirmationsspruch: „Er wird seinen Engeln über dir Befehl tun, daß sie dich auf ihren Händen tragen und du deinen Fuß nicht an einen Stein stoßest" (Psalm 91,12).

Herr L. O. in W. träumte am 1. April 19 . ., tausende Kilometer von seiner Frau getrennt, er hätte sie gesehen, wie sie zu Hause den kleinen Sohn aus der brennenden Wohnung heraustrage. Im nächsten Brief schrieb seine Frau: In der Nacht auf den 1. April hatte ich die Wäsche zum Trocknen am Ofen aufgehängt. Nebenan schliefen wir wie immer. Mitten aus dem ersten Schlaf wurde ich plötzlich geweckt. Ich hörte Deine Stimme. Du riefst mich laut mit meinem Namen! Ganz deutlich im Dämmerschein sah ich Deine Gestalt in grauer Kleidung neben der Wiege unseres Buben. Ich fuhr aus dem Bett hoch — da warst Du verschwunden. Jetzt spürte ich, daß um mich her alles voller Rauch war. Die Wäsche am Ofen brannte schon hell. Rasch rettete ich den Buben zu unsern Nachbarsleuten, die mir den Brand löschen halfen. Du bist es gewesen, Du hast das Kind gerettet.

Besonders eindrucksvoll ist ein Traumbericht aus dem Jahr 1905, der aus Amerika berichtet wird. Der Farmer James Chaffin hatte vier Söhne, John, James, Marshall und Abner. Sein Liebling war Marshall. Am 16. November 1905 machte der Vater sein Testament, in dem er Marshall alles vermachte. Am 7. September 1921 verstarb der Vater an einem Unfall. Das Testament trat in Kraft, da die Familie keinen Einspruch erhob.

Vier Jahre vergingen. Da träumte der zweitälteste Sohn James, „mein Vater stünde neben meinem Bett. Ich sah ihn, aber er sprach mich nicht an. Gegen Ende des gleichen Monats, Juni 1925, erschien er mir abermals. Er machte seinen Mantel auf, um mir das Innere zu zeigen, und sagte zu mir: ‚Du wirst in der Innentasche meines Überziehers mein Testament finden.' Dann verschwand er. Ich war nun ganz sicher, daß mir mein Vater erschienen war, um mir irgend einen Irrtum, sein Testament betreffend, anzuzeigen. Sofort suchte ich meine Mutter auf, um nach diesem Überzieher zu fragen. Sie aber hatte ihn meinem Bruder John geschenkt. Am Montag, dem 6. Juli, besuchte ich meinen Bruder daheim und fand den alten Überzieher, den John nie getragen hatte; die Futter der Innentasche waren zugenäht. Ich schnitt die Nähte auf und — fand eine kleine, mit einem Bändchen verschnürte Papierrolle. Darauf stand in der Handschrift meines Vaters geschrieben: ‚Lest das 27. Kapitel der Genesis in der Bibel meines Vaters nach!'

Ich holte mehrere Zeugen zusammen, um gemeinsam mit ihnen die alte Bibel aufzustöbern. Wir fanden sie in der ersten Schublade einer Kommode. Das Buch war so abgenutzt, daß es in drei Teile zerfiel, als wir es in die Hand nahmen. Mein Zeuge, Mr. Blackwelder, sammelte ausgerechnet den

Teil auf, der das Buch Genesis (1. Buch Mose) enthielt. Er blätterte bis zum 27. Kapitel. Hier fanden wir zwei so aufeinander gefaltete Seiten, daß sie eine Art Tasche bildeten, in welcher wir auf das Testament stießen! Das von Anfang bis zum Ende eigenhändig geschriebene Testament verteilte das Hab und Gut zu gleichen Teilen unter die vier Söhne mit dem Auftrag an sie, für die Mutter gemeinsam zu sorgen. Der Schluß lautet: „Eigenhändig von mir niedergelegt und abgeschlossen. James Chaffin, an diesem 16. Januar 1919".

James schließt: „Viele meiner Freunde halten eine Verbindung zwischen Toten und Lebenden nicht für möglich. Ich aber bin dessen gewiß, daß mir mein Vater wahrhaftig erschien."

Man sprach natürlich von Fälschung, aber die Handschrift des Erblassers wurde von zehn vereidigten Zeugen ganz eindeutig bestätigt. Die ganze Familie erklärte, niemals Kenntnis von einem zweiten Testament gehabt zu haben.

Ob sich der Vater wohl vorgenommen hatte, vor seinem Tode die Familie von einem zweiten vorhandenen Testament noch in Kenntnis zu setzen, aber durch seinen plötzlichen Unfall-Tod daran gehindert worden war? Oder sollte der Sohn James noch zu Lebzeiten des Vaters dessen letztwillige Testamentsänderung telepathisch in sich gespeichert gehabt haben, so daß es Jahre später aus dem Unbewußten aufsteigend die Traumbilder des erscheinenden Vaters ausgeformt haben könnte? Fragen über Fragen! Jedes „als ob" und „wenn" und „hätte vielleicht" verläuft sich im Unklärbaren. Die sogenannte Kryptomnesie (Spuren der Erinnerung in einer Gedächtnisrinne) ist als Arbeitshypothese immerhin hörenswert; aber mehr als eine fragliche Variante des Hellsehens ist ihr nicht abzugewinnen. Viel einleuchtender ist doch die Annahme, daß sich wieder einmal eine Botschaft von Drüben ereignet hat, damit der schwere Unfriedens-Zustand der Familie bereinigt und dem das Unrecht wieder gutmachenden Erblasser endlich der Friede der jenseitigen Welt zukomme. Die religiöse Deutung bietet sich in diesem Falle wie von selbst an, weil ja das ausdrücklich erwähnte Kapitel die bekannte Geschichte Jakobs erzählt, der mit böser List den Erstgeburtssegen erstrebte.[7a]

Karin Schauff erzählt in ihren Lebenserinnerungen, die vorwiegend eine Kaffee-Plantage in Brasilien zum Schauplatz haben, einen Traum, der sich erst nach Ablauf von zwanzig Jahren in seinen geschauten Einzelheiten zu erfüllen begann.[8] *„Es war kurz vor unserer Rückkehr in die Alte Welt. Träumend befand ich mich dort, wo ich in Wirklichkeit war, auf unserer Farm Santa Cruz. Es dämmerte; die tropische Nacht fiel schnell herein. Alle schliefen. Im geisterhaften Mondlicht ging ich allein durch die Haus- und Wirtschaftsanlagen. Ich hatte keine Angst. Gemächlich wanderte ich im Garten umher, dann aber ging ich entschlossen und schnell auf Kaffeefelder zu. Über meinem Arm lagen mehrere leere Erntesäcke. Auf dem Weg stieß ich auf ein Steinhaus, das mir noch nie so deutlich aufgefallen war. Im selben Augenblick wußte ich, daß es das ‚Haus der Kinder' sei, das mir verschlossen bleiben würde. Dennoch wurde es mir im Traum von innen gezeigt. Ich nahm Dinge wahr, die mich außerordentlich bedrückten. Ich sah das Leben der Kinder, das streng von dem meinigen abgetrennt war. Da stieg ein tiefes Stöhnen in mir auf und schwoll zu einem lauten Ruf an, von dem ich sicher war, daß er bis ans Ende der Welt gehört werden würde."* Der Traumtext verwirklichte sich zwanzig Jahre später, als die Erzählerin von ihrer Farm Abschied nehmen und das Steinhaus den Kindern überlassen mußte, die ihr ganz andersartiges Leben dort weiterführen wollten. Sie sah im Traum „das schmerzliche Durchstehen des Endes einer wichtigen Lebensepoche" klar voraus. Die Einzelheiten des Traumes, der hier nur gekürzt wiedergegeben ist, stimmen mit dem späteren Erleben genau überein.

Es folge zum Beschluß dieser Beispielserie noch der Bericht eines Kriegsteilnehmers, den dieser im „Brevier eines Heimkehrers aus russischer Gefangenschaft" in ergreifender Weise dargestellt hat.[9] Hier wird nicht nur ein Stück Lebensführung traumhaft gespiegelt, sondern die unsichtbare Hand Gottes, die rettende Allgegenwart Gottes — auch gegen den Augenschein — bezeugt:

Obwohl ich nicht an Träume glaube, sondern der Führung Gottes vertraue, auf welcher Ebene meines Lebens diese auch immer geschehen mag, so will ich doch einen Wahrtraum erzählen, obschon von nicht wenigen zu berichten wäre.

In der Nacht zum 26. Juni 1945 sah ich mich plötzlich von unbekannter Hand aus dem Lager geführt und, am Stock gehend, in ganz lumpige Kleider gehüllt, in einem Bauerndorf durch den Schnee stapfen. In diesem erkannte ich sogleich meinen Geburtsort. Ich ging die mir noch wohlvertraute Dorfstraße entlang, bis ich vor ein ärmliches Bauernhaus kam. Dort trat ich in die Stube, wo unsre älteste Tochter gerade dem Adventskranz ein drittes Lichtlein aufsteckte. Ich war bei den Meinen!

Als ich wieder zu mir selber kam, hatte ich nicht das Gefühl, geträumt zu haben, sondern es war mir auch noch bei völligem Wachbewußtsein, als sei alles Wirklichkeit. Erst allmählich fand ich mich wieder zurecht. Immer noch stand ich unter dem Eindruck einer überirdischen Botschaft, die mir sagte, ich wäre an Weihnachten daheim! Eine innere Stimme riet mir, nicht mehr zu zweifeln, sondern zu glauben.

Eine Woche lang behielt ich mein Geheimnis für mich. Oft hätte ich bersten mögen vor Freude! Meine Kameraden sagten, ich sei ‚ausgelassen fröhlich'. Dann erzählte ich meinem Bettnachbarn meinen Traum. Er schalt mich einen ‚verrückten Pläny'. Ich lag ja noch als Gelähmter zu Bett, und meine Familie hatte ich noch nie in einem Dorf wohnen, sondern in der Großstadt. Auch war unsere Älteste gar nicht zu Hause. Meine Freunde warnten mich vor einer schweren Enttäuschung. Nur vier der Getreuen nahmen den Traum als ein Gottesgeschenk und freuten sich mit mir.

Die Monate vergingen. Die Sache war allmählich im ganzen Lager bekannt geworden. Auch einige ähnliche „Termine", die ich auf Grund ähnlicher Träume gestellt hatte, stimmten genau, obwohl sie mich nur am Rande berührten. Im Lazarett und Lager wurden Wetten abgeschlossen. Mein Arzt Dr. Str. sagte: „Entweder sind Sie an Weihnachten der Glücklichste oder der Unglücklichste unter uns!" Ich blieb dabei, daß ich an Weihnachten daheim sei.
Während die Herbststürme brausten, konnte ich, auf Stöcke gestützt, in den Garten gehen — allein! Mein lieber Freund St. meinte: „Angenommen, du wärst nun doch nicht zu Hause an Weihnachten, würdest du es ertragen können?"
Es ist wahr geworden! In den frühen Morgenstunden des dritten Adventsonntags stand ich vor dem ärmlichen Bauernhaus, trat in die Stube und sah den Adventskranz und — alle meine Lieben! Zwei Stunden vorher sagte unsere Kleinste zu der Mutter: „Mir träumte — heute kommt Papa."
Moerk schließt: *Solche Träume sind Botschaften aus der Welt, wo die Geschehnisse überräumlich und überzeitlich weisen, „bis daß die Zeit erfüllt ist".*

Solche Erfahrungen machen die Frage dringlich: können Träume in uns selbst entstehen? Sind sie greifbare Früchte unseres Unbewußten? Und: was ist überhaupt „Bewußtsein"? „Bewußtsein ist nie, auch im Wachsein nicht, nur die Abspiegelung einer objektiven Wirklichkeit, sondern es ist notwendigerweise immer zugleich auch die Verwirklichung der Perspektiven, die sich aus unserem ganz spezifischen Standort in der Welt ergibt" (*Detlef von Uslar*[10]). Daß man im römischen und griechischen Altertum die Träume als Gottesbotschaften zu verstehen suchte, zeigt uns, daß man in jenen Zeiten sich nicht zufrieden gab, den Quellort der Träume im menschlichen Ichbewußtsein zu suchen und zu finden. Zweifellos haben viele Träume mit unserem Leib, seiner Gesundheit oder seiner Krankheit, zu tun; daß aber alle Träume ihre Wurzel in der Geschlechtlichkeit haben sollen, wie Sigmund Freud seinerzeit herausfordernd einseitig lehrte, ist inzwischen längst als Übertreibung erkannt und versachlicht worden.

Die physiologische Forschung jüngster Zeit hat entdeckt, daß beim Traumvollzug bestimmte Formen von Hirnaktionsströmen wirksam werden, die man mittels des Elektroencephalogramms messen kann. So sind Träume in ihrer Dauer und Häufigkeit sowie im Grad der seelisch-unbewußten Erregung des Träumers nachweisbar geworden — aber wir stoßen auch hier wieder auf das Rätsel des Bewußtseins, das ebenso unbefriedigend ungelöst ist, wie die elektrophysiologische Ableitung des Phänomens Traum nicht befriedigen kann.
Jedenfalls wird uns anhand der vorigen Beispiele die Gewalt, die Unermeßlichkeit, die schöpferische Spontaneität des Traums neu „bewußt"! Es ist C. G. Jung zu danken, daß er von daher den Weg frei gelegt hat, den Traum im Umfeld der religiösen Vorstellungen des Träumers zu verstehen. In der Welt der Bibel hat der Traum immer wieder seinen besonderen Platz. Dort wird der Traum als Gottes Wegweisung, Fingerzeig, Warnung, Zukunftsdeutung benutzt und dankbar angenommen. Hinter den verschlüsselten Botschaften des Traums steht er allein, der alles waltende, alles durchgeistigende Gott. Der Kirchenvater *Synesius* hat in großer Schlichtheit und Wahrhaftigkeit für dies seelische Wunder den Satz geprägt: „Der Traum ist ein Angebot Gottes an uns." [11] Der französisch-jüdische Maler *Marc Chagall* hat wohl als stärkster in diesem Bereich die biblischen Bildvisionen wieder belebt und auf seine Weise manche Träume der Bibel in seine Bilder umgeschrieben. In seinen Bilder-Träumen können wir neuen Zugang zur religiösen Deutung des Traum-Wunders gewinnen. „Chagall versteht sich als ein Traumbote der Ewigkeit, der den Menschen Kunde bringen will von einem größeren, reineren Leben, als das in der Sinnenwelt verborgene ist" (*Alfons Rosenberg*[12]).

IV

HELLSEHEN

1. *Durchblicke durch die irdische Welt*

Wir haben bisher die Wunderwelt der Träume betrachtet und erkannt, wie über große und kleine Raum- und Zeitstrecken hinweg Bilder und Botschaften im Unterbewußtsein des Schlafenden auftauchen, um ihn dann zumeist durch ihren stummen Alarm zu wecken, so daß er das Traumgesicht mit wachen Sinnen nachprüfen und seiner Erfüllung harren darf. Wir wenden uns nunmehr jenen Widerfahrnissen der Seele zu, die nicht in Dämmerung und Nacht empfangen wurden, sondern in der hellen Klarheit des wachen Menschengeistes; spontane Erlebnisse, *Vorwegnahmen* eines noch künftigen Ereignisses, wobei zwischen dem Geschehen und dem Empfangenden meist keinerlei Beziehung nachweisbar waren. Wir meinen die „Präkognition", die *A. Neuhäusler* zutreffend als „außersinnliche Wahrnehmung in der Potenz" bezeichnet. Wir sind gewiß alle wie *Goethes* Lynkeus „zum Sehen geboren, zum Schauen bestellt". Aber über das hinaus, was Lynkeus vermag, gibt es nun doch unleugbar jenes tiefere Sehen, das in unserem Wort „Schauen" deutlich mitschwingt. Es kann jedermann zufallen, meist nur einmal in einem ganzen Menschenleben, und gewiß nur den wenigsten Menschen dies eine Mal. Es wäre allerdings sehr töricht, aus der Seltenheit zu folgern, solche Erlebnisse seien in Bausch und Bogen irreal.

Das Hellsehen kann als besondere Gabe einer schon schlummernd vorliegenden Begabung verstanden werden, welche

verfeinernd weiterentwickelt, durch Wille und Übung gesichert, durch Drüberweggehen aber auch verkümmert werden kann. Echte hellseherische Erlebnisse sind immer Widerfahrnisse, die überfallartig einsetzen, weil sie ohne jedes Vorgefühl einfach da sind. Mediale Schulung hellseherisch begabter Personen lehnen wir jedoch durchaus ab. Erfahrungsgemäß treten schwere seelische Störungen ein, bis hin zu Wahnsinn und Selbstmord. Gaben und Fähigkeiten, die Gott absichtlich ins Verborgene und Unzugängliche gelegt hat, sollen wir an ihrem Ort belassen. Die Atome der Seele bloßlegen, heißt Sprengkräfte beschwören, über die wir nicht mehr Herr sind. Auch hier gilt das Wort des Zauberlehrlings: „Die ich rief, die Geister, werd' ich nun nicht los!"
Die echten hellseherischen Widerfahrnisse können, wie bei den großen Propheten des Alten Testaments, geradezu wider den Willen des Betroffenen einsetzen. Sie übermächtigen dann den Menschen, der sich sträuben will vor dem Zudrang der geheimnisvoll göttlichen Gabe, so daß er nur noch Gefäß einer Botschaft von Drüben ist, die ihm Gott auferlegt hat, auszusagen. Der Volksmund nennt dies helle Sehen „das zweite Gesicht". Die Erfahrung bestätigt, daß dies vorwiegend einsam Lebenden, in echter Einfalt eines wahrhaft einfachen Lebens stehenden Menschen zuteil wird. Fast alle Werke von Ernst Wiechert weisen hierzu großartige Beispiele aus jüngster Zeit auf.
Was wir nachfolgend darstellen, enthält sich wiederum bewußt aller krankhaften Fälle des Seelenlebens. Wir wollen lediglich zeigen: Es gibt nicht nur ein traumdunkles, sondern auch ein helles Sehen sinnlich wahrnehmbarer Gegenstände und Vorgänge und zwar unter Bedingungen, die die sinnliche Wahrnehmung durch Auge, Ohr, Geschmack, Geruch oder Getast ausschließen.

In diesem Bereich ist es, als strahle der Spiegel des göttlichen Geistes — wir können angesichts des Unausdenklichen ja nur in schwachen Bildergleichnissen reden — blitzhaft in die Seele eines Menschen hinein, um ihm Bilder und Vorgänge zuzubringen, die nur aus dem Urgrund des göttlichen Geistmeeres selber stammen können.

So entsteht bei den betroffenen Menschen ein helles Wissen, das nur vom All-Wissenden zugebracht werden kann. Dieses Wissen kann die *Vergangenheit* erhellen. Dann öffnet es Einzelheiten aus den undurchforschten Tiefen alter Zeitläufe. *Anton Neuhäusler* leugnet in seinem Buch „Telepathie, Hellsehen, Präkognition“ die Möglichkeit echten Hellsehens in die Vergangenheit, obwohl er die völlige Unabhängigkeit der Präkognition von Zeit und Raum ausdrücklich lehrt: „Präkognition ist nicht aus einem Alles-schon-da zu erklären, in dem es kein zeitliches Nacheinander gibt.“ „Für die Präkognition führen wir die Hypothese der Zukunftsbilder ein, die nur vorläufigen ‚Entwurfscharakter’ haben. Sie fördern zweierlei Wirklichkeiten: eine materielle, in der nur ein Ereignis je innerhalb einer Ereignisfolge real sein kann — eine ideelle, in der die ‚Ideen’ der Ereignisse schon vorgegeben sind.“ „... Träger aber dieser Ideen wie ihrer Übermittlung kann nur ein Sein sein, das ihnen adäquat ist: ein geistiges Sein. Ihm sind die Strukturen der Wirklichkeit ja eingezeichnet, es hat sie inne in einer unmittelbareren Weise, als es die sinnliche ist“ (S. 112).

In der Tat kommen wir angesichts der Fülle beglaubigter Erfahrungen nicht mehr darum herum, ein uns noch unbekanntes geistiges Sein neben unserem zeit- und raumverbundenen Sein anzunehmen, „ein geistiges Feld, in dem eben die außersinnliche Verbundenheit der Daten geleistet ist ... Es hat Feldkreuzungen, an denen wir selbst stehen: als Wesen, die mehr sind als ein Bündel Fleisch, Blut und Nerven. Wir können uns selbst weder aus Atomen noch aus Zellen, weder aus Strahlen noch aus Chromosomen verstehen, sondern nur aus einem Jenseits aller materiellen Dispositionen. In diesem ‚Jenseits’ ... gründen auch die besprochenen Phänomene“ (S. 113).

Der These *Neuhäuslers,* Hellsehen in bezug auf Vergangenes zu verneinen, stehen aber Erfahrungsbeispiele entgegen, die klar beweisen: Es gibt ein Hellsehen auch in die Vergangenheit, gerade *weil* es völlig unabhängig von Raum und Zeit ist.
Zumeist freilich durchdringt das Hellsehen die Gleichzeitigkeit, die Gegenwart. Etwas normal nicht Wahrnehmbares wird dem Empfänger der hell-gesehenen Botschaft ohne Vermittlung der Sinne gleichzeitig kund. Dies Wissen kann aber auch die Zukunft vorwegnehmen. Dann sind all die zweifelhaften Mutmaßungen hinfällig, denen zufolge den Molekülen des Gehirns feinste Stoffe geistiger Materie zugeführt werden sollen, wenn Hellsehen zustandekommt. Wie und wo sollten denn Moleküle Strahlungskräfte gewonnen haben aus einem Zukunftsbereich, der eben noch gar nicht existent ist?!

Ungewarnt wollen wir aber diesen Bereich nicht betreten, haben sich doch Schwindel und Leichtsinn zu allen Zeiten des Hellsehens bemächtigt um dunkler Geschäfte willen. Behalten wir den harten Tadel im Ohr, den Achilles in *Schillers* „Iphigenie auf Aulis" ausrief:

> Was heißt ein Seher? der auf gutes Glück
> für eine Wahrheit zehen Lügen sagt!

Noch schärfer spricht sich Isabella in der „Braut von Messina" aus:

> Die Kunst der Seher ist ein eitles Nichts;
> Betrüger sind sie — oder sind betrogen!

Der vorchristliche Mensch des Altertums konnte so zürnen, weil er sein Leben vieldeutbaren Weissagereien, etwa der Priesterinnen des Apollo, ausliefern mußte. Wir aber verstehen den Bereich des Hellsehens als ein Stück der wunderbaren Geistes-Welt, die ja auch Gottes Geistes-Welt ist, in dem wir „leben, weben und sind" (*Paulus,* Apostelgeschichte 17, 28).

Gerade dies „Weben“ deutet auf die „Fühlfäden der Seele“, durch die Gott seine verborgenen Bilder unserem Geiste verwebt. Wo darum der heidnische Mensch ebenso straucheln, wie die moderne Forschung des Übersinnlichen ihre Waffen strecken muß, da kann nur mehr die religiöse Wertung des Hellsehens ihr Recht behaupten.

Wir wenden uns zunächst einfacheren Beispielen des Hellsehens zu, die als Durchblicke durch Räume und Verhältnisse der irdischen Welt erfahren wurden, ehe wir uns den Schauungen („Visionen“) in engerem Sinn, den Durchblicken in die jenseitige Welt nähern.

Zunächst Erlebnisse rückschauenden Hellsehens, das die *Vergangenheit* durchlichtet. Wir erkennen, wie die Geister, Begebenheiten, Schicksale längst Verstorbener in unserem gegenwärtigen Geist wieder aufleben. „Ewig still steht die Vergangenheit, was getan ist, ist getan.“ (*Goethe,* Faust I). Und doch ist sie uns nicht nur „ein Buch mit sieben Siegeln“ (*Goethe,* Faust I).

Es kann geschehen, daß unversehens ein Siegel gelöst wird. Es ist, als sei die vergangene Welt eine unabsehbare Stoffmasse geistiger Atome, deren kein einziges verloren ging, als seien sie untilgbar. Wir hüten uns wohl, die geistige Welt irgendwie stofflich, molekular, atomar vorzustellen; sie bleibt unerdenkbar in ihrem Wesen. Wichtiger aber ist, daß sie in der Tat als unaustilgbar im Innern der Seele erfahren werden kann.

„Aber wahrscheinlich gründen in diesem ‚Innern' letzthin auch die materiellen Phänomene selbst, lösen sie sich doch, je mehr wir ihnen zu Leibe dringen, in etwas auf, das keinen ‚Leib' mehr hat, das nur rhythmisches und polares Erregtsein von einem Etwas ist, das jenseits aller materiellen Unterscheidungen liegt. Es ist nicht fest, nicht undurchdringlich, nicht starr, nicht sichtbar, auch nicht mit dem Auge der Vorstellung. Wie sollte also die ganze Welt nicht in jenem Sein beruhen, das wir geistig nennen, auch wenn wir ratlos sind, es näher zu beschreiben?“ (*A. Neuhäusler,* S. 113).

Aus alter Zeit sei des Romans „Simplicius Simplicissimus" von Grimmelshausen gedacht, in dem sogar ein Pferd, rückwärtsgewandter Hellsicht fähig, beschrieben wird: Das Roß scheut unter allen Zeichen des Entsetzens und ist nicht zu bewegen, an einer bestimmten Stelle weiterzutraben. Man gräbt nach und findet dort 893 Goldmünzen eingemauert versteckt. Vermutlich war das Pferd hellsichtig begabt und schaute ein Verbrechen, das hier einmal begangen wurde.

J. Hahn weiß von einem Knaben aus dem schwäbischen Dorf H., der bei einem Ausflug auf einen Berg von plötzlichem Schaudern überfallen wurde. Er sieht Mönchsgestalten da wandeln, wo er gerade wanderte. Daraufhin grub man auf jenem Platz in die Tiefe und fand die baulichen Reste eines ehemaligen Männerklosters. Der Knabe konnte davon keinerlei Vorkenntnis haben.[1]

Heinrich Zschokke, der deutsch-schweizerische Schriftsteller (1771—1848), saß einst im Gasthaus einem jungen Mann gegenüber, den er nie zuvor gesehen hatte. Plötzlich erwachte in Zschokke die Gabe des inneren hellen Sehens, und die Vergangenheit jenes jungen Mannes zog an seinem inneren Auge klar vorüber. Zschokke erzählte sogleich der ganzen Tischrunde, was er gesehen — auch einen Kassendiebstahl mit allen Einzelheiten des Raumes. Der also durchschaute Mann gestand von Satz zu Satz die Wahrheit dessen, was Zschokke sah und sagte, packte eiligst seinen abgestellten Koffer und entfloh.[2]

Der Wiener Jude Rafael Schermann besaß die Gabe, aus ihm vorgelegten Briefen, die er kaum zu berühren, kaum zu überfliegen nötig hatte, die Vergangenheit des Schreibenden hellsichtig darzustellen, wobei ihm auch die Aufdeckung von Verbrechen gelang.

Es folgen Fälle, wo der Durchblick des Hellsehers in die nahe und nächste Vergangenheit weist, die eben noch glutflüssige Gegenwart war.

Dr. Rudolf Steiner, der Begründer der „Anthroposophie", war ein hellseherisch begabter Schriftsteller. —
In Basel fuhren drei Kinder an einem sehr kalten Wintertag zum Rodeln, kamen aber abends nicht nach Hause. Eine Suchaktion wurde spät abends ergebnislos abgebrochen. Da besuchte die verzweifelte Mutter unverzüglich Dr. Steiner. Nach einer stillen Besinnung erklärte Steiner, er habe die Kinder „gefunden": sie seien im winterlichen Spiel in einen alten, unbenutzten Möbelwagen, der auf dem Güterbahnhof abgestellt sei, eingestiegen und könnten die Türe von innen nicht mehr öffnen. Tatsächlich fand man die eingesperrten Kinder dort noch spät in der Nacht (Bericht vom 2. 12.1962).

In einer regnerischen Nacht im Januar 1943 wurde die Frau des amerikanischen Generals Twining in Nordkarolina durch etwas, was „wie ein Donnerschlag klang", aus dem Schlaf geschreckt. Augenblicklich hellwach, „sah" sie ihren Mann am Fuß des Bettes stehen, obwohl sie wußte, daß er sich als Kommandeur einer Luftflotte im Pazific befand, Tausende von Kilometern entfernt. „Ich sah ganz deutlich sein Gesicht und seine Hände, sogar den Ring an seinem Finger", erinnert sie sich, „und dann ließ er langsam das Bettende los und verschwand nach und nach. Es war so unheimlich, daß sich mir buchstäblich die Haare sträubten. Drei Tage später erhielt Frau Twining die Nachricht, daß ihr Gatte auf See vermißt sei. Sein Flugzeug war in der Nacht jener Erscheinung abgestürzt. Sechs Tage nach ihrem Erlebnis aber wurde General Twining auf einem Rettungsfloß gesichtet und aus dem sturmbewegten Ozean geborgen. Er wußte nichts von der Vision seiner Frau, aber in seinem ersten Brief nach dem Absturz schrieb er, daß er sie unmittelbar vor dem Absturz deutlich durch den Regen auf ihn blickend „gesehen" habe.

Ein Hellseher mit besonderen, nicht immer harmlosen Fähigkeiten ist ohne Zweifel der jüngst verstorbene *Gerard Croiset* in Utrecht. Es gelang ihm immer wieder, Fundorte vermißter

Kinder, verschollener Menschen in verblüffender Genauigkeit auszumachen, ohne jegliche Vorkenntnis von Personen, Umständen und Örtlichkeiten. Dabei ist es besonders bedeutsam, daß er besondere Fähigkeiten und Treffsicherheiten dann an den Tag legt, wenn sich zwischen dem Schicksal der gesuchten Person und seinem eigenen Lebensweg irgendeine Ähnlichkeit der Ereignisse nachweisen läßt. Der holländische Professor *Dr. Tenhaeff* und der in Freiburg lehrende Parapsychologe Professor *Dr. Bender* registrierten die Tätigkeit dieses außerordentlichen Mannes.

Croiset hat einmal während einer Autofahrt von Utrecht nach München eine hellseherische Aussage gemacht über eine Person, die am nächsten Abend während seines öffentlichen Vortrages in der dritten Reihe auf dem zweiten Platz von links sitzen würde. Die Aussage wurde während der Autofahrt von Professor Tenhaeff protokolliert. Es handelte sich in der Tat um einen Studenten aus Prag, den Croiset überhaupt nicht kennen konnte. Die Einzelheiten der Aussage stimmten verblüffend überein. Damit hat Croiset den klaren Beweis dafür erbracht, daß es für hellseherisch behaftete Menschen immer wieder spontane außersinnliche Wahrnehmungen geben kann, die jene Menschen für Augenblicke völlig unabhängig von Raum und Zeit erscheinen lassen. Es ist, als seien sie doppelt beheimatet: In dieser Welt der Städte und Menschen und auch der Autobahnen — und zugleich in einer freien geistigen Welt, deren Felder uns völlig verschlossen zu sein scheinen.

Es muß zugegeben werden, daß Croiset nicht in jedem Fall, wie aus der Pistole geschossen, Verbrechen aufklären konnte. Er hat sich auch mitunter geirrt oder war außerstande, überhaupt hilfreiche Aussagen zur Aufdeckung von Verbrechen zu machen. Gerade dieses zeitweilige Versagen ist wesentlich für unser Urteil: damit wird erhärtet, daß das hellseherische Vermögen selbst bei genialer Veranlagung keine ununterbrochene Abzapfstelle für Eingebungen ist, sondern von Fall zu Fall wie ein Geschenk empfangen sein will. Gerade das Versagen macht die unzähligen Fälle, in denen Croiset Erstaunliches leistete, um so glaubwürdiger.

Ein Beispiel von Hunderten:
Seit dem Heiligen Abend 1957 ist der fünfjährige Bernd Schlegel aus Buxtehude um 16 Uhr verschwunden. Eine Stunde, bevor der Christbaum angezündet werden sollte, verließ der Junge das Elternhaus. An einem Kiosk sollte er noch Christbaumschmuck kaufen. Stunden vergehen. Er kehrt nicht zurück — ein trauriges Weihnachtsfest. Alle Nachforschungen bleiben ergebnislos. Die Polizei fahndet in ganz Norddeutschland. Zeitungen bringen sein Bild. Zehn Tage vergehen. Da schreibt der Vater des Buben an Gerard Croiset, ein Reporter sucht den berühmten Hellseher auf. Mit unheimlicher Genauigkeit beschreibt nun Croiset, welchen Weg Bernd am Heiligen Abend gemacht hatte, obwohl er Buxtehude nicht kannte: „Ich sehe eine gestreifte Markise. Wenn man davorsteht, ist sie an der rechten Seite kaputt." Er beschreibt eine Wirtschaft gegenüber dem Bahnhof-Kiosk. Dort ist das Kind gewesen, sagt er dem Reporter. Er schildert eine Fabrik mit einer schadhaften Mauer, einen Tank an dem Flüßchen Este. Dann sieht er noch zwei Wasserfahrzeuge. Er schließt: „Der Junge ist ertrunken, er wurde abgeschwemmt. Die Leiche ist in einem Nebenarm der Este zu finden, aber es wird noch einige Zeit dauern."
Alle Angaben wurden von der Polizei überprüft. Die Markise erwies sich als beschädigt, die Wirtschaft war das Hotel P., der Nebenarm der Este ist zugefroren — am 12. Februar 1958 wurde die Leiche des Kindes gefunden, als das Flüßchen wieder eisfrei war.[3]

Im Jahr 1964 ging durch die Weltpresse die Nachricht, die Schauspielerin Helene Greenwood habe am Morgen des 22. November 1963 während der Filmaufnahmen plötzlich unter Tränen hervorgestoßen: „Präsident Kennedy wird ermordet!

Ich sehe ihn in einem offenen Wagen ... Er wird aus dem Hinterhalt erschossen ... O Gott, hab Erbarmen mit ihm, mit uns, mit der Welt!" Die Schauspieler-Kollegen meinten, die Sprecherin sei verrückt geworden. Zwei Stunden später ereignete sich in Dallas genau das, was die Schauspielerin vorhersah.

Beim spontanen Hellsehen werden von den Betroffenen nicht etwa nur gewisse „Strecken" überwunden, sondern es gibt überhaupt keine räumlichen Entfernungen mehr: „Bisher hat nichts darauf hingedeutet, daß die Entfernung die Wirksamkeit der außersinnlichen Wahrnehmung irgendwie zu beeinflussen imstande wäre" (Professor *Dr. Rhine*).[4]
A. Neuhäusler folgert: „Wir wollen statt von einer Überwindung des Raums von einer ‚Übergehung' sprechen. Der Raum wird übergangen, nicht in dem Sinn, daß man doch über ihn gehen würde, sondern in dem bekannten Sinn des Wortes, daß er behandelt wird, als sei er nicht. Die parapsychologische Fähigkeit spielt in einem anderen ‚Raum', als es der uns geläufige der materiellen Welt ist" (S. 93).

Im gleichen Umfang aber, wie das Nebeneinander und Ineinander, das Auseinander und Hintereinander der Räume eliminiert ist, muß auch die Form der Zeit eliminiert gedacht werden. Darum eben ist in der Tat ein echtes Hellsehen in die „Räume" der Vergangenheit wie in die Gleichzeitigkeit und in die Zukunft durchaus möglich und in allen Kulturen und bei allen Völkern nachweisbar. In diesem Punkt glauben wir über Neuhäuslers vorsichtige Abgrenzung hinausgehen zu müssen.

Das größte, wenn auch nicht unumstrittene Phänomen des Hellsehens in jüngster Vergangenheit ist der aus Rom stammende Pfarrerssohn und Kaufmann *Carlos Mirabelli* in Brasilien. Professor *D. Karl Heim* hat in seinem letzten Buch „Ich gedenke der vorigen Zeiten" die bisher noch nicht dagewesenen Leistungen dieses Mannes ausführlich beschrieben.

Demnach gelang es ihm, selbstverständlich unter Anwendung strengster Kontrollmaßnahmen, die jeglichen Betrug völlig ausschließen, bei hellem Tageslicht, in Gegenwart von Dutzenden beobachtender Personen hohen und höchsten menschlichen und wissenschaftlichen Ranges, in schriftlicher Form Aussagen zu machen, die — wenn der Tiefschlaf sich wieder verflüchtigt hat — ihm ganz unverständlich waren. Mirabelli machte in unbegreiflicher Schnelligkeit Niederschriften über Gebiete der Medizin, der Naturwissenschaft, der Astronomie, Philosophie und anderer Fächer. Im Tiefschlafzustand beherrschte er hellseherisch ein unbegreifliches Wissen, das sowohl die ältere Geschichte Polens wie der Tschechoslowakei, Deutschlands, Japans und Rußlands umfaßt, aber darüber hinaus konnte er in beliebigen Sprachen, auch ganz entlegenen, wie der japanischen, syrischen, chinesischen und syrioägyptischen, Niederschriften machen, die für einen „normalen" Menschen jahrelange Spezialstudien erfordern würden. So schrieb er „in fünfzehn Minuten acht Seiten chinesisch über ‚Buddhistische Apologie', in fünfzehn Minuten acht Seiten syrioägyptisch über „Die Grundlagen der Gesetzgebung" und in zweiunddreißig Minuten drei Seiten Hieroglyphen."

Karl Heim folgert aus diesem Phänomen: „Der Fall des Universalmediums Mirabelli ist der Todesstoß für den Materialismus; denn an den Tatsachen, vor denen wir hier stehen, scheitern alle materialistischen und kausal-mechanischen Erklärungsversuche ..." (S. 307). Es bleibt uns nur die Annahme, daß hier Kräfte aus einem uns sonst unzugänglichen geistigen Feld wirksam werden, das über, neben, durch uns hindurch, sein rätselvolles Eigenleben führt. Heim wählt den Begriff der „anderen Dimension"; wir müssen mit selbständigen geistigen Kräften, mit Geist-Wesen rechnen, „die in unsere dreidimensionale Welt hereinwirken". Dann allerdings wird es erst glaubhaft, „daß von dort her Dinge möglich sind, die in unserem Raum undenkbar wären". Folglich ist eine „Welterklärung, die nur mit den drei Dimensionen

rechnet, wie sie der Materialismus (allein) anerkennt, einfach unzureichend". Eine weitere unausweichliche Folgerung zieht Karl Heim. Es wird anhand solcher Phänomene (und man zähle hinzu, was aus allen Völkern und Kulturschichten allein auf dem Gebiet des Hellsehens und verwandter Gebiete in Fülle zutage kam!) deutlich, daß jene geistigen Kräfte aus einem unbekannten geistigen Feld nicht irgendwo meilenfern hinter dem Arktur oder der Beteigeuze angesiedelt gedacht werden dürfen, nicht fernab „in einer hohen Sphäre", wo sie „sich nur wenig um die Kämpfe und Nöte kümmern, die wir hier unten auszufechten haben". Die hellseherischen Eingebungen gehen ja auf irdisch-geschichtliche Einzelheiten ein, die Vergangenheit der Völker wird auf einmal transparent, das Geschehene wie auf einer matt erhellten Tafel ablesbar. „Wir sehen hier in das Jenseits hinüber, in dem unsere verstorbenen Menschen jetzt weilen, das aber nicht in weiter Ferne liegt, sondern uns ganz nahe ist und uns schon jetzt unmittelbar umgibt" (S. 308).
Es wird gut sein, wenn wir diese Erkenntnisse Karl Heims auch im Blick auf die außersinnlichen Phänomene der nachfolgenden Kapitel im Auge behalten.[5]

Nicht weniger wichtig als diese in ihrer Art unvergleichlichen Leistungen Mirabellis sind aber jene Erfahrungen des Hellsehens, die im Gewand der Unscheinbarkeit, der Unauffälligkeit auftreten. Zumeist kommen sie nur ein einziges Mal über einen Menschen. Das normale Tageswachbewußtsein bleibt gewahrt. Es entfällt die gefährliche Methode des künstlich herbeigeführten Tiefschlafes, der oft mit schweren Nerven- und Gemütsschädigungen bis hin zum Verfolgungswahn, geistigem Zerfall, Schwermut und Selbstmord gebüßt werden muß.
Herr W. T. in K. schrieb während jahrelanger Trennung von seiner Braut aus großer Entfernung an sie, er habe sie in Augenblicken der Untreue mit dem inneren Auge gesehen. Sie wies diese Unterstellung im Antwortbrief weit von sich.

Er stellte ihr nun genau die Zeit, die Umstände und die Person des Verführers dar, worauf sie die Untreue zugeben mußte.

Eine besonders seltene Leistung gelang Gerard Croiset in folgendem Fall, weil hier in einem Akt des Hellsehens Vergangenheit, Gegenwart und Zukunft nahtlos ineinandergriffen.

Samstag, 29. August 1953. Der zehnjährige Dirk Zwenne aus Velsen, einer kleinen Hafenstadt am Nordseekanal, wird seit vierzehn Tagen vermißt. Am Abend alarmieren die Eltern die Polizei. Während der nächsten Tage bleibt die Suche jedoch ergebnislos. Der Chef der Polizei rät selbst den Eltern, sich an Croiset zu wenden. Am gleichen Tag ruft Dirks Onkel bei Croiset an. Dirk, so teilt Croiset dem stumm Lauschenden mit, sei ertrunken. „Ich sehe einen kleinen Hafen — ein kleines Floß. Er glitt aus und fiel ins Wasser. Im Fallen schlug er mit dem Kopf gegen das Boot und erhielt dabei eine Wunde an der linken Schläfe."

„Wir haben den ganzen Hafen abgesucht und nichts gefunden."

„Im Hafen herrschte zu der Zeit eine starke Strömung. Die Leiche des Jungen wird in wenigen Tagen gefunden werden, und zwar in einem anderen Teil des Hafens, der mit dem ersten verbunden ist."

Als man Croisets Aussage nachprüfte, fand man, daß es das Floß und das Segelboot wirklich gab. Aber diese Tatsache konnte er immer noch aus den Gedanken des anderen abgelesen haben — als Telepathie. Seine anderen Aussagen aber erwiesen sich nach Meinung Professor Tenhaeffs als echtes Hellsehen: Croiset „sah" in die Vergangenheit: als man den Jungen an Land trug, hatte er eine Wunde an der linken Schläfe. Er sah in die Zukunft: Zwei Tage später wurde die Leiche des Jungen geborgen — in dem anderen Teil des Hafens.

(Bericht aus dem Archiv des Parapsychologischen Instituts der Universität Utrecht).[6]

In dem Roman „Der abenteuerliche Simplizissimus" von H. J. C. von Grimmelshausen erscheint ein Stallmeister, der durch sein Hellsehen ungemeines Ansehen im Heer genoß. Im VII. Kapitel wird berichtet, daß er eine große Schlacht auf den Tag genau vorausgesagt habe (bei Wittstock). Er sagte seinen eigenen Tod auf den 26. Juli voraus. An diesem Tag durfte niemand sein Zelt betreten. Es wurde besonders bewacht; er selbst blieb im Zelt auf seinem Bett und betete viel. Stunden vergingen. Niemand kam.

Erst am Nachmittag erschien ein Leutnant aus dem Reiterlager, um ihn zu sprechen. Er wurde mehrmals streng abgewiesen. Aber „er als Leutnant seiner Kaiserlichen Majestät lasse sich durch einen Lausekerl nicht abweisen": trotz heftigen Widerstandes drang er in das Zelt ein. Er verlangte sein Horoskop von dem da liegenden Stallmeister. Der wies das Ansinnen ab. Dann verlangte er eine Auskunft durch die Handlesekunst, die man ebenfalls dem Stallmeister zuschrieb. Wieder wurde er entschieden abgewiesen. So kam er in Wut. Er schrie ihn an: „Herr, nun keine Fisimatenten mehr! Ein Wort nur: wielange lebe ich noch?" „Wenn ihr das durchaus wissen wollt, seht euch vor, daß ihr nicht noch vor Sonnenuntergang am Galgen hängt!"

In seinem jähen Entsetzen und tief beleidigt zog er vom Leder und stieß seinen Degen dem alten Mann ins Herz.

Ich schrie: Mordio! Mordio! und nun kam alles gelaufen. Der Leutnant stürzte zu seinem Pferd, kam aber nicht weit, weil eben der sächsische Kurfürst vorbeiritt und ihn aufhalten ließ. Als der hohe Herr die Sache erfuhr, sagte er zu seiner Begleitung: „Das wäre eine schlechte Disziplin in einem kaiserlichen Lager, wenn ein Kranker noch nicht einmal in seinem Bett des Lebens sicher sein sollte." Noch ehe die Sonne untergegangen war, hing der Leutnant am Galgen.

Weit häufiger sind jene Fälle, wo Hellsicht mit einem Ereignis gleichzeitig wird, wobei räumliche Entfernungen keine Rolle spielen.
Das berühmteste dieser Beispiele aus älterer Zeit ist von dem schon genannten Stockholmer Emanuel Swedenborg überliefert. Im September 1759 ging er, aus England kommend, in Göteborg nachmittags 4 Uhr an Land. Er ist im Kreis von 15 Mitreisenden. Abends 6 Uhr überfällt ihn eine unerklärliche Bestürzung, ängstliche Unruhe läßt ihn nicht mehr zu Hause bleiben. Er sieht das 50 Meilen entfernte Stockholm von einem Riesenbrand heimgesucht, nennt seinen Begleitern bestimmte, ihm vertraute Häuser — auch sein eigenes —, die er brennend bzw. vom Brand verschont sah. Gegen 8 Uhr abends ruft er erleichtert aus: „Gottlob! Das Feuer ist gelöscht, die dritte Tür vor meinem Haus!" Es stimmte aufs Wort.[7]

Dem Hellsehen der Tiere sind wir früher schon begegnet. Hierzu noch einige gut beglaubigte Erfahrungsbeispiele:
Zwei Hunde, die miteinander aufwuchsen, wertvolle Airedale-Terriers, waren so lange beisammen, bis einer in einen entfernten Stadtteil verkauft wurde. Eines Vormittags erhob der andere Terrier plötzlich ohne erkennbare Ursache ein qualvolles Geheul, das stundenlang andauerte. Alles gute Zureden half nichts. Einige Zeit später erfuhr der Hundehalter, daß zur selben Stunde, in der der eine Terrier sein unbegreifliches Benehmen zeigte, das andere Tier von einem Lastwagen tödlich verletzt wurde (1964).

Herr L. S. in H. besaß zwei edle, sehr geliebte Hunde, die seine Mutter gut pflegte. Die Hunde mußten jedoch fortgegeben werden, kurz bevor die Mutter starb. Als deren Leichenwagen mit dem Leichenzug an der Straße, in der die Hunde ihre neue Unterkunft gefunden hatten, vorbeizog — nicht etwa am Hause —, rannten die Hunde wie rasend an den Wänden hinauf und waren durch nichts zu beruhigen. Die Hunde sahen dabei nichts von dem Leichenzug.

Besonders eindrucksvoll ist ein Fall, bei dem der Hellsehende von dem Hellgesehenen, einem Soldaten, wiederum „gesehen" wird:

Ein ostpreußischer Gutsbesitzer hatte einen Russen als Schäfer. Dieser besaß die Gabe des Hellsehens. Eines Tages „sah" dieser Schäfer Wassily den Sohn des Gutsbesitzers mit Kameraden an einem General vorüberziehen, jedoch war seine Stirn verbunden. Er erzählte das Gesicht dem Gutsherrn, der ihm das Weitererzählen verbot. Später schrieb der Sohn heim: „Ich habe eine leichte Stirnverwundung. Aber an unserem General bin ich doch mit vorbeimarschiert. Gerade als ich den General sah, sah ich hinter ihm unseren Wassily stehen. Übrigens ist der General am Tage darauf gefallen."

An das Wort „Der Tod ist zu unsern Fenstern hereingefallen" (Jer. 9,20) erinnert, wenn auch dort nicht außersinnlich gemeint, ein Bericht, den *Wilhelm von Scholz* zu der Erzählung „Der Kopf im Fenster" ausgeformt hat.[8]

Ein deutscher Maler, der in Rom lebte, kehrte gegen Mitternacht in sein einsames Weinberghaus zurück. Unterwegs begegnete ihm ein Erdarbeiter, dessen Gesichtstypus ihn so beeindruckte, daß er ihn zu Hause mit Kohle skizzierte, ehe er sich niederlegte. Aus dem Schlaf wachte er plötzlich auf und sah im Mondschein seinen Hund gespannt nach dem Fenster sehen, ohne zu bellen. Dem Zuruf des Malers blieb er taub. Da sah auch der Maler nach dem Fenster, starrte, wischte sich über die Augen, starrte wieder — durch die Scheibe sah mit angstvoll verzerrtem Gesicht der Kopf jenes Arbeiters herein, als hätte er sich bis zur Brusthöhe am Fenstersims emporgezogen. Alle Einzelheiten waren ganz deutlich: die Augen angstvoll aufgerissen, der Mund hilfeflehend geöffnet, an der linken Schläfe tropfte Blut herunter. Kaum wahrgenommen, zerging der grausige Anblick, ohne daß eine Bewegung wahrgenommen worden wäre. Schutzsuchend kam der Hund jetzt zu seinem Herrn.

Gleichzeitig war jener Arbeiter ermordet worden, auf dem Weg, den der Maler gegangen war.
Am nächsten Tag wurde der Maler dem Toten durch den Polizisten gegenübergestellt, als die amtliche Untersuchung die Nächstwohnenden zur Aufklärung zusammenholte.
Genau wie am Fenster erschienen, lag der Tote da, die linke Schläfe blutverklebt. Die Kohlezeichnung stimmte mit dem Gesicht des Toten überein. Es ergab sich, daß der Ermordete ein ehemaliger Schäfer aus dem Albanergebirge war, der selbst die Gabe des Hellsehens hatte! In seiner Tasche fand sich ein Zettel: „Ich gehe jetzt einen schweren Weg. Vielleicht kehre ich nicht heim, rette aber ein anderes Leben." Die Mörder gestanden, daß sie sich geirrt hätten, da sie nicht den Arbeiter, sondern den deutschen Maler berauben wollten.

2. *Hellsehen in die Zukunft*

Diese Fälle haben der Parapsychologie, dem früheren „Okkultismus", weithin in der Öffentlichkeit das eigentliche Gepräge gegeben und je und je Scharlatane, „falsche Propheten" auf den Plan gerufen. Wir berichten ausschließlich und absichtlich nur gut beglaubigte Spontan-Erfahrungen, also unter Absehen von Aussagen medial geschulter Menschen, die innerhalb spiritistischer Sitzungen im Tiefschlaf Aussagen über die Zukunft machen.
H.W. sagt aus: Als ich etwa zwölf Jahre alt war, fuhr ich mit anderen Buben auf einem voll beladenen Heuwagen der Kleinstadt M. in Schwaben entgegen. Als der Heuwagen noch in großer Entfernung von einer einsam gelegenen Mühle langsam dahinfuhr, sah ich plötzlich diese Mühle lichterloh brennen. Ich teilte meine Schau sofort den anderen Jungen mit, verwundert und peinlich betroffen darüber, daß sie nicht auch dasselbe sahen und mein Entsetzen gar nicht verstehen wollten. — Nur einen Tag später brannte diese Mühle voll-

ständig nieder. Es war ungefähr die selbe Nachmittagsstunde, in der ich einen Tag zuvor meine Schau spontan erfahren hatte.

Lieblicher ist die hellseherische Begegnung, die der junge *Goethe* mit sich selber hatte:

„Nun ritt ich auf dem Fußpfade gegen Drusenheim, und da überfiel mich eine der sonderbarsten Ahnungen. Ich sah nämlich, nicht mit Augen des Leibes, sondern des Geistes, mich selbst denselben Weg zu Pferde wieder entgegenkommen, und zwar in einem Kleide, wie ich es nie getragen, es war hechtgrau mit etwas Gold. Sobald ich mich aus diesem Traum aufschüttelte, war die Gestalt ganz hinweg. Sonderbar ist es jedoch, daß ich nach acht Jahren in dem Kleide, das mir geträumt hatte und das ich nicht aus Wahl, sondern aus Zufall gerade trug, mich auf demselben Weg fand, um Friederiken noch einmal zu besuchen ... Das wunderliche Trugbild gab mir in jenen Augenblicken des Scheidens einige Beruhigung ...“ [9]

Jean Paul wurde eines Abends von der Innenschau seines eigenen Sterbens so deutlich überfallen, daß er im Tagebucheintrag vom 15. September 1790 diesen Abend „den wichtigsten seines Lebens“ nennt. Er erblickt sich auf dem Totenbett, ohne aber sein eigentliches Wesen, sein denkendes und wollendes Ich als tot zu erleben. „An diesem Abend ging ich vor mein künftiges Sterbebett durch 30 Jahre hindurch, sah mich mit der hängenden Totenhand, mit dem eingestürzten Krankengesicht, mit dem Marmorauge — ich hörte meine kämpfenden Phantasien der letzten Nacht.“ Im Bewußtsein, einem unabwendbaren Schicksal entgegengehen zu müssen, schließt er seinen Eintrag: „So nehme ich jetzt von der Erde Abschied.“ — Sein Tod ereignete sich erst 35 Jahre später, am 25. November 1825 in Bayreuth. [10]

Walther von Hollander erinnert an eine Hellsicht der Gattin des Studienrates C. in W. aus den Januartagen 1912, welche ein Riesenschiff sah, auf dem keine deutschen, sondern fremde Matrosen Dienst taten. Sie sah ferner einen riesigen Eisberg, auf den das Schiff zufuhr. Rettungsboote werden herabgelassen. Diese versinken sofort, sie sind von Menschen überfüllt. Es verlöschen die Lichter, Panikszenen, Schlagen, Stoßen ... Eine Kapelle spielt ... Turmhoch richtet sich das Schiff auf, mit einem Male versinkt es in die Tiefe. Drei Monate vergingen. Im April geschah haargenau, was die Frau vorausgesehen, ohne mit dem Schiff in irgendwelcher Beziehung zu stehen. Es war der Untergang des englischen Riesenschiffes „Titanic" am 14. 4. 1912.

Sigismund von Radecki verbürgt sich für diese echte Überlieferung einer geradezu prophetischen Hellsicht eines ungenannten Offiziers vom III. preußischen Garderegiment, die dieser in der Nacht des 2. August 1914 gehabt und sogleich niedergeschrieben hatte. (Zuerst veröffentlicht von Borngräber 1917, nachdem der Offizier bereits gefallen war.) Er sah den unglücklichen Verlauf des Ersten Weltkrieges voraus, die Teilnahme fast aller Völker der Erde, Deutschlands Niederlage, die Absetzung der Hohenzollern, und endlich die genaue Jahreszahl des Endes: 1918.
Einzelheiten schilderte er in bildlicher Form; so sah er Kaiser Wilhelm II. im Krönungsornat auf dem Thron sitzen, aber die Luft immer grauer werden, bis der Thron im Nebel zusammenstürzt und mit dem Kaiser verschwindet. Am erstaunlichsten aber die Bemerkung am Schlusse: „Nach 1918 folgt eine unruhige, unglückliche Zeit für Deutschland. Sie wird an die dreißig Jahre dauern und erst ein Ende nehmen, wenn das Ringen um die Weltgeltung zwischen Rußland und Amerika sich entschieden hat." Radecki folgert aus dem verblüffenden Schlußsatz, den damals — 1914! — auch nicht der gerissenste Diplomat zu denken gewagt hätte: „Er läßt an die Echtheit des übrigen glauben."

Pfarrer K. R. in N. lernte im Zweiten Weltkrieg bei seiner Truppe einen Kurdirektor St. aus Bad K. kennen, der die

ungewöhnliche Gabe hatte, nach kurzem Blick auf einen vorgelegten Brief, dessen Inhalt ihm ganz gleichgültig war, Künftiges aus dem Leben des Schreibenden zu berichten. Er hielt jedoch mit dieser Gabe sehr zurück und gab zu, daß sie ihm durchaus nicht immer verfügbar sei.
So sagte er diesem Pfarrer, der ihm einen Feldpostbrief seiner eigenen Frau vorgelegt hatte, ohne jegliches Vorwissen: „Deine Frau ist eben jetzt lungenkrank in einem Sanatorium. Sie wird aber zunächst genesen, wird dich zu Weihnachten daheim erwarten, aber umsonst. Ich sehe dich erst im Frühjahr 1944 daheim auftauchen. Du wirst deine Frau nicht daheim treffen; ich sehe sie wieder in einem Kurheim, ihrer Lunge wegen ...“
Alles traf genau so ein.

Selbstverständlich ist gegenüber allen PSI-Phänomenen große Vorsicht geboten, vor allem aber in den Fällen, wo das Hellsehen in direkte politische Prophezeiung übergeht. Denn hier bleibt immer die Frage offen: schöpft der vermeintliche Hellseher aus der allgemein zu erwartenden politischen Entwicklung der Zukunft? Sind seine Aussagen etwa zu vieldeutig oder zu verschwommen formuliert? Will er zugunsten oder zu ungunsten einer Person, einer Partei, einer Staatsmacht Aussagen machen, die in die Zeitstimmung einpassen? Selbst *Therese Neumann,* die früher berühmt gewesene seherische Stigmatisierte, oberfränkische Bauerntochter aus Konnersreuth, ist hierfür ein warnendes Beispiel. Laut Pressenachricht vom 2. April 1951 erklärte sie ausländischen Besuchern „die Zeit der politischen Schmerzen und Plagen nähere sich ihrem Ende. Die angsterfüllte Menschheit befände sich bereits in einer Periode des Übergangs. Im Jahr 1952 werde der Weltfriede gesichert und Deutschland bereits Anfang des kommenden Jahres 1953 wieder vereinigt sein.“

Karin Schauff beschäftigte auf ihrer Kaffee-Farm in Brasilien einen Mitarbeiter namens Jeronimo, der spontan eine ganze

Unglücksserie der Familie Schauff vorhersagte. Er kam dabei in eine unerklärlich starke Erregung vor drohender hereinstürzender Gewalt — aber einige Wochen vergingen ohne jedes Unheil. Dann aber traf „mit einem Mal eine Flut von Hiobsbotschaften ein, so daß die ganze Familie noch Jahre später immer wieder erneut erschüttert daran zurückdachte."[11] *„Unser Sohn Michael wurde bei einem Autounfall lebensgefährlich verletzt. Dann stürzte unsre Tochter Eva mit Gatten und vier kleinen Kindern nachts im Auto von einer Urwaldbrücke in einen Fluß. Wie durch ein Wunder blieben sie am Leben. In der gleichen Nacht wurde ihr Wohnhaus völlig ausgeraubt. Kurze Zeit später stürzte ein Flugzeug auf dem Flug nach Sao Paulo nach einer Explosion über dem Urwald ab — es waren Freunde unserer Familie. Vier Tote. Bald danach wurde unser Sohn Tobias von einem Auto-Anhalter in den Kopf geschossen, ausgeplündert und liegen gelassen. Dazu wurde unsere Viehherde dezimiert, weil einer der Viehpfleger die Tiere mit Syphilis infiziert hatte!"*

Daß sich spontane PSI-Phänomene zumeist im Bereich der menschlichen Tragik, nahenden Unheils, unvermutbarer Katastrophen und des Todes bewegen, erweist auch diese Reihe der Beispiele. Es legt sich die Frage nahe: warum all dieses Vorherwissen — wenn dann doch zumeist kein Entrinnen möglich ist? Die Frage hat noch keine Antwort gefunden, auch nicht mittels der klügsten parapsychologischen Arbeitshypothesen. Im Schatten unausweichlicher Tragik bekommen aber diese hellseherischen Fähigkeiten ein besonderes Gewicht, weil sie uns mit jener Dimension rechnen lassen, die nicht von dieser Welt ist. Diese Tatsache „weist darauf hin, daß gerade die Dringlichkeit der Situation der Seele ‚Flügel' gibt, Fernen zu überbrücken, besser, sie zu ‚übergehen', als seien sie nicht ... Die Dringlichkeit der Situation ruft sie zu sich selbst, zu ihrer eigensten Fähigkeit auf, zum Versuch, das von der Sicht der gewohnten Welt her Unmögliche zu leisten" (*A. Neuhäusler* S. 116).

3. *Blicke in die jenseitige Welt*

Der Erfahrungsbereich, dem wir uns jetzt zuwenden, wird für viele Leser ein Buch mit sieben Siegeln sein und bleiben. Er widerspricht so sehr der Realität unsres Alltags, daß nur derjenige einen Zugang finden dürfte, der sich an selten gepredigte, aber doch unverlierbar kostbare Texte der Heiligen Schrift erinnert und zu bedenken bereit ist, daß immerhin die Autorität Jesu Christi hinter diesen Texten und ihren Wahrheiten steht. Es ist das Gebiet, in dem die nüchterne und imponierend scharfsinnige Formulierungskunst analysierender Parapsychologen ihre denkerischen Waffen strecken und das Feld einem ganz Anderen überlassen muß.

Wir sprechen vom „Jenseits". Wir meinen damit nicht all das, was „jenseits" der fünf Sinne liegt, sondern im Besonderen das Jenseits im religiösen Sinn. Aus diesem geheimnisdunklen Bereich kommen Spuren von Botschaften von Drüben gelegentlich, wenn auch äußerst selten, zu uns und bestätigen die Überzeugung Jesu Christi, daß es jene jenseitige Welt wirklich gibt, ja „daß sie uns jetzt schon umgibt wie die Luft, die wir einatmen" (*Karl Heim*). Profan gesprochen: es muß ein uns noch unbekanntes, unbetretenes geistiges Feld geben, ein uns ansprechendes Jenseits aller materiellen Dispositionen, das wir subjektiv als Innen-Raum, aber ebenso auch als Außen-Raum verstehen können, wobei „Raum" nur ein unzulänglicher Begriff ist. An diese Über-Welt führt ein Wort von *Max Planck* heran:

„Die feste Materie ist nur Schein. Als Physiker, als Erforscher der Materie, bin ich sicher vom Verdacht der Schwarmgeisterei frei. Und so sage ich als Erforscher des Atoms: es gibt keine Materie an sich. Alle Materie entsteht und besteht nur durch eine Kraft, welche die Atomteilchen in Schwingung bringt und sie zum winzigsten Sonnensystem, eben dem Atom, zusammenhält. Da es im ganzen Weltall aber weder eine intelligente noch eine ewig-abstrakte Kraft gibt, so müssen wir hinter dieser Kraft einen bewußten intelligenten Geist annehmen. Dieser Geist ist der Urgrund aller Materie. Nicht die sichtbare, aber vergängliche Materie ist das Reale, Wirkliche, Wahre (denn die Materie ist ohne Geist überhaupt nicht!), sondern der unsichtbare unsterbliche Geist ist das Wahre. Da es aber Geist an sich nicht geben kann und jeder Geist einem Wesen angehört, so müssen wir zwingend Geistwesen annehmen. Da aber Geistwesen nicht aus sich selbst sein können, sondern geschaffen worden sein müssen, so scheue ich mich nicht, diesen geheimnisvollen Schöpfer ebenso zu nennen wie ihn alle Kulturvölker der Erde seit fünf Jahrtausenden genannt haben: *Gott*." [12]

Goethe hat im „Faust" diese jenseitige Welt angesprochen in den berühmten Versen:

Das Drüben kann mich wenig kümmern —
aus dieser Erde quillen meine Freuden
und diese Sonne scheinet meinen Leiden:
kann ich mich erst von ihnen scheiden,
dann mag — was will und kann — geschehn.
Davon will ich nichts weiter hören,
ob man auch künftig haßt und liebt,
und ob es auch in jenen Sphären
ein Oben oder Unten gibt.

Aber dann reift doch die Einsicht über diesen Kritizismus:

Die Geisterwelt ist nicht verschlossen.
Dein Herz ist zu, dein Sinn ist tot . . .
Auf! Bade, Wandrer, unverdrossen
die ird'sche Brust im Morgenrot!

Wenn Christus von den „Geheimnissen des Himmelreichs" sprach (etwa Matthäus 13), so rührt er an die verborgene Welt der Engel. Die Weisheit des altdeutschen Volksmundes hat das ganz knapp so formuliert:

SEIN ganz himmlisch Heer
rondet um uns her!

Diese Sprache frommer Unbefangenheit ist uns gründlich vergangen. Der aufklärerische Skeptizismus liegt uns viel näher, den *Lessing* in seinem Drama „Nathan der Weise" aussprach: „Dem Menschen ist ein Mensch noch immer lieber als ein Engel." In *Schillers* „Jungfrau von Orleans" wird die Frage gestellt: „O, hat der Himmel keine Engel mehr?"

Müssen wir also den biblischen Berichten von der Anwesenheit der Engel im Jenseits oder in unserer irdischen Welt den Abschied geben, weil wir noch keine Engel gesehen haben? Sollte die biblische Überlieferung, die von unabsehbaren Engelscharen und -mächten sprach, den „Boten des Unsichtbaren" (*Erich Schick*), die um den Thron des Allerhöchsten stehen, uns trügen? Muß an diesen Textstellen entmythologisiert werden?

Wir brauchen, um über die Klippe des Glaubens und Schauens hinwegzukommen, Erfahrungen der Engelwelt, die die biblischen Linien bis in die Gegenwart hinein weiterziehen und bestätigen, was unseren Propheten und Aposteln unbezweifelt feststand. In der Tat sind Spuren der Engelwelt und -wirklichkeit immer wieder bezeugt worden. Man studiere in diesem Zusammenhang die umfassende Monographie von *Ernst Benz* „Die Vision". In diesem großen Werk wird anhand bestbezeugter Überlieferungen nachgewiesen, wie im Lauf der ganzen Geschichte der Christenheit immer wieder bis an die Schwelle unseres Jahrhunderts begnadeten Menschen die Botschafter von Drüben leibhaft erschienen oder doch im Geistleib der jenseitigen Körperlichkeit sich mitgeteilt haben. Man lernt dabei, daß wir in die Engelwelt nicht irgendwo hinter dem Millardenschwarm der Gestirne im unausmeßbaren Kosmos zu suchen haben, sondern daß uns jetzt schon hier auf dieser Erde die Dimension ihres Seins näher kommen kann.[7]

Martin Luther hat sich dagegen gewandt, daß man im frommen Denken Diesseits und Jenseits, Himmel und Erde, auseinanderspanne, als ob räumliche Ausmaße und Vorstellungen hier überhaupt zugänglich wären. Er warnt: „Man soll den Himmel keineswegs von der Erde scheiden, so wenig ihn David von Zion und Jerusalem scheidet" (zu Psalm 123,1). Das heimliche Helferamt der Engel pries Luther sich und allen Angefochtenen zum Trost, wenn er etwa zu Psalm 34 sagt: „Wir meinen, daß die Engel nicht nach uns fragen, noch sich unser annehmen, sondern droben im Himmel gar müßig sind und Kurzweil treiben, meinen, sie seien ganz weit von uns, so wir doch sehen, daß durch ihren Schutz und Dienst alles, was wir haben, erhalten und beschützt wird, und die Menschen oft greulich umkommen, wo sie vom Dienst der Engel entlassen werden.

Die Väter haben diese Verheißung fest und ohne allen Zweifel geglaubt. Deshalb, wo wir gottselige Leute sind, sollen wir auch an die Verheißung glauben des, der nicht lügen kann. Alsdann sind wir gewiß unter seinem Schutz und Schirm, dazu ist's auch gewiß, daß die heiligen Engel auch bei uns sind. Wo uns aber über und wider solch Vertrauen und Schutz irgend ein Unfall begegnet, das geschiehet denn aus sonderlichem Rat Gottes, der uns verborgen ist, und vornehmlich wissen die Widersacher davon nichts. Also sollten sich aber die Gottseligen trösten: Ich weiß, daß ich die heiligen Engel zu Hütern habe, daß ich aber noch Widerwärtigkeit leiden muß, befehle ich dem Willen Gottes. Denn ich bin in dem Heerlager der heiligen Engel. Gott ist kein Lügner."

Damit ist Luther ein gehorsamer Schüler der Bibel geblieben. Hat doch Jesus Christus mit dem Dasein und Nahesein der Engel des Himmels immer gerechnet. Ja, Christus spricht ein einziges Mal die ungeheuerliche satanische Gegen-Wirklichkeit andeutend aus, wenn er auch dem Teufel im ewigen Feuer „seine Engel" zuspricht (Matth. 25,41). Sie also sind die Verstörer des Weltgefüges, die im Dienst des Satans den Ablauf der ganzen Weltgeschichte durcheinander werfen, weil ihr Gebieter der „Diabolos", wörtlich übersetzt: der Durcheinanderwerfer, ist. Ihnen stehen die oberen Scharen der lichten Himmelswelt gegenüber, sie, die „allzumal dienstbare Geister" sind, ausgesandt zum Dienst um derer willen, die ererben sollen die Seligkeit" (Hebr. 1,14). Es ist wieder Luther, der die Engelscharen des Himmels in ganz nüchterner Weise denen der Hölle gegenübergestellt hat: „Gleichwie die bösen Engel des Satans nichts anderes denken, denn wie sie uns zu Sünden und Schaden können bringen: Also sind die guten Engel stets um uns und bei uns, daß sie uns helfen, daß wir bei der Wahrheit bleiben, unser Leib und Leben, Weib, Kind und was wir haben, vor dem Teufel behalten mögen. Daher kommt es, daß man sagt, und ist recht geredet: Du hast heute einen guten Engel gehabt. Das ist so viel gesagt: Vernunft hätte das Übel nicht verhüten können. Wenn die lieben Engel nicht wären gewesen, sollte dir der Teufel haben das Bad zugerichtet. Darum haben sie auch einen feinen Namen, daß sie heißen „Angeli", Boten oder Botschafter, daß sie von Gott gesandt sind. Die Schrift nennt sie nicht nach ihrem natürlichen Wesen, sondern nach ihrem Amte. Darum bin ich dem Namen „Engel" sehr hold: „Denn sie sind unsres Herrn Gottes Botschafter. Sie regieren, schützen und behüten uns vor allem Übel; das tun sie fleißig und mit Freuden." So bezeugt Luther die die ganze Bibel durchfahrende Gewißheit, daß es nicht nur diese und jene Welt gebe und dazwischen ein Abgrund des toten Nichts, der Vernichtung — sondern eine allumfassende Welt Gottes im Diesseits und Jenseits, wobei die Engel die geheimnisvollen verbindenden Boten und Botschafter sind.

Sadhu Sundar Singh, der große indische Missionar Jesu Christi unter seinem eigenen Volk, ist mehrmals einer Engelerfahrung gewürdigt worden, ehe er als treuer mutiger Zeuge seines Herrn auf einer seiner Missionspilgerfahrten 1929 in Tibet verschollen ist. Er erzählt:

„Auf meiner Reise nach Tibet wurde ich zum Tode verurteilt. Mit zerschlagenem Arm brachte ich drei Tage und Nächte in einem finsteren tiefen Brunnen zu, auf den furchtbar riechen-

den Leichen der vor mir verurteilten Verbrecher, in großer Qual und Todesnot. Ich bereitete mich betend auf den Tod vor und wurde in dieser entsetzlichen Grube wunderbar getröstet und beglückt durch die Nähe des Heilands. Da öffnete sich in der dritten Nacht der zugeschlossene eiserne Deckel des Gewölbes, und eine Stimme rief mir zu, ich sollte den Strick fassen, der zu mir herabgelassen würde. Ich ergriff mit dem gesunden Arm das Seil. Auf diese Weise wurde ich herausgezogen und gerettet. Auch heilte die Hand des wunderbaren Helfers, der alsbald verschwand, meinen zerschlagenen Arm. Nach einigen Tagen der Rast fing ich wieder an zu predigen und wurde vor meinen Richter, den Lama, geführt, der entsetzt an seinem eigenen Gürtel den einzigen Schlüssel zum Brunnen fand, den er geraubt glaubte."

In den „Gesammelten Schriften", die uns *Friso Melzer* vermittelt hat, gewinnen wir weiteren Einblick in den innigen Umgang Sundar Singhs mit der Welt der himmlischen Boten. Nur auf Drängen seiner Freunde entschloß er sich, einige seiner Schauungen niederzuschreiben, um auch anderen eine geistliche Hilfe zu bieten:

„Ein Engel erzählte mir, wie ein wahrer Christ, der seinem Meister dreißig Jahre von ganzem Herzen gedient hatte, im Sterben lag. Einige Minuten, ehe er starb, tat Gott ihm seine Geistesaugen auf, damit er, noch bevor er den Leib verließ, die Geisteswelt sehen und denen, die um ihn herumstanden, erzählen konnte, was er gesehen. Er sah, der Himmel war vor ihm aufgetan worden, und eine Schar Engel und Heiliger kam ihm entgegen. An der Tür wartete der Heiland mit ausgestreckter Hand, um ihn zu empfangen.

Als all das über ihn hereinbrach, stieß er einen solchen Schrei der Freude aus, daß die an seinem Bett Stehenden erschraken. ‚Was für eine frohe Stunde ist das für mich!' rief er aus. ‚Lange habe ich darauf gewartet, daß ich meinen Herrn sehen und zu ihm gehen könne. O Freude! Seht, wie Sein Angesicht ganz von Liebe leuchtet, und seht die Engelschar, die gekom-

men ist, mich zu holen. Was für ein herrlicher Ort ist das! Freunde, ich breche nach meiner wirklichen Heimat auf. Grämt euch nicht über meinen Fortgang, sondern freut euch!' Einer von denen, die an seinem Bett standen, sagte leise: ‚Sein Geist ist irre.' Aber er hörte die leise Stimme und sprach: ‚Nein, so ist es nicht. Ich bin ganz bei Bewußtsein. Ich wünschte, ihr könntet diesen wundervollen Anblick sehen. Es tut mir leid, er ist vor euren Augen verborgen. Lebt wohl! Wir werden in der anderen Welt einander wieder begegnen.' Nachdem er das gesagt hatte, schloß er seine Augen und sprach: ‚Herr, ich befehle meine Seele in deine Hände.' Und so schlief er ein."

Dies Wenige sei nur als Leseprobe aus den Schriften des begnadeten, schon ganz in der jenseitigen Welt beheimateten Sehers und Predigers Sundar Singh angeführt.[13]

Die Engelerfahrungen eines erlauchten Geistes stehen aber in unserer Zeit nicht allein. Zumeist werden sie erlebt als Rettungen aus besonderer Gefahr des äußeren leiblichen Lebens, als „die rettende Hand", die sich wohl zuzeiten, aber äußerst selten eines Wunders bedient, zumeist in Geschehnissen des Alltags, wobei wir uns wieder an *Erich Schick* erinnern: „Es sind nur Augenblicke, und oftmals unscheinbare Augenblicke, in denen jene Begegnungen geschehen und diese Erkenntnisse in uns aufleuchten ... Das Gepräge der heiligen Unaufdringlichkeit wohnt ihnen so oft bei, daß wir darüber hinwegschauen, hinwegleben."

Eine Diakonisse in A. erzählt: Ein kleiner Junge geriet auf die Fahrbahn neben dem Bürgersteig und wurde sogleich von einem Lastwagen überfahren. Mehrere Augenzeugen beobachteten den blitzschnell geschehenen Unfall. Gegen alles Erwarten aber konnte das Büblein nahezu unversehrt, nur staubig und leicht verschrammt, wieder unter dem Auto hervorkriechen und seinen Weg fortsetzen. Es war „eigentlich" menschenunmöglich. Ich eilte auf den Knirps zu und rief: „Du hast aber einen guten Engel gehabt!", worauf das Kind mit der Selbstverständlichkeit reinen Kindersinnes antwortete: „Nein, es waren zwei!" Das Kind muß im Augenblick höchster Gefahr einen Blick getan haben hinter den Vorhang des äußeren Lebens.

Frau J. H. in A. hatte während der Kriegsjahre an fünf besonders schweren Sorgen zu tragen, die sie immer wieder im abendlichen Gebet Gott ans Herz legte. An einem solchen Abend erblickte sie ihrem Bett gegenüber aus einer dunklen Ecke heraus die Gestalt einer Engelshand aus fahlem Schein immer deutlicher werden, erkannte in dieser Hand fünf nebeneinander liegende Schriftrollen, den Ansatz eines weiten Ärmels, ein herabfließendes Gewand, aber keinen Kopf. Sie beschrieb die Gestalt als überlebensgroß, der Kopf blieb unenthüllt. Die Erscheinung dauerte gerade so lange, daß die im Gebet Ringende die Nähe des Engels zweifelsfrei gewahr werden konnte.
So wußte sie untrüglich, ihre fünf Sorgen sind in den Händen des Engels, sind in Gottes Händen geborgen. Und sie erlebte, wie sich Sorge um Sorge löste und zerging, weil sie alle beschlossen waren in der Geborgenheit, die Psalm 139,16 aussagt: „Deine Augen sahen mich, da ich noch unbereitet war, und alle Tage waren in Dein Buch geschrieben, die noch werden sollten, als derselben keiner war."

Kunstmaler E. V. in Ch. berichtet in seinem Vortrag „Vom Segnen": Eine Frau wurde, im Walde allein gehend, von einem Mann bedroht, der sie ermorden wollte. In Sekunden höchster Lebensgefahr hatte sie die übermenschliche geistliche Kraft, den Mann zu — segnen. Überrascht ließ er sofort von ihr ab, ermordete aber in seinem satanischen Mordrausch in gleicher Nacht eine andere Frau. Vor dem Richter sagte er auf die Frage, warum er von der ersten Frau abgelassen habe: „Ich konnte nicht. Sie war von zwei starken Männern begleitet." Es waren die Retter aus der unsichtbaren Welt, welche selbst der segnenden Frau verborgen blieben.

Frau C.H. in W., eine ganz schlichte, nüchtern-gläubige Frau, lag wochenlang krank darnieder, ging dann aber einer langsamen Genesung entgegen. In der Zeit des Wendepunktes zur kaum mehr vermutbaren Gesundung hatte sie, wie sie anderntags erzählte, eine Engelerscheinung. Es war abends 10 Uhr. Die Angehörigen hatten sich an ihrem Bett verabschiedet und das Licht gelöscht. Da war es ihr, als sänken die Wände des Zimmers weit zurück und gäben einen großen, runden Raum frei. In diesem Rund erschien, körperhaft eindeutig wahrnehmbar, die Gestalt eines Engels, der einen halbkreisartigen Weg um das Bett der Kranken, auf lautlosen Sohlen, weiß angetan, zurücklegte und dann ans Bett trat, um über die Stirn der Liegenden zu streifen, wobei es „wie Seidenpapier" hörbar geknistert habe. Zunächst befiel die Kranke ein Schrecken, aber sie überwand ihn schnell und sah mit ganz klarer Ruhe der Gestalt entgegen, bis diese in die Unsichtbarkeit zurückwich.

Hierzu ein Erlebnis aus dem Jahr 1974. Ein Patient der Universitätsklinik in M., 60 jähriger Handwerksmeister, berichtet seinem Pfarrer:

„So wahr ich lebe und Sie da am Bett stehen — ich habe heute ganz früh in der Morgendämmerung in der Ecke schräg gegenüber von meinem Bett einen Engel stehen sehen, einen wirklichen Engel! Wahrhaftig, groß, ein helles Gewand, wie leuchtend. Schreiben Sie das auf und sagen Sie es überall weiter: es gibt noch Engel. Nur der Kopf war wie verschleiert. Aber die Augen — die schauten so freundlich erwartend zu mir her. Das dauerte mehrere Sekunden. Dann entschwand die Gestalt. Die Bibel hat doch recht! Mein Gott — Herr Pfarrer, jetzt kann ich im Frieden heimgehen . . ." [14]

Es liegt nahe, bei solchen spontanen Berichten sofort das Argument der frommen Selbsttäuschung ins Feld zu führen oder religiöse Überspanntheit oder Sinnestrübung in Todesnähe zu vermuten. Wir haben zunächst zu bedenken: Muß es wirklich nur literarische Arabeske, fromme Schnörkelei sein,

wenn die Bibel an ungezählten Stellen mit der realen Mächtigkeit der Engelwesen rechnet und sogar gelegentlich in ihre Rangordnung („Hierarchie") ahnenden Einblick gibt? Und weiter: Steht hinter all den Engeln der alte Dome, Glasbilder, Altäre und ihrer Liturgie nichts als der fromme Wunsch der Gläubigen, es möge so etwas wie Mittelwesen zwischen Gott und seiner Menschheit geben? Oder sollte Gott mutterseelenallein das Weltall geschaffen haben und weiterregieren? Sind die Heerscharen der Engel um Gottes Thron glaubhaft oder nur tote Statisterie?
An der Westfront der Klosterkirche zu Corvey steht geschrieben: „Lagere Dich um diese Burg, Herr, und laß Deine Engel ihre Mauer beschützen!" In gleichem Glauben haben die frommen Vorväter die Engel und Engelfürsten an den ältesten Vorbauten der Dome, etwa zu Lorch, Werden (an der Ruhr), St. Pantaleon zu Köln, Mittelzell (Insel Reichenau am Bodensee), Hildesheim u.v.a. abgebildet und zwar nicht als Einzelgänger, sondern immer in der Vorstellung der Fülle: Cherubim und Seraphim, Throne, Gewalten, Mächte, Fürstentümer — Hierarchien einer höheren, uns unzugänglichen Welt.

Schon der katholische Theologe *Joseph Wittig* hat gelegentlich darauf aufmerksam gemacht, daß neben dem Kommen immer das schnelle Verschwinden der Engel in den biblischen Berichten auffällt. Sie sind also Boten, die weitergehen. Sie haben nur blitzhaft, in der Art scheuen Vorüberwallens, Vorbeiwehens ihren Dienst zu tun. Sie sind immer wieder die Hinwegeilenden, die immer nur am äußersten Rande unserer physischen Existenz wahrnehmbar werden. Da aber sind sie die Botschafter von Drüben.[15]

Sollten sie wirklich *nur* das unentbehrliche Attribut der gemüthaften christlichen Weihnachtsfeier und Kinderbilderbücher sein und bleiben? Sollten sie nur für den Pinsel der Maler und vielleicht noch für eine Oper wie Pfitzners „Palestrina" scheinwirklich sein? Merkwürdig: Überall dort nehmen wir an ihnen keinen Anstoß; aber in die Wirklichkeit unseres täglich zu lebenden und zu bestehenden Alltags sollen sie nicht hineinragen dürfen. Da wehren wir uns mit dem Panzer aller vernunftmäßigen Abwehrgründe.

Sollte die Bibel an diesem Punkt ihre Glaubwürdigkeit verlieren? Sollten wir uns hier auf antike Symbolwerte zurückziehen müssen, weil wir nicht mehr zu der angeblichen Naivität der Altvordern zurückkehren können? Wo finge dann eigentlich die Glaubwürdigkeit der Bibel an und wo wäre die echte Grenze der Entmythisierung? Daß wir uns heute mit der Wirklichkeit der Engel so schwer tun, als Ungläubige *und* als Gläubige, hat sicher seinen Grund in den manchmal allzu derbmenschlichen, verkindlichten Gestaltungen der Engelwesen in der bildenden Kunst (z.B. der honig-schleckende Engel in der Klosterkirche zu Birnau am Bodensee).

Allein das irdische Leben Jesu Christi ist nach den Berichten der biblischen Erzähler Matthäus, Markus, Lukas und Johannes umgriffen von außersinnlichen Wesen, umsponnen von übersinnlichen Begegnungen und Erfahrungen, die ihm Botschaft von Drüben bringen. „Sie sind nicht nur der überirdische Hintergrund bei der Geburt Jesu, sondern sein Wirken selbst wird ständig begleitet von Dämonen und Engeln, von den Geistern der Höhe und der Reinheit. Selbst auf dem Passionsweg kam Gottes Engel ‚und stärkte ihn', und in der äußersten Erniedrigung hat Jesus nie das Wissen um die ‚mehr als zwölf Legionen Engel' verloren, die ihm sein Vater hätte senden können. Engel sind ferner die Boten der Auferstehung und Führer und Begleiter auf dem Wege der Apostel" (*Walter Künneth*).[16] Der gleiche Theologe folgert daraus: „Es gibt eine Welt unsichtbarer geistiger Kräfte und Mächte, es existieren geheime Zusammenhänge und Wirkungen, verborgene Kraftmitteilungen, die mächtiger, gewaltiger, weiter wirken als die Ursachen und Kräfte, die wir in dieser sichtbaren Welt feststellen können."

Engel haben ein herbes, sich mehr verschließendes als dem Menschen öffnendes Wesen, sie sind dieser Welt abgewandt, nur als seltenste Gäste und Fremdlinge spürbar, nur in einem Auftrag der höheren Geistesleitung unseres Gottes. Diese Herbheit der Engel wird in manchen Äußerungen Martin Luthers deutlich und ebenso in der Kunst des frühen Mittelalters, übrigens auch in der erst in unserem Jahrzehnt entdeckten Kunst der frühmittelalterlichen biblischen Buchmalerei. Halten wir fest: Wo uns Engeldienste berichtet werden, ob in der Bibel oder der Literatur aller folgenden Jahrhunderte bis in unsere Gegenwart: Immer und ausschließlich sind es Dienste, die sie andeutungshaft verrichten müssen, ganz unmittelbare Gottes-Dienste am Rande der menschlichen Existenz.

Nehmen wir doch den großen Trost an, der darin liegt, zu wissen: inmitten einer Welt nackter Gewalt, unheimlicher technischer Perfektion mit ihrer Pervertierung ins Satanisch-Gigantische und Alles-Zerstörende, inmitten dieser Welt haben die Engel Gottes nach wie vor ihren Platz, ihr still-verborgenes Wirken, das erst die ausstehende große Umwertung aller Werte ganz klar machen wird: die Vollendung dieser Weltgeschichte am Ende aller Tage. Wir erwähnten das Andeutungshafte der Engelserfahrungen. Auch die knappe Begegnung des Engels der Verkündigung mit Maria, der Mutter Jesu Christi, läuft aus in den charakteristischen Satz: „. . . und der Engel schied von ihr“ (Lukas 1,38). Dieses Verschwinden aus der Welt der sichtbaren Erscheinungen überträgt sich auch auf diejenigen, die überhaupt Engelbegegnungen gehabt haben. Auch die Erinnerung daran verschwindet wieder aus ihrem Gedächtnis, aber sie kann jederzeit wieder auftauchen und das einmalige Widerfahrnis in der Rückschau erhellen. Es ist, als könnten die Spuren Gottes in unserem Leben erst aus einer gewissen klärenden Distanz heraus erkannt und nachgetastet werden. So haben auch die uns bekannten Engelerfahrungen der Gegenwart das Merkmal der ahnungsvollen Rückschau.

Zu solchen Erlebnissen gesellen sich andere, die beweisen, wie die Engel bei ihrem rettenden Dienst sich auch des nur scheinbaren „Zufalls“, auch der feldgrauen Kleidung, der menschlichen Gestalt bedienen, so daß dem Geretteten im Nachschauen und Nachstaunen die Erfahrung des Tobias zuteil wird: „Er wußte *nicht*, daß es ein Engel Gottes war“ (Tobias 5,6 und 29).

In einer westdeutschen Großstadt wurde 1941 ein junges Paar kriegsgetraut. Die Hochzeit fand im Elternhaus des Bräutigams statt, wo das junge Paar auch für die kurzen Urlaubstage verblieb. Am Morgen nach dem Hochzeitstag klingelt es heftig schon in aller Frühe. Die Mutter öffnet, um das junge Paar nicht zu stören. Ein Telegraphenbote stand vor der Tür, ein Schmucktelegramm abzugeben, das an den Bräutigam gerichtet war. Der Mann ließ sich jedoch nicht darauf ein, die Empfangsbestätigung von der Mutter unterschreiben zu lassen, so daß sie trotz ihres Unwillens genötigt war, das Paar zu wecken. Sie tat es endlich und fand die Jungvermählten in tiefstem Schlummer, einem beinahe tödlichen Schlummer, denn das Zimmer war mit Gas gefüllt, das unbemerkt ausgeströmt war. Die Mutter, der der Geruch erst beim Betreten des Schlafzimmers entgegenschlug, öffnete blitzschnell die Fenster. Die beiden Hochzeiter mußten bereits bewußtlos ins Krankenhaus gebracht werden, wo sie zu ihrem Erstaunen beide wieder durch sofortige ärztliche Hilfe zum Erwachen gebracht wurden.
Der Dienst der Engel hatte sich also eines Telegramms oder, wenn man will, eines nicht abweisbaren Postboten bedient, zwei Menschenleben zu retten.

Es folgt eine Engelserfahrung, die ein Soldat in Rußland machte:
Wir befanden uns mit einer Kampfgruppe auf dem Rückzug in Rußland. Dabei waren wir in ein unwegsames Sumpfgelände geraten. Wir waren auf eine Art Insel gelangt, von der aus wir nicht weiterkommen konnten, da sich kein Weg

finden ließ, der durch den Sumpf hindurchgeführt hätte. Die Russen hatten uns inzwischen entdeckt, und ihre Flieger bewarfen uns unaufhörlich mit Bomben. Die Lage war völlig aussichtslos, und wir sahen den Tod vor Augen. Nun befand sich bei unsrer Truppe ein Soldat, der den Spitznamen „Der Fromme" trug. Der Führer unsrer Kampftruppe sagte zu ihm in spöttischem Tone: „Jetzt ist nichts mehr zu machen! Jetzt können Sie ruhig beten!" Die Kameraden lachten, aber der Fromme ließ sich dadurch nicht stören, ging einige Schritte abseits, kniete an einem Gebüsch nieder und begann zu beten. Da trat plötzlich ein Feldgrauer zu ihm, den er nicht kannte, und sagte: „Ich werde euch herausführen. Ich kenne die Wege hier."

Der Fromme ging zum Hauptmann und sagte ihm, der Feldgraue wolle sie alle aus dem Sumpf herausführen. Die anderen Soldaten waren inzwischen verstummt, und alle folgten dem unbekannten Führer. Er brachte uns auf sicheren Wegen bis dahin, wo wir wieder festen Boden unter den Füßen hatten. Dort angekommen, wollte der Hauptmann den Unbekannten sprechen. Aber dieser war spurlos verschwunden. Über diesen Vorfall wurde ein „offizieller Bericht" an die vorgesetzte Dienststelle aufgesetzt. Der Erfolg war, daß uns allen aufs strengste verboten wurde, über dieses Vorkommnis zu sprechen.

Achten wir genauer auf solche Fußspuren des lebendigen Gottes in unserem Leben, gerade da, wo sie hinter Menschengestalt durch Vermittlung der Engel sichtbar werden, so empfängt unser inneres Wachstum des Glaubens einen starken neuen Impuls. Wir sind zunächst gefeit gegen den Hang, die Bibel ihrer angeblich allzu mystischen Bildersprache zu entkleiden, um zu ihrem abgezogenen gedanklichen Kerngehalt vorzudringen (wie der Marburger Theologe *Rudolf Bultmann* will). Sodann aber verstehen wir umgekehrt viel besser den Realismus, mit dem die Bibel wiederum von den satanischen Gegenmächten spricht, ja nicht nur spricht, sondern sie in

Einzelbegegnungen Christus leibhaftig genug gegenübertreten läßt, und zwar mit „groß Macht und viel List".

Der Dienst der Engel hat die Missionare der Urgemeinde begleitet (Apostelgeschichte!). Aus der Christenverfolgung des sowjetischen Machtbereichs unserer Jahrhundertmitte ist folgendes Erlebnis bekannt geworden:
Ein Pfarrer wagt es, nachts auf eine Waldlichtung zuzugehen, wo ein — natürlich verbotener — Gottesdienst einer versprengten kleinen Gemeinde im Mondlicht stattfinden und das Hl. Abendmahl gespendet werden sollte. Der Pfarrer war gewarnt worden; es bestehe die Absicht, ihn dabei unauffällig zu töten. Er ging dennoch seines Weges. Nach einigen Wochen mußten sich die bestellten Mörder verantworten, weil sie die Untat nicht ausgeführt hatten. Sie sagten: es sei unmöglich gewesen, den Pfarrer zu töten, da er rechts und links von zwei grauen Männern begleitet gewesen sei. Er war aber ganz allein!

Im Blick auf die Engelwelt hat *Martin Luther* sich selbst und uns zum Trost gefolgert: „Ich weiß, daß ich die heiligen Engel zu Hütern habe und daß ich trotzdem viel Widerwärtigkeit erleiden muß. Ich befehle mich allzeit dem Willen Gottes, denn ich bin in dem Heerlager der heiligen Engel. Gott ist kein Lügner." Darum betete er täglich, „... dein heiliger Engel sei mit mir, daß der böse Feind keine Macht an mir finde."

4. *Teufel und Hölle — gibt es das?*

Wo von Engeln die Rede ist, kann nicht das Gegenstück der Bibel, der unheimliche Bereich des Teufels und der Hölle verschwiegen werden. Wir kennen das Sprichwort: „Die Hölle ist los!" Als wir die ersten Nachrichten über die vertausendfachten Wirkungen jener Atombomben, die in Hiroshima und Nagasaki ausgelöst wurden, lasen und klar wurde, daß in der Menschheit mehr Vernichtungswaffen gelagert sind, als zur Ausrottung der ganzen Menschheit überhaupt nötig wäre — da hat jeder Nachdenkliche sich das Wort des Atomtechnikers *Oppenheimer* zu eigen machen müssen: „Wir haben die Arbeit des Satans getan". Die „Hölle" ist auf die Erde gekommen, wir brauchen sie nicht mehr an einem fragwürdig-unterirdisch mythischen Ort ansiedeln wie die Antike.

Was aber können wir über „Teufel" und „Hölle" wirklich sagen? Gibt es auch hier Erfahrungen, parapsychische und solche, die über das wissenschaftliche Koordinatensystem der PSI-Wissenschaft hinausragen und nur mehr religiöser Interpretation zugänglich bleiben?

Vom Teufel redet die Bibel; nein, alle Religionen der Erde haben dieselbe Vorstellung, wenn auch unter ganz anderen Namen. In der Bibel ist 83 mal vom Teufel die Rede, 46 mal vom Satan. Bei Hiob tritt er als der Ankläger des Menschen vor Gott auf. Die Apokalypse ist ohne ihn gar nicht zu verstehen. Christus hat mit ihm gerungen: er erkennt in ihm den Todfeind des Menschen und Gottes. Natürlich können wir nicht mehr die spätmittelalterliche Teufelsvorstellung übernehmen, wie sie uns aus Bildern Albrecht Dürers und seiner Zeitgenossen entgegenblickt. Er ist eine geistige Macht und gerade in dieser geistigen Unfaßbarkeit und Allgegenwart um so gefährlicher. *Kant* sah in ihm die Symbolgestalt für ein Reich der Finsternis. Übrigens bezeugen Dichter aller Zeiten die geistige Realität des Teufels: Virgil, Dante, Milton, Goethe, Klopstock — bis hin zu Sartre und Lewis' geistreichem Roman „Anweisung für einen Unterteufel".

Der plastischen Vorstellung, die „Hölle" als einen Riesensaal voll im Feuer ewig gequälter Leiber der Entleiblichten zu verstehen, hat die katholische Kirche erst in unserer Jahrhundertmitte den längst theologisch fällig gewordenen Abschied gegeben. „Die Hölle, Ort oder (!) Zustand ewiger Strafe, verstehen wir nicht mehr als eine von Gott eingerichtete örtliche Stätte der Verdammten, mit nie verlöschendem qualvollem Feuer ausgestattet ... Niemanden wagen wir mehr als verworfen zu nennen, auch den Weltzerstörer nicht" (*Hans Carossa*). Wir sehen diesen ewigen Strafzustand eher in der furchtbaren Erfahrung des Gescheitertseins an Gott und des damit angebrochenen radikalen existentiellen Vakuums ... Hölle und Verwerfung stellen eine reale Möglichkeit dar, den letzten Sinn des Lebens im Scheitern an Gott zu verfehlen. (Vgl. *Sartory*, „In der Hölle brennt kein Feuer"). Man wehrt sich in der katholischen Theologie heute gegen eine derbplastische Verräumlichung der Hölle, ebenso gegen eine Verzeitlichung der Hölle; man spricht daher erleichtert und erleichternd „von der Zuständlichkeit der im Jenseits an Gott Scheiternden" (*Alois Winklhofer*).[17]

In der evangelischen Theologie hat sich diese Vergeistigung der „Hölle" längst vollzogen — ja sie ist im Zug der Entmythisierung völliger Entwesentlichung zum Opfer gefallen. Das Wort „Hölle" geht auf altdeutsch „hel" zurück und meint „Totenreich", nicht glühende Folterkammer ohne Ende. Die Bibel ist außerordentlich vielgestaltig und farbenreich in ihren Bild-Worten: Wurm, Feuer, Finsternis, Heulen, Zähneklappern, Blitz, Nacht, Waage usw. meinen immer dieselbe den Menschen vom jenseitigen Gottesreich trennende böse geistige Macht, die alles daran setzt, uns vom Herzen Gottes loszureißen. Entscheidend ist nicht diese Bilderwand, sondern der dahinter stehende Herr Christus, der Welt-Vollender, der Erlöser, der zu Seiner Zeit die Gegenmacht des Satans zerstören wird. So haben die Klassiker der evangelischen Kirche immer hinter der Drohbotschaft die Frohbotschaft herausgehört und sich dem Jüngsten Tag entgegengesehnt, der alles klären wird, was jetzt unseren Blick in Blindheit gefangen hält.

Alle biblischen Texte, die hierzu einschlägig sind, machen aber — und das sei stark unterstrichen — ganz Ernst damit, daß wir Menschen in der jenseitigen Welt unser ICH behalten, unsere Identität nicht verlieren. Damit bleiben wir gebunden an unsere irdische Vergangenheit und unsere persönliche Verschuldung gegen Gott. Wie wäre auch sonst ein Jüngstes Gericht sinnvoll? Wir werden uns auch im Tode nicht los — das ist die einhellige Meinung der Bibel. Aber die „Hölle" wird einmal nicht mehr sein (Offbg. 20,14), wenn Gott in Christus „alles in allem erfüllt".

Gibt es Erfahrungen, die in den Bereich der Finsternismacht des Satans verweisen oder von „dort" her stammen? *Papst Paul* VI. hat im Jahr 1972 klar ausgesprochen: „Wir wissen, daß dieser finstre und verwirrende Geist wirklich existiert und daß er nach wie vor mit Arglist und Verschlagenheit am Werk ist."

Der junge Norweger Hans Nielsen Hauge zog aufgrund einer spontanen Christusvision, die er auf freiem Feld erlebte, als Erweckungsprediger im Jahr 1800 in eine verrufene Gegend, das Numetal. Auch dort wollte er das Licht Christi in den Herzen der einsamsten Bauern entzünden. Während er auf seinem Pferd dahinritt, überfielen ihn immer wieder Anfechtungen. Er fühlte die Nähe Satans körperlich hinter sich her. Am liebsten wäre er umgekehrt. Aber er zwang sich, den Weg fortzusetzen. Düstere Gedanken fallen ihn immer wieder stoßweise an, so daß es ihm ist, „als ob der Teufel hinter ihm im Sattel säße". Aber mit letzter Kraft schüttelte er die Angst von sich ab. „Vorwärts will ich, vorwärts muß ich!" ruft er und reitet scharf darauflos, bis er im ersten Kirchspiel des Tales ankam.

Aber gerade dort ist ihm eine besonders gesegnete Wirkung beschieden worden. So hat der Apostel Nordnorwegens „die Kraft des bösen Feindes" als „die Kraft eines rauhen Nordwindes, der durch sein Wehen kalt gefrieren macht, tötet und starr macht" (Nikolaus von Cusa) zwar gespürt, aber in der Nachfolge Christi überwunden.[18]

Daß mancher Sterbende die Nähe des Bösen körperlich spürt als die greifbare Gegenwart einer dunklen Gestalt, können

die Seelsorger auch unsrer jüngsten Zeit aus so manchen Begebnissen erhärten, die jeden Verweis an angstgeborene Wahnvorstellungen in der Sterbestunde ausschließen.
Ein Mann allerhöchster weltlicher Ehren lag 19 .. im Sterben. Er hatte jeden Zuspruch seines Seelsorgers, der ihn treu besuchte, auf gesellschaftlich höflichste Weise abgewiesen. Trotz sichtlichen gesundheitlichen Verfalls durften weder seine Schwägerin noch seine Gesellschafterin vor ihm vom Kranksein, geschweige denn vom Sterben, Sterbenstrost und Auferstehungsgewißheit sprechen. Zuletzt sank er in lange Zustände der Bewußtlosigkeit.
Aus einem solchen erwachte er plötzlich, fuhr aus dem Kissen hoch und schrie mit entsetztem Blick seine Gesellschafterin, die am Bett wachte, an: „Sag, bist du auch mit mir in der Hölle?" — und sank sofort wieder in Bewußtlosigkeit zurück, die ohne weiteren Todeskampf in sein Sterben überging.

Der Dichter Rainer Maria Rilke lag im Sterben. Er hatte in seinen Gedichten vom „Stundenbuch" bis zu den „Duineser Elegien" (1923) dem modernen Gottsuchertum genialen Ausdruck verliehen, schwankend zwischen mystischer Gottversunkenheit und liebender Hingabe an die Dinge dieser gebrechlichen Welt. Rilke, der die Engel einmal „schrecklich" nannte, hat aus der Bewußtlosigkeit heraus noch einmal aufwachend gefragt: „... aber die Hölle —?" Es waren seine letzten Worte. Was mag er zuvor gesehen haben?

Spricht man heute von Satanismus, so ist dabei der parapsychische Forschungs- und Erfahrungsbereich nicht gemeint, vielmehr sind es die Zeichen der Zeit für jeden, der sehen will, was ist.
Die amerikanische Subkultur hat in der dubiosen Figur des Charles Manson, der sich selbst als Satan bezeichnet haben soll, einen Sprecher der Subkultur gefunden. Es werden ihm fünf Morde zur Last gelegt. Man denke an Filme wie „Rosemarys Baby" (1957, 1982): sie soll das Kind vom Teufel empfangen haben. Filme ähnlicher Art erobern die Welt: „Der

Exorzist", „Der Teufelsschocker". Wir erinnern an das vergleichsweise harmlosere und anständige Drama von *Carl Zuckmayer*, „Des Teufels General". *Karl Rahner*, verstorben 1983, der führende kath. Theologe, hat im „Lexikon für Theologie und Kirche" das Anwesendsein des Satans bejaht und den Schluß gezogen, daß nach wie vor grundsätzlich die Möglichkeit teuflischer Besessenheit bestehe. Wer nicht blind durch die Gegenwart hindurchgeht, kann all das Gemeinte noch ausweiten: wann je ist das Satanische im Gang der sog. „großen" Politik so brutal, so nackt zutage gekommen wie in unserer Zeit, wo „große" Politiker ganze Völker auslöschten, wo geniale jüngste Erfindungen sofort in den Dienst der Massenvernichtung einbezogen und die Lüge zum Instrument der Diplomatie geworden ist? Man denke ferner an die andauernden Christenverfolgungen, die durch Lenins Ausrottungsmethoden bis zum heutigen Tag in der kommunistisch unterjochten Menschheitshälfte vor sich gehen, unauffällig, von der Weltpresse fast völlig verschwiegen? Ist nicht auch die Verweigerung der allgemeinen Menschenrechte gegenüber ungezählten Millionen unserer Zeitgenossen eine echte Teufelei? Zeigt nicht auch manche Ausstellung modernster Kunst mit ihren abstrusen Abscheulichkeiten den Stempel des Satans?

Angesichts dieses verteufelten Weltpanoramas hat *Konrad Lorenz* recht, wenn er über „Das sogenannte Böse" hinaus nun doch bekennt: „Wenn man wachen Auges all das betrachtet, was gegenwärtig auf der Welt geschieht, so kann man einem Gläubigen nicht widersprechen, der die Ansicht vertritt: der Antichrist sei los."[19] Die Bibel nennt ihn den „Lügner und Mörder von Anfang an" (Joh. 8,44 u.a.). Aber auch der Teufel ist so verniedlicht und verharmlost worden, wie die Engel zu lächerlichen und lächelnden Putten erniedrigt wurden, und zwar in Gestaltungen der Sagen und Märchen, etwa als Drachen, Kobold, Sylphide, Trolle, böse Fee oder Nixe — reich bestückt in der Requisitenkammer der Dichter kann man ihn im Harlekin-Kostüm der Phantasie kaum mehr erkennen, gemahnend an *Goethes* Wort: „Den Teufel spürt das Völkchen nie / und wenn er sie am Kragen hätte!" (Mephisto, Faust).

Martin Luther hat mit dem Satan gerungen wie kaum ein anderer. Gewiß war er darin ein Kind seiner Zeit, ein Knecht seiner Zeitfrömmigkeit, die wir nicht wiederholen können. Aber er erkannte die Gefährdung der Menschenseele durch die Macht der Finsternis, die er im Satan Gestalt gewinnen sah: „Sei du sicher, daß, wenn in deiner Seele noch etwas ist, das verloren werden kann, so streitet sich der Teufel um deine Seele. — Wenn das Auge aufgetan würde, so sähest du um dich her die Engel und den Teufel, wie sie um deine Seele kämpfen... Einst in der Ewigkeit wird deine Seele mit Schrecken und Staunen wahrnehmen, in welch schrecklicher Gefahr du gelebt, wenn nicht dein Erlöser in dir wohnte, dich regierte, dein Herz und Gedanken lockte, so daß am Ende doch dein Geist herauskam aus des Teufels Angriffen, heim zur ewigen Ruhe." In den Predigten des bayerischen Klassikers *Wilhelm Löhe* (1808—1872) hat dieser lutherische Ernst großartigen Nachhall gefunden.
Erstaunlicherweise hat *Heinrich Heine* im „Buch der Lieder" den Teufel einmal sehr treffend ironisch porträtiert:

Er ist nicht häßlich und ist nicht lahm,
er ist ein lieber, charmanter Mann,
ein Mann in seinen besten Jahren,
verbindlich und höflich und welterfahren!

So mag seine „Larve" erscheinen. „Wir wollen die ganze Larve des Teufels sehen, mit der er sich befleißigt, Verzweiflung anzurichten in denen, welche in Todesnöten oder in den letzten Zügen liegen..." Er beginnt seine Sache „mit starken gewaltigen Pfeilen anzugreifen", auch „Pfeilen der Heiligen Schrift". Er versucht so, „daß er dich von Gott abziehe und es dahin bringen möge, daß du Gott mißtraust und ihn lästern sollst“ (*Luther* zu Psalm 22 und 31). Als Hilfe im Kampf empfahl Luther das entschlossene Ringen um das erste Gebot.

„Wir sind mehr gefährdet, als wir wissen. Wir sind aber auch mehr gerettet, als wir wissen“ (*Max Picard,* schweizerischer Kulturphilosoph).

V

TOTENERSCHEINUNGEN

1. *Zeugnisse*

Aus den bisherigen Erfahrungsbeispielen dürfte schon erkennbar geworden sein, daß nach-todliches Leben nicht nur uralter Wunschtraum der Menschen und ihrer Religionen war und ist, sondern wie eh und je auch durch Erlebnisse heutiger Menschen erhärtet wird.
Der Tod kann also doch nicht jener unheimliche Zerstörer sein, der auch das seelische Leben gänzlich auslöschen darf, wenn er uns die Leibeshülle abnimmt und diese allerdings der völligen Verwesung anheimgibt. Es bleibt etwas Überschießendes, Überlebendes an uns, das wir, wenn auch in einer uns ganz unbegreiflichen Seinsweise, als daseiend, als lebendig verstehen können.
Daß Tote, längst Begrabene, wieder lebendig werden können, hat der alttestamentliche Prophet Hesekiel in einem gewaltigen Bilde dargestellt (Kap. 37). Die Botschaft Jesu Christi gipfelt in den mannigfachen Aussagen, nach welchen diese unsere Welt mit allen Lebenden und Toten der Schauplatz einer allerletzten Verwandlung zu einer ganz neuen lebendigen Daseinsform werden wird, wenn einmal, am Ende aller irdischen Tage, die Stunde der Weltvollendung durch Jesu sichtbare Wiederkehr schlagen wird.
Als erstes vorläufiges, vorauslaufendes Zeichen solcher Verlebendigung verstehen wir den Bericht der Evangelien, nach dem schon in der Todesstunde Jesu die Gräber sich auftaten und die „Leiber vieler Heiliger, die da schliefen“, aufstanden und „gingen aus den Gräbern nach Seiner Auferstehung und

kamen in die heilige Stadt und erschienen vielen ..." (Matth. 27,52 f.). Die ersten Auferstandenen sind aber wiederum entschlafen. Ihre Auferstehung war nur ein vorläufiges Zeichen: Christus ist für euch in den Tod gegangen, aber, als der Fürst des neuen Lebens, kann und wird er allen, die an ihn glauben, das widerfahren lassen, was jenen „Erstlingen der Auferstehung" geschah. Darin schließt sich die Botschaft Jesu mit der seines engsten Jünger- und Apostelkreises wörtlich zusammen.

Luther hat diese Botschaft der Todesüberwindung „das rechte goldene Kleinod des Evangeliums" genannt. Er hat daher, wie *Justinus Kerner* in seinem berühmten Buch „Die Seherin von Prevorst" sagt, ebenso wie *Melanchthon* auch das jetzige Wiedererscheinen einzelner Toter für möglich gehalten. Freilich hat die Theologie mit gutem Grunde sich genauerer Aussagen enthalten. Auch *Adolf Schlatter* wagt nicht mehr in seiner Dogmatik zu sagen als dies wenige, aber entscheidend Wichtige: „Wir erwarten auch nach dem Tode unsere Ausrüstung mit einem Organ, das irgendwie unserem Leibe vergleichbar ist."
Es wäre eine außerordentlich reizvolle Aufgabe, den Spuren jenes Wiederverkörperungsglaubens durch die Literatur aller Jahrhunderte nachzugehen. Aber das liegt jenseits unserer Absicht. Nur einiges Wenige sei im Vorbeigehen angeführt. *Angelus Silesius* hat im „Cherubinischen Wandersmann" seinen Glauben, „Kein Tod ist ohne Leben", so gefaßt:

> Ich sag, es stirbet nichts. Nur daß ein ander Leben,
> auch selbst das peinlichste, wird durch den Tod gegeben.

Goethe hat Eckermann gegenüber die Überzeugung ausgesprochen: „Mich läßt dieser Gedanke (an den Tod) in völliger Ruhe; denn ich habe die feste Gewißheit, daß unser Geist ein Wesen ganz unzerstörbarer Natur ist." Ähnlich äußert er sich in seinen letzten Lebensjahren: „Ich möchte mit Lorenzo di Medici sagen, daß alle diejenigen auch für dies Leben tot sind, die kein anderes erhoffen." Auch *Schiller* hat das Unzerstörbare gemeint, wenn er den Tod nur „als einen mächtigen Vermittler" („Braut von Messina") gelten ließ. Diese Ahnung der Wiederkehr alles Einmal-Lebendigen kommt noch viel klarer in einem seiner Gedichte zum Ausdruck:

Leicht verschwindet der Taten Spur
von der sonnenbeleuchteten Erde
wie aus dem Antlitz die leichte Gebärde —
aber nichts ist verloren und verschwunden,
was die geheimnisvoll waltenden Stunden
in den schaffenden Schoß aufnahmen.
Die Zeit ist eine blühende Flur,
ein großes Lebendiges ist die Natur,
und alles ist Frucht, und alles ist Samen.

In der gleichen Bahn bewegt sich *Wilhelm von Humboldt* in seinen „Briefen an eine Freundin":
„Der Tod ist ... bloß ein Zwischenereignis, ein Übergang aus einer Form des endlichen Wesens in die andere." Wo der Tod also nicht mehr nur „der König der Schrecken" ist, kann er in der Tat jetzt schon als die Weise der Ewigkeit, als „unser eigentlicher Geburtstag" verstanden werden (*K. J. Weber*), ja „... als ein Bad nur. Aber drüben am anderen Ufer liegt uns bereitet ein neues Gewand" (*E. Geibel*).
Steht uns Wieder-Verleiblichung vor Augen, ist wirklich „Leiblichkeit das Ende der Wege Gottes" (*Oetinger*), dann hat *Jean Paul* recht, wenn er den Tod nicht als einen „Salto mortale, sondern Salto immortale" rühmt: „Die (göttliche) Notwendigkeit, die in diesem Leben meinen lichten Tautropfen, mein Ich, in einen Blumenkelch (der Welt) und unter die Sonne warf, kann es ja im zweiten Leben wiederholen, ja noch leichter kann sie mich zum zweiten Male verkörpern als zum ersten Male."
Seine Hoffnung der irdischen Wiederverkörperung — die *Jean Paul* mit *Lessing* teilt — begnügt sich aber nicht mit einer Wiederholung des Menschlichen-Allzumenschlichen: „O,

mein Geist begehrt etwas ganz anderes als eine aufgewärmte und neuaufgelegte Erde, eine andere Sättigung als auf irgendeinem Kot- oder Feuerklumpen des Himmels wächst, ein längeres Leben, als ein zerbröckelnder Wandelstern trägt" („Unsichtbare Loge").

In seinem unvollendeten Roman „Der Komet" gibt *Jean Paul* eindeutig Christus die Ehre, weil nur Er im Auferstehungsgeschehen die „Materialität" der Welt aufgehoben hat.
Was die Bibel also durch Christi Mund bezeugt, hat im Chor großer Geister, die alle im Strahlungskreis Christi verbleiben, mannigfach neuen Ausdruck gefunden, wenn auch nicht immer im Sprachklang unserer kirchlichen Lehrüberlieferung.

Martin Greif, Ina Seidel, Franz Werfel haben gelegentlich in ihren lyrischen Dichtungen die Vorstellung der Wiederverkörperung dargetan.

Ina Seidels hochbedeutsamer Roman „Unser Freund Peregrin" bedürfte in diesem Zusammenhang einer eigenen Darstellung.[1] Es sei nur noch verwiesen auf die erste der „Duineser Elegien" von *Rainer Maria Rilke,* in denen er Erfahrungen aus dem Totenbereich ausspricht, zu denen er vielleicht angeregt wurde durch die Erscheinung einer weißen Frau im Schloß Muzot. Tod ist ihm kein endgültiges, völliges Ausgelöschtsein. Vielmehr „flattern" auch dort noch „Gefühle und Gedanken lose im Raume". „Totsein ist mühsam und voller Nachholn, daß man allmählich ein wenig Ewigkeit spürt." Die Toten sind also einer Entwicklung, einer Läuterung von einer Klarheit zur anderen untertan. Aber auch wir Lebenden leben jetzt schon mit ihnen in jenem verborgenen Reich, „dessen Tiefe und Einfluß wir überall und unbegrenzt mit den Toten und Künftigen teilen" (in einem Brief). Wir aber trennen die Welt der Lebenden und der Toten zu sehr, hingegen „Engel (sagt man) wüßten oft nicht, ob sie unter Lebenden gehn oder Toten". *Sie* erleben nur „die ewige Strömung" der Kräfte durch „beide Bereiche".

Wie nahe uns die lebendige Welt der Toten ist, bekundet nichts deutlicher als das Wiedererscheinen Verstorbener, das zu allen Zeiten erfahren und beglaubigt wurde. Aus älterer Zeit sei unter vielen anderen nur an Pfarrer *J. F. Oberlin* (1740—1826) erinnert, dem seine Gattin jahrelang erschien, wobei sie mit ihm sprach und ihm sogar haushaltliche Kleinigkeiten, wie das Tropfen eines Wasserhahns im Keller, meldete.

Der Fall Oberlin ist weitbekannt. Er ist darum bemerkenswert, weil die Verstorbene ein Mitwissen um ganz alltägliche Dinge bewies, ein gattentreues Mitfühlen und Mitsorgen mit dem Witwer, das in seiner Art durch ein neueres, ganz ähnliches Ereignis bestätigt wird.

Professor Dr. Joseph Wittig (früher in Breslau wirkend) erzählt in seinem letzten Buch „Novemberlicht" von dem ihm nahestehenden Priesterkollegen Pfarrer Julius Sdralek, der ihm das Nachfolgende berichtete. Als seine Schwester (die dem Pfarrer den Haushalt führte) auf der Totenbahre lag, erwachte Pfarrer Sdralek in den frühen, noch dunklen Morgenstunden, ohne sich recht bewußt zu werden, daß seine Schwester gestorben und er nun vereinsamt sei. Da öffnete sich die Tür des Schlafzimmers und seine Schwester trat zu ihm herein wie so oft in kranken Tagen. Sie sagte zu ihm: „Du, Julius, ich habe vergessen, dir zu sagen, daß ich dieser-tage in deiner Abwesenheit eine Meß-Intention angenommen habe. Ich habe das Geld und den Zettel in den rechten Schub des Küchenschrankes gelegt. Vergiß nicht, die Messe zu lesen!" (Meß-Intention: Bestellung einer Messe für einen Verstorbenen). Wie nun die Schwester sich wieder entfernt hätte, das wußte er nicht mehr zu sagen, nur, daß er sich gleich nachher klar wurde, daß die Schwester doch gestorben sei und auf der Totenbahre liege. Er stand sogleich auf, ging in die Küche und fand an der angesagten Stelle tatsächlich den Zettel mit der Meßbestellung und auch das Geld."

Wittig führt das hier liegende Problem der Wiedererscheinung nicht weiter. Der verstorbene Pfarrer Sdralek hatte sonst kein derartiges Widerfahrnis, aber er war der festen Überzeugung, „daß wir überall von unsichtbaren Lebenden umgeben sind".[2]

Angesichts solcher Botschaften von Drüben schließt Wittig, daß es zur Natur der Seele gehöre, unsterblich zu sein „und auch nach dem Abwurf des sichtbaren Leibes fortzuleben und fortzuwirken, Gutes und Böses" (S. 20).

Gutes *und* Böses? Wir geben das nur zögernd wieder. Die Möglichkeit bleibt freilich offen. Nur so läßt sich eine Gleichniserzählung aus dem Neuen Testament verstehen: der „unsaubere Geist", der den Leib eines Menschen verlassen hat, sucht sich eine neue Hülle zur Einwohnung, um sich noch schlimmer auszuwirken, auszutoben als in der ersten Leibeswohnung (Matth. 12,45). Jedenfalls zeigen die auch in neuester Zeit bekannt gewordenen Erfahrungsbeispiele hinreichend, daß wir mit dem Hereinwirken ungreifbarer Kräfte und seelenbannender Mächte aus dem Bereich der Abgeschiedenen rechnen müssen, auch wenn sie nicht zu klaren, mit dem hellwachen Tagesverstand aufnehmbaren Aussagen, Befehlen, Warnungen, Weisungen irgendwelcher Art ausweiten und präzisieren lassen. Professor D. Dr. *Adolf Köberle* räumt ein: „Trotz aller hier gebotenen Vorsicht werden wir für die Möglichkeit offenbleiben müssen, daß es viel Unruhe in der nach-todlichen Welt gibt und daß diese Unruhe sich bis hinein in unsre Erdenwelt kundtun kann." [3]

Noch einige Beispiele, die aus neuerer und neuester Zeit berichtet werden.

Dr. Rudolf Steiner hörte den seinerzeit weitbekannten Pfarrer Friedrich Rittelmeyer auf einer Kanzel in Nürnberg predigen. Hernach suchte er den Prediger auf und sagte zu ihm: „Ich sehe eine Frau hinter Ihnen stehen, wenn Sie predigen auf der Kanzel." Er beschrieb die Physiognomie der Frau.

Es war, wie dann auch die Vergleichung einer beigebrachten Fotografie ergab, die verstorbene Mutter des Pfarrers Rittelmeyer, deren Gesichtszüge der aus Prag kommende Dr. Steiner gar nicht kennen konnte.

C.S. berichtet: Im Forsthaus zu N. läutet die Hausglocke. Die Forstmeistersfrau sieht zum Fenster hinaus und erkennt unten ihren Mann, der eben die Klinke niederdrückt. Nach einer Weile kommt die Tochter dieses Mannes zu ihrer Mutter und fragt: „Wo ist der Vater?" „Ich weiß nichts; eben machte ich ihm auf." „Er war soeben in meinem Zimmer!" sagt die Tochter, findet ihn aber im ganzen Forsthaus nicht mehr. — Da läutet die Glocke noch einmal, kurze Zeit später. Waldhüter waren es und berichteten erschüttert, sie hätten soeben den Forstmeister, von Wilderern erschossen, im Wald aufgefunden. Der Tote hatte sich also im Augenblick seines gewaltsamen Todes noch einmal zu Hause verleiblicht.

Pfarrer J. in Sch. erzählt: „Vor etlichen Jahren fuhr ich wie in jedem Herbst auf einem ‚Berner Wägele' ins Remstal (Baden-Württemberg), um einzukaufen. Neben mir als Kutscher der Bauer N. aus W. Wir fuhren vier bis fünf Stunden und kamen in die Nacht hinein. Zwischen 23 und 24 Uhr gerieten wir an eine Steigung der Fahrstraße. Wir beide stiegen ab, um die Pferde zu entlasten. Das Gefährt fuhr dadurch etwas schneller, so daß ich einige Meter zurückblieb. Plötzlich sah ich neben mir einen Mann, der mir wohlbekannt war, weil er ja aus meinem Dorf stammte. Er trug seltsamerweise den langen schwarzen Rock, den unsere Bauern sonntags, wie landesüblich, tragen. Er zog seinen Hut und sagte: „Guten Abend, Herr Pfarrer! Ich komme nur, um Ihnen zu sagen, daß Sie bald heimfahren müssen. Am Freitag ist eine Beerdigung. Es ist ein Unglück geschehen im Wald, beim Holzmachen ist einer erschlagen worden!"
Der Mann war unverkennbar der Bauer W. Ich fragte zurück: „Ja sind Sie mir deswegen eigens bis hierher nachge-

laufen?!" Aber ich erhielt keine Antwort mehr, er war augenblicklich verschwunden. Mit langen Schritten holte ich den Wagen ein. Der Kutscher fragte mich: „Was hat denn der W. von Ihnen gewollt?" Der Mann kam nicht mehr zum Vorschein. Als ich anderntags an meinem Zielort ankam, fand ich auf dem Frühstückstisch ein Telegramm meiner Frau: „Der Bauer W. ist im Wald beim Holzfällen tödlich verunglückt."

Ernst Penzoldt führt uns mitten in den Erlebnisbereich des Zweiten Weltkrieges in seinem Bericht „Die Sense". Ein junges Ehepaar hatte sich kriegstrauen lassen. Als die junge Frau die ersten Regungen des kommenden Kindes spürte, erreichte sie die Todesnachricht des gefallenen Gatten. Aber nicht überraschend, denn er hatte sich angemeldet: „Zur gleichen Abendstunde, als es die Kugel mit ihm ausmachte, geschah es, daß seine Frau, da sie, ihr Haar bürstend, vor dem Spiegel stand, darin anstatt ihres Gesichts das ihres Gatten erblickte. Er lächelte sie hilflos-traurig an. Dann — so erzählt sie's gleich darauf ihrem Nachbarn ... — sei das Gesicht langsam aus der ungewissen Dämmerung von jenseits ganz nahe auf sie zugekommen. Mund zu Mund, und es sei augenblicklich erloschen, als ihre Lippen den Spiegel berührten, der kalt war wie Eis.[4]

Generalfeldmarschall Reichspräsident Paul von Hindenburg erzählte von einer sonderbaren Begegnung, die er auf Schloß Ostrau bei Köthen in Anhalt hatte: Auf der Treppe sei ihm eine ältere Dame in einem grauen Kleid entgegengekommen. Er habe sich vorgestellt, doch die Dame in Grau schien schwerhörig zu sein. „Sie nahm einfach keine Notiz von mir." Hindenburg erfuhr dann von seinem Gastgeber, daß er die „graue Dame", das „Schloßgespenst" getroffen habe.[5]

Kurz vor Kriegsausbruch wird der Sohn des Prokuristen S. in K. überredet, als Flieger ein Unternehmen in Dakar mitzumachen. Es handelte sich zunächst nur um eine sportfliege-

rische Sache. Die Frau des Fliegers warnt ihn, aber er schlägt die Warnung in den Wind im Blick auf die Möglichkeit, seine Laufbahn schnell zu verbessern.
Er macht den Flug mit und schreibt dann aus Marseille seinen letzten Brief. Weitere Nachrichten kamen nicht mehr, auch nicht von Freundeshand. Jedoch steht fest, daß er einen weiteren Flugeinsatz in Dakar mitmachen mußte.
Nachforschungen ergaben einwandfrei, daß vermutlich durch Sabotage das Flugzeug verunglückte, sofort nach dem erneuten Aufstieg. Auch das Datum konnte noch übermittelt gefunden werden, jedoch keine Spur des Fliegers oder seiner Kameraden.
In der Nacht vor jenem sicher tödlichen Unglück sah die Mutter des Fliegers, während sie wach zu Bett lag, den Sohn schweigend an ihr Bett treten. Er sah sie nur wenige Augenblicke an, dann verwehte die Erscheinung wie Rauch. In der folgenden Nacht sah sie noch einmal seine Gestalt, diesmal umleuchtet von einem überirdischen Schein.

Aus Neuguinea berichtet Missionar Dr. *Christian Keysser* folgenden Vorfall:
In meiner Sattelberg-Gemeinde lebte ein 25jähriger schwarzer Christ Ngekagong. Eines Tages nahm er sich vor, von seinem Gebirgsdorf wegzugehen, um innerhalb einer Tagesreise die Meeresküste zu erreichen, wo er Freunde besuchen wollte. Als er am nächsten Abend am Ziel erschien, erzählten ihm seine Leute folgendes: „Als wir gestern abend nach der Arbeit in unserem Hause beisammen saßen, kamst auch du und hast dich in unserem Kreis niedergelassen. Du sprachst aber kein Wort — wir fragten dich auch nicht, sondern warteten, bis du selbst das Wort ergreifen würdest. Aber statt dessen gingst du wortlos nach kurzer Zeit fort und kehrtest auch nicht mehr zu uns zurück. Wir riefen dich, wir suchten dich. Aber du bliebst spurlos verschwunden!" — Ngekagong wußte auf diesen Bericht hin nichts zu erklären; er konnte nur versichern, daß er am Tage zuvor auf seiner Pflanzung

gearbeitet habe und abends todmüde heimgekehrt sei, wo er sich erst entschloß, am nächsten Tage seine Freunde an der Meeresküste aufzusuchen.
Nach heidnischer Auffassung, schreibt Keysser, hatte sich die Seele vom Leibe getrennt, der Mann sei dadurch ein Todgeweihter geworden. Da aber jetzt diese Leute Christen geworden waren, so ermahnten sie ihn zur Vorsicht, damit er nicht von einer Krankheit befallen werde und dann erst recht törichte Gerüchte entstehen könnten (1950).

Aus Südostfrankreich schreibt Herr G. G. folgendes Erlebnis:
Ein angesehener Bürger unsres Städtchens wurde bei einem Autounfall schwer verletzt und starb alsbald. Nun erlebte unser Mesner mit diesem Mann das Unglaubliche: Am Sonntag, dem 27. September, nahm er wie immer während der Messe die Kollekte vor. Als er die Bankreihen der Männer erreichte, sah er in der Ecke den kürzlich beerdigten Mann F. C., an seinem gewohnten Platz deutlich zu erkennen, andächtig auf sein Gebetbuch gebeugt, um der Messe zu folgen. Er war bestürzt und erstaunt darüber, daß die Umstehenden die Anwesenheit des Begrabenen gar nicht merkten. Mehrere Sekunden lang verhielt der Mesner im Zweifel, ob er einer Täuschung der Augen zum Opfer gefallen sei. Unmöglich! Der Mesner ging wieder zum Altar zurück, blickte nochmals in jene Ecke — da war die Gestalt, die vorher in klarem Licht stand, verschwunden (1960).

Pfarrer *Heinrich Walther*, ein Sohn des Theologie-Professors D. Walter in Rostock, schreibt in seinen „Lebenserinnerungen“:
Elf Tage nach der Geburt des Töchterleins Karoline starb seine Frau. Er erkrankte selbst so, daß er das Kind zu Verwandten nach Hamburg fortgeben mußte. Nach einigen Monaten aber wollte er das Kind wieder zu sich zurücknehmen. Da ging eines Tages plötzlich die Tür zum Studierzimmer langsam auf und die verstorbene Frau trat herein, das Kind auf dem Arm. Sie ging auf den Mann mit den Worten zu:

„Küß unser Karolinchen noch einmal!" Das tat er. Indem sie ihm freundlich zunickte, verschwand die Gestalt mit dem Kind. — Einige Tage später besuchte ein Freund den Pfarrer. Dieser begann in stammelnd-verlegener Weise zu erzählen, er habe Nachrichten aus Hamburg erhalten, die er seinem Freund weitergeben solle. „Mach keine Umstände, ich weiß alles!" unterbrach ihn der Vater des Kindes. „Was weißt du?" — „Daß meine Karoline vor zwei Tagen um 2 Uhr verstorben ist!"

Professor Dr. *Jacopo Comin* in Rom verbürgt sich für die Glaubwürdigkeit des nachfolgenden Berichts:
Am 21. Oktober 1966 verstarb meine Mutter mit 86 Jahren in einer Klinik. Am nächsten Tag, dem 22. Oktober, befand sich mein Vater in einem unmittelbar darüber gelegenen Zimmer in der Agonie — während meine Mutter noch auf dem Sterbebett aufgebahrt lag. Mein Vater hatte keine Ahnung, daß bei meiner Mutter der Tod eingetreten war. Gegen 17 Uhr am 22. kam mein Vater jedoch noch einmal für einen Augenblick zum Bewußtsein zurück, breitete plötzlich mit einer rührenden Geste beide Arme aus, auf seinem Gesicht zeigte sich ein heiteres Lächeln und unter leichtem zustimmendem Kopfnicken murmelte er zweimal nacheinander die Worte: „Hier bin ich, Therese! Hier bin ich, Therese!" Ein anwesender Pfarrer fragte den Sterbenden tief erschüttert, was er denn sähe — bekam aber keine Antwort mehr. Er sank wieder ins Koma zurück und entschlief in der folgenden Nacht.[6]

Dem Pater Pio, der vor längeren Jahren verstarb, werden hier einschlägige Vorkommnisse nachgesagt. So soll er am Krankenbett eines Kindes in Australien erschienen sein, um mit ihm zu beten. Die hereinkommende Mutter staunte, den ihr Fremden da vorzufinden; man konnte zu der einsamen Siedlung nur mit dem Auto vorstoßen. Daher fragte sie ihn: „Wo haben Sie ihren Wagen?" Pio soll geantwortet haben: „Ich brauche kein Auto, ich bin Pater Pio. Ich bin gekommen, um mit ihrem Kinde um seine Genesung zu beten.“ Dann sei er sofort verschwunden. Am andern Tag soll das Kind gesund gewesen sein.[7]

Dekan H. D. in B. gab einem konfessionslosen jungen Mann Glaubensunterricht als Vorbereitung zu seinem Kircheneintritt. Der Dekan wunderte sich, daß gerade die Auferstehungsberichte dem Manne keine Schwierigkeiten bereiteten. Der Grund war ein außersinnliches Erlebnis. Der junge Mann berichtete:

Ich bin ein leidenschaftlicher, waghalsiger Bergsteiger und machte mit Sepp M. in Vorarlberg oft Bergtouren. Sepp starb schon 1954. Zwei Jahre später machte ich mit meinem Freund Hermann G. einen Aufstieg zur Stuttgarter Hütte, von da aus versuchten wir einen direkten Einstieg zur Roggspitze. Wir gerieten in Abendnebel. Gefrorener Schnee machte unsere weiteren Pläne zunichte. Schließlich sagte Hermann: „Jetzt geht's nimmer.“ Er rutschte am Fels. Wir waren ohne Seil und ohne Haken unterwegs. Mein Kamerad war völlig erschöpft. Wir standen vor einer Wand, die man nur mittels des sog. „Steigbaumes“ überwinden kann. Da kam plötzlich Sepp M. von links auf uns zu und sagte nur: „Steigbaum.“ Wir beiden dachten uns nichts weiter dabei, daß Sepp auf einmal da war, der doch vor zwei Jahren verstorben war! Mit Hilfe des angebotenen Steigbaums (Einstieg in die gefalteten Hände eines Bergkameraden, von da auf die Schulter) überwanden wir 15 Meter Höhenunterschied bis zum Grat. Als wir oben ankamen, war vom Sepp nichts mehr zu sehen. Wir hatten in der lebensgefährlichen Lage kaum ein Wort gesprochen, denn ich hatte Mühe genung, Hermann beim Steigbaum emporzuwuchten und mir voranzuschieben. Oben am Grat angekommen sagte Hermann: „Nun war doch gerade der Sepp M. da — beinahe hätte er uns mitgenommen.“ Jetzt erst kam uns das Ungeheuerliche zu Bewußtsein, daß er ja längst tot war! Als wir dann gerettet in die Hütte zurückkehrten, war es uns unmöglich, bei einem „Viertele“

fröhlich mitzubechern. Wir gingen gleich still zu Bett. Wie gefährlich unsere Unternehmung war, erkannten wir erst bei aufgehender Morgensonne. Nie mehr machten wir so etwas Waghalsiges (7. 4. 1961).

Der rheinische Dramatiker und Epiker Carl Zuckmayer berichtet in seinem 1966 erschienenen Lebensbericht „. . . als wär's ein Stück von mir" ein Erlebnis, das ihm, seiner Tochter Winnetou und dem österreichischen Romanautor Franz Karl Ginzkey in Henndorf/Ö. widerfahren ist. Dort steht eine alte Gastwirtschaft und eine Mühle. Daß es dort „geistert", ist in der Umgegend weit bekannt. Wer in der Mühle schläft, erfährt zwischen Mitternacht und Morgengrauen eine lähmende Beklemmung, die es dem Erwachten unmöglich macht, die Hand nach dem Lichtschalter zu führen, weil etwas Kaltes, Leichenhaftes nach dem Schläfer zu greifen scheint. Zuckmayer hat das selbst empfunden. Eine Frau wurde in dieser Mühle im 16. Jahrhundert von ihren beiden Söhnen ermordet. Ginzkey will sie selbst gesehen haben. „Auch glaubte man öfters in einem vermauerten Gang Tritte oder Klopfen zu hören . . . Auch wehte manchmal in warmen Augustnächten ein unerklärlich kühler Luftzug durch den Raum. Eines Morgens wurden wir wach, da ein Wind ins Zimmer pfiff und die schweren Plüschgardinen fast zur Deckenhöhe emporfliegen machte. Dabei fiel mir ein, daß ich die mit in Blei gefaßten Fenstern versehene Balkontür am Abend geschlossen hatte. Als ich aufstand und sie öffnete, herrschte draußen vollständige Windstille, auch nicht der Hauch eines aufkommenden oder abflauenden Sturmes war zu spüren" (S. 18).

In ihrem schon erwähnten Tagebuch „Ein Sack voll Ananas" berichtet Karin Schauff von der Ermordung eines Abtes in Penedo in Brasilien, der sich durch seine überstrenge Art, mit seinen Mönchen umzugehen und die Kaffee-Arbeiter zu behandeln, höchst mißliebig gemacht hatte. Daß er nach seinem gewaltsamen Tode (er wurde von einem Felsen in die Tiefe gestürzt) immer wieder „erschien", war ortsbekannt und wurde nicht bezweifelt. Die von ihm bewohnten Zimmer wurden später vorübergehend von einem Finnen benutzt, der vor der nächtlichen Erscheinung gewarnt worden war, ihr aber keinen Glauben schenkte. Eines Nachts aber erschien an der Wand (seines Schlafzimmers) ein großer heller Fleck, von dem sich bald die hellerleuchtete Gestalt eines Mannes in dunklem Gewand abhob. Sekundenlang und eindringlich hielt dieser die Augen auf ihn gerichtet. Ein Kreuz an goldener Kette lag auf seiner Brust. Kein Zweifel: das mußte jener Abt sein. Unserem Freund sträubten sich die Haare. ... Dann wurde das Bild schwächer und verschwand langsam ..." Diese Erscheinung wiederholte sich in der gleichen Nacht, begleitet von einem stärkeren Luftzug, Knistern und Kratzen. „Da: wieder das Bild des Abtes, heller, plastischer als vorher, wie ein Relief." Der Blick war noch unheimlicher auf den Finnen gerichtet, „der Mund bebte, als wollte er Worte formen. Unserem Freund stockte der Atem ... Dann erlosch die Gestalt." Die Erscheinung wiederholte sich in der gleichen Nacht ein drittes Mal! „Diesmal machte der Abt ein paar Schritte, stellte sich ans Fußende des Bettes und sagte: Fürchte dich nicht, denn aus diesem Schulterblatt wird noch ein mächtiger Baum erwachsen! — Dann trat er in die Wand zurück ..."

Einem „Schulterblatt" ähnlich, wie er am nächsten Morgen erfuhr, war die landschaftliche Form der heutigen finnischen Siedlung. Fortan wurde sie „das Schulterblatt" genannt. — Diese Botschaft des toten Abtes hat sich als eine Voraussage erwiesen: die zunächst nicht lebensfähige junge Siedlung der zugewanderten Finnen erlebte einen großen Aufschwung, an dem der Zeuge des Erschienenen seinen Anteil hatte.[8]

Solche Erscheinungen Verstorbener werden, wie gesagt, aus allen Zeitläufen, Kulturen und Religionen berichtet. Zweifellos spricht sich in ihnen nicht nur ein Ur-Wissen, sondern eine immer erneute Ur-Erfahrung der Menschheit aus. Sie stimmen alle darin überein, daß der Erscheinende seine Identität behalten hat, also erkannt werden kann, daß er mitunter Botschaften von Drüben aussprechen darf, die eine prophetische Hellsicht verraten, während andere nur schweigend erscheinen. Es zeigt sich ferner, daß den Verstorbenen noch ein Zeit- oder Ortsbewußtsein zu eigen ist — wie in der Lebensgeschichte des Reichen Mannes und des Armen Lazarus, die uns Christus erzählt hat.[9] Da diese Totenerscheinungen nicht isoliert, sondern im Zusammenhang mit allen übrigen Erfahrungsberichten an der Grenze zwischen Diesseits und Jenseits beurteilt werden sollen, sei hier nur auf das letzte Kapitel dieses Buches verwiesen.

2. *Reinkarnation?*

Die Reihe der vorigen Beispiele führt uns auf eine Frage, die in den Himmelsstrichen der asiatischen Hochreligionen längst gar keine Frage mehr ist, sondern eine Antwort gefunden hat: Ja, es gibt eine Re-Inkarnation, d.h. eine Wiederholung des leiblichen Erdenlebens. Haben sich jene Verstorbenen, von denen wir eben sprachen, dann also ein erstes Mal reinkarniert? Leben sie im Geist-Leib, in der Geistleiblichkeit? Und ist das alles vielleicht eine Vor-Form der noch ausstehenden Auferstehung aller am Ende der Zeiten?
Wir müssen hier eine ganz klare Antwort geben. Denn je mehr sich durch Völker-Umgruppierungen im Frieden oder unter Gewaltregierungen, aber auch durch Bücher-Austausch und Fremdenverkehr die Menschen vermischen, um so mehr dringen auch jene asiatischen Anschauungen bei uns ein und finden Gläubige. In den Großstädten ist es schon ein gewohntes Bild, daß von den Plakatsäulen die seltsam weichlichen Großknaben aus Indien herunterlächeln, die uns „den Weg zum Frieden durch Wiederverkörperung und Yoga-Techniken weisen" wollen. Auch sind jene Völker durch ihr Eintreten in die große Weltpolitik uns an Gewichtigkeit spürbar näher ge-

rückt, so daß auch die religiöse Auseinandersetzung in den nächsten Jahren sicherlich zunehmen wird. Jene fernöstlichen Prediger leben und werben in der Überzeugung, daß ihre Reinkarnationslehre der Kern ihrer und aller Religionen sei oder noch werden müsse, daß sie hier den Schlüssel zu *allen* sonst unlösbaren Fragen der Menschheit gefunden hätten. Wo komme ich her? Wo gehe ich hin? Was wird aus meiner Vergangenheit, aus meiner Zukunft, aus meiner und aller Menschen Schuld? Diese Ur-Fragen seien in der Reinkarnationslehre ein für allemal gelöst. Unter den modernen Sekten hat allein die Rudolf Steiner'sche „Anthroposophie" sich dieser Lehre uneingeschränkt zugewandt und damit in den Jahren nach dem Ersten Weltkrieg, als sie einen wesentlichen Einfluß auf das christliche Geistesleben vor allem Deutschlands zu gewinnen trachtete, viele Christen verwirrt und verunsichert. Auch die Parapsychologie bezieht diese Lehre immerhin in den Umkreis noch ungesicherter Arbeitshypothesen ein, wenn sie an die Deutung bestimmter Traumphänomene oder an die Aussagen der im Tiefschlaf sprechenden Medien herangeht.

Ernst Benz weist darauf hin, daß die „ganze europäische Geistesgeschichte Spuren immer neuer Einbrüche der Reinkarnationsidee aufweist", seit *Immanuel Kant* die fernöstlichen Religionen in das Denken des christlichen Abendlandes eingeführt hat (Vorlesungen über „Physische Geographie").[10] Nach dem Ersten Weltkrieg, als man in Europa überall nach neuen geistigen Orientierungen suchte, hat der seinerzeit berühmte Brahmane Rabindranath Tagore aus Kalkutta eine große Wirkung auf Suchende ausgeübt — ähnlich wie heute der Weise Shri Aurobindo (†) mit seinem „integralen Yoga" die Reinkarnationslehre bei uns zu verfestigen suchte.

Der wichtigste Begriff der asiatischen Reinkarnationslehren ist der des *Karma*. Das Wort bedeutet Tat oder Werk, Leistung des Menschen gegenüber seinen Gottheiten. Gemeint ist aber die Folge der Taten im Guten und Bösen, die nachwir-

kend künftige Existenzen prägt, auch im Guten und Bösen. Der Religionswissenschaftler *Helmut von Glasenapp* hat die Karma-Lehre definiert als „automatisch funktionierende Vergeltungs-Kausalität der Taten“ (1983). Ihre Herkunft ist eindeutig in den „Upanischaden“ zu suchen, wo gelehrt wird: wie du handelst in deinem jetzigen Leben, so wirst du behandelt nach deinem Tode, d.h. wer gut verfährt, dem geht es „Drüben“ gut, wer Böses tat, wird „Drüben“ verelendet leben müssen. Noch krasser: Wer Gutes tut, geht ein in einen guten Mutterschoß, nämlich in den eines Brahmanen — wer hier Schlechtes tut, muß eingehen in den Mutterschoß eines Kastenlosen (Manusmriti). Unsere künftige Leiblichkeit ist also vorgeprägt und unweigerlich determiniert — eine Quelle zu trostlosem Fatalismus und Determinismus unserer Willensregungen. Diese asiatische Lehre reicht auf das 6. Jhdt. vor Christus zurück. Sie ergibt niemals einen Heilsweg, sondern ist bestenfalls eine gedachte Analyse meines früheren Lebens — von dem ich nichts weiß, also auch nichts von meiner etwaigen Verschuldung!
Der christliche Glaube spricht — wie wir durch Christus wissen — sehr deutlich auch von Schuld und Sühne, von Saat und Ernte, von Fluch und Segen. Aber er überläßt das endgültige Urteil über unser Tun oder Versagen der Stunde des Jüngsten Gerichts, dem wiederkommenden Weltenrichter Christus. Eine blind wirksame Automatik von Tat, Strafe oder Lohn ist biblisch nicht zu erhärten, weil das letzte Wort der souveränen Freiheit Gottes anheimgegeben wird, der jedenfalls anders urteilen wird als wir Menschen nach unserem Augenmaß. Christus vermag auch die Inder zu befreien vom unerbittlich wirksamen Karma-Gesetz. (hierzu 1. Joh. 3,20 und Joh.-Evang. 6,37 u.a.)

Obwohl das Alte Testament keinerlei Ansätze für diese Sonderlehre gibt, sucht sie auch in die moderne jüdische Kabbala unter „exegetischen Kunststücken, ja Kniffen“ einzudringen — im Gegensatz zur klassischen Theologie des Judentums.[11]

Daß diese Lehre Dichter wie Lessing, Schiller und Goethe zeitweise stark beeindruckte, ist bekannt. Der alternde *Lessing* widmete ihrer Vorstellung, die Seele sei einer unendlichen Reihe von Entwicklungen in einer unendlichen Abfolge von Zeit fähig, seine Schrift „Daß mehr als fünf Sinne für den Menschen seyn können" (Sämtliche Schriften, elfter Band Berlin 1839). *Goethe* sprach sich zwar nur selten darüber aus, aber gerade seine schicksalshafte Liebesbeziehung zu Frau von Stein verstand er aus dieser irrationalen Wurzel:

„... Sag, was will das Schicksal uns bereiten?
Sag, wie band es uns so rein genau?
Ach, du warst in abgelebten Zeiten
meine Schwester oder meine Frau ...
Und von allem dem schwebt ein Erinnern
nur noch um das ungewisse Herz,
fühlt die alte Wahrheit ewig gleich im Innern,
und der neue Zustand wird ihm Schmerz ..."

Noch eindeutiger hat sich *Goethe* hierüber gegenüber Wieland ausgesprochen (Weimar, April 1767): „Ich kann mir die Bedeutsamkeit, die Macht, die diese Frau über mich hat, anders nicht erklären als durch Seelenwanderung. Ja, wir waren einst Mann und Weib! Nun wissen wir von uns — verhüllt, im Geisterduft. Ich habe keine Namen für uns — die Vergangenheit — die Zukunft — das All."

Weniger bekannt ist, daß *Friedrich Schiller,* ebenfalls angeregt durch ein Liebeserlebnis, in seiner Dissertationsschrift (§ 27) theoretisch für die Reinkarnationstheorie eintrat. Unter seinen Gedichten „An Laura" gestaltet eines die Liebesbegegnung in früheren Inkarnationen („Das Geheimnis der Reminiszenz"). Aber weit emphatischer hat sich doch *Goethe* im Gespräch mit *J. D. Falk* am Begräbnistag Wielands (25. 1. 1813) ausgesprochen: „Ich bin gewiß, wie Sie mich hier sehen, schon tausendmal da gewesen und hoffe wohl noch tausendmal wiederzukommen." Und im Gespräch mit *Boisseré* (August 1815) wagte er die kühne Behauptung, sicher

zu sein, schon unter Kaiser Hadrian (138 n.Chr.!) gelebt zu haben.[12]
All dies ist ungesichert; Dichter sprechen die Wunschträume der Menschheit aus. Das ist ihr gutes Recht. Aber existentielle Wahrheiten sind damit noch lange nicht verbrieft.

Vom Standort des christlichen Glaubens muß die Reinkarnationstheorie rundweg abgewiesen werden. Sie ist, wo und wie immer sie sich zu Wort meldet, in allen Facetten typisches Heidentum. Der eingedeutschte Begriff „Seelen-Wanderung" ist übrigens ungenau. Daß die Seele „wandert", bedeutet ja noch nicht, daß sie immer wieder unter leiblicher Gestaltwerdung zur Erde wiederkehren müsse. Für die Glaubenswelt des Neuen Testaments hat das Leben, das wir hier und heute zu führen haben, dies von uns ungewollte, ungesuchte, dies herrliche und schreckliche Leben, eine *einmalige* Bedeutung und Sinnerfüllung. Indem ich im Leibe einmal lebe, erfülle ich meine einmalig-unverwechselbare geschichtliche Existenz. Christus hätte es den Seinigen niemals verschwiegen, wenn er der Meinung gewesen wäre, das Leben setze sich in unabsehbaren leiblichen Variationen durch die Jahrtausende immer wieder fort! Auch Christus hat seine geschichtliche Existenz einmal erfahren und unwiederholbar erfüllt. Wenn auch „von Ewigkeit her", „vom Vater in Ewigkeit geboren", war sein leibhaftiges Leben eine bemessene einmalige Wegstrecke von Bethlehem bis Golgatha — was Auferstehung meint, ist der schärfste Gegensatz und Seins-Widerspruch zur Reinkarnationstheorie! „Durch Christus wissen wir, daß wir in der Geschichte jetzt und hier unseren Platz haben und daß wir nicht in einen Kreislauf stetiger Wiederkehren trostlos eingeschlossen sind, um Sünden früherer uns unbewußter Existenzen abzubüßen in einer neuen Lebens-Variante, sondern daß unser Leben pfeilhaft einem Ziel entgegengeht, das der unergründliche Gott uns schon gesetzt hat und das Christus, der Mund Gottes, als eine Heimkehr ins Vaterhaus beschrieb — eine einmalige Heimkehr! Damit bekommt unser einmaliges leibhaftiges Leben seinen unerhörten Sinn und Wert, darin erkennen wir die ganze unausmeßbare Kostbarkeit des unwiederholbaren Augenblicks" (*Paul Schütz*).[13] Und wenn Gestalten wie Henoch, Mose oder Elia als wieder-verleiblicht da und dort andeutend beschrieben werden, ist gerade nicht eine ewig-variable Wiederverleiblichung gemeint, sondern ein einmaliges Wieder-Schaubarwerden in einem ganz bestimmten höchst wichtigen Augenblick im Ablauf der biblischen Heilsgeschichte.

Jesus Christus hat nie in Wiederverkörperungen gedacht — obwohl diese Lehre ihm aus der orientalisch-asiatischen jahrtausendealten religiösen Umwelt her bekannt gewesen sein muß. Durch ihn hat das Wörtlein „einmal" einen vorher nicht da gewesenen sinngefüllten Inhalt bekommen (das „einmal" im Neuen Testament: z.B. Rö. 6,10; 1. Petr. 3,18; Hebr. 7,27; 9,12; 9,26; 9,27; 9,28).

Zur Reinkarnationslehre gehört untrennbar die Karma-Vorstellung, d.h. das immer wiederholte Abbüßenmüssen früherer Sünden, also eine menschliche Leistung. Dieses heidnische Leistungsdenken ist durch Christus aber überwunden und aufgehoben in der Zusage der Gnade, der Freisprechung, der Lossage, der Vergebung, die ein für allemal gültig ist und der Leistungsqual nicht mehr bedarf.

Dem gegenüber bedeutet Auferstehung ebenfalls etwas *einmalig* Geschehendes, in der Endzeit einmalig Kommendes, die zweite Schöpfung Gottes in der noch ausstehenden Welt-Vollendung. Alles, was hierzu die endzeitlichen Gleichnisse Christi und was der Seher Johannes auf Patmos zu sagen hatten, ist auf Einmaligkeit gegründet und ohne sie überhaupt nicht zu verstehen. Ja, die ganze erste Schöpfung ist als Werk Gottes nur als einmalig denkbar, so wie sie uns auf den ersten Blättern der Bibel berichtet wird. Von der ersten Schöpfung bis zur Auferstehung in der zweiten Schöpfung läuft eine einzige pfeilhafte Linie durch alle biblischen Schriften eindeutig hindurch, die jedes Reinkarnationsdenken aus-

schließt. Wenn Paulus im 1. Korintherbrief von Auferstehung handelt, bezeugt er genau das in der Schule Christi Gelernte und Geschaute: nicht eine immer neu variierte Wanderung durch selbsteigene oder fremde Leiblichkeit hindurch, so wie man ein Kostüm mit dem nächsten wechseln kann, sondern einmalige Verwandlung unserer Geistleiblichkeit in die neue noch unausdenkbare zweite Schöpfung Gottes hinein, die wir mit dem Begriff „ewiges Leben“ zu fassen gewohnt sind. Es geht dabei Gott um meinen Leib und meine Seele in ihrer Einmaligkeit.
Wir spüren, daß wir hierbei auf unbetretenen Boden gestoßen sind — „betreten“ können wir ihn einstweilen nur mit dem inneren Auge, der Blick-Richtung auf das einmal kommende Reich Gottes, indem das Mysterium der Auferstehung uns enthüllt werden wird.

3. *Das Doppelgänger-Phänomen*

Der Offizier O. S. schreibt: „Unser ältester Sohn fiel als Oberleutnant am 15. 1. 1944 bei Proskurow/Berditschew. In derselben Nacht seines Sterbens erschien er in unserem Haus in Bad Saarow und ging in seinem Elternhaus von Zimmer zu Zimmer, auch in den zweiten Stock. Eine alte Frau, die dort wohnt, nicht mit uns verwandt, E. R., hat das alles miterlebt und ist bereit, es unter Eid zu bezeugen“ (Okt. 1974).
Oberlehrer H. T. in L. erlebte das Doppelgänger-Phänomen ebenfalls im Bereich des Sterbens (Bericht vom 7. 11. 1974): „Nach langer Abwesenheit war ich in mein Haus zurückgekehrt. Ich öffnete ein Fenster, blickte aus dem ersten Stock auf die Straße und fragte mich beiläufig, welchen Bekannten ich wohl als ersten entdecken würde. Da ging unten auch schon mein Nachbar vorüber. Er sah lächelnd vor sich hin, erwiderte aber meinen Gruß nicht. Am nächsten Tag war mein Nachbar tot. Er lag bereits seit einigen Tagen sterbens-

krank zu Bett — aber davon wußte ich nichts, als er an jenem Sommerabend lächelnd unter meinem Fenster vorbeiging.“
Nah verwandt sind diesem Phänomen jene, wo der Berichterstatter sich selbst in verdoppelter Leibesgestalt sieht.

Unheimlich ist das Erlebnis, das der verstorbene französische Dichter, Maler und Regisseur *Jean Cocteau* hatte, den man als den „Spürhund auf der Fährte des Unsichtbaren“, als „Wünschelrutengänger der Seele“ bezeichnete.
Nach der Aufführung des „Bacchus“ ging er spät nachts auf sein Hotel zu, vorbei an vielen Ruinen des Zweiten Weltkrieges. Da meinte er plötzlich jemand vor sich hergehen zu sehen, der ihm selbst zum Verwechseln ähnlich schien! Cocteau blieb stehen — da blieb der Doppelgänger ebenfalls stehen Er ging weiter — der andre auch. Ganz lautlos. Endlich kamen beide auf das Hotel zu. In den Eckfenstern des ersten Stockes brannte Licht, gerade in dem Zimmer des Dichters. Eine Gestalt erschien am Fenster — Cocteau erkannte von unten hinaufblickend sich selbst, oben am Fenster herausgebeugt. Ein Schwindel ergriff ihn, als stünde er vor einem Abgrund. Ihm war, „als sauge eine unheimliche Kraft seine Seele aus dem Körper“. Zugleich überkam ihn eine wunderbar sanft-lösende Schwäche, tröstend, zeit-auslöschend. Den Körper fühlte er „nur ahnend“, die Seele aber als „elementare Gewißheit“. Ein elektrischer Schlag durchzuckte ihn plötzlich, die Betäubung verschwand wie unter einem dumpfen Donner. Er tastete seinen Körper ab: ja, er stand da auf nächtlicher Straße. Dunkel starrten ihn auf einmal alle Fenster an. Im Erdgeschoß wurde Licht gemacht. Hatte man sein Heimkommen erwartet? Er betrat das Haus. Aufgeregt stürzten Angestellte herbei, auch spärlich bekleidete Gäste. Im ersten Stock habe man einen furchtbaren Lärm gehört, dann einen Ruck, der das ganze Hotel erschütterte. Cocteau stieg in den ersten Stock empor: weißer Mauerstaub drang ihm aus seinem Zimmer entgegen. Man erkannte: soeben war die Decke dieses Zimmers eingestürzt. Schwere Steinbrocken lagen auf dem

Bett des Dichters. Er wäre, hier liegend, sicher getötet worden (Juni 1963).

Ein ganz seltenes, sogenanntes „gemischtes“ Phänomen stellt folgendes Erlebnis dar, das jedenfalls in religiöser Hinsicht wertvoll und glaubensstärkend verstanden werden kann:
Ein junger Mann geht spät abends durch einsame Straßen nach Hause. Als er in die Siedlung einbog, wo er wohnte, ging vor ihm noch ein Spätling. Sonderbar — als er näher hinsah, meinte er zu erkennen, daß dieser Vorausgänger ihm ähnlich sei. Ein Doppelgänger, denkt er lächelnd. Aber der Doppelgänger geht genau dahin, wo er hin wollte. Er bog in den Vorgarten seines Hauses ein, zog den Hausschlüssel aus der Tasche und schloß auf. Da packte den Heimkehrenden das Grauen. Er macht kehrt und sucht für diese Nacht Unterkunft bei guten Bekannten. Dort erzählt er sein Erlebnis und wurde kräftig verlacht. Als er aber anderntags seine Wohnung aufsuchte, beglückwünschte ihn die Wirtin, daß er die Nacht nicht heimgekommen sei. Es hätte „sein Tod“ sein können. Die Zimmerdecke war eingestürzt und hätte ihn unweigerlich unter sich begraben. — Vorahnende Hellsicht nahm hier sogar leibliche Gestalt an — ein Dienst des rettenden Gottes, der uns an die Dienste der Engel gemahnt (1953).

Ob eine eigene Willensanstrengung das Aus-sich-heraustreten ermöglicht? Diese Frage stellt ein Erfahrungsbericht der Mitarbeiterin von C. G. Jung, *Aniela Jaffe:*
„Ein schweizer Bürger, der an schweren Nierenkoliken litt, sagte sich in seiner Verzweiflung: Jetzt solltest du irgendwie aus dir selbst heraus können, dann wären die Schmerzen weg! Plötzlich sah ich vor mir einen Mann, der auf das Gartentor zuschritt. Er öffnete es und ging auf die Straße hinaus. Da kam mir das Bewußtsein: das bin ich ja selbst! Ich sprang auf, von dem einen Wunsch beseelt, den Mann einzuholen. Schon bog er um die Ecke einer Gasse und war meinen Blikken entschwunden. Ich raste dem Mann nach, holte ihn ein.

schien ihn zu fassen — und das Ganze löste sich auf. Wie, kann ich nicht erklären. Auch meine Schmerzen, von denen ich während dieses Vorgangs befreit gewesen war, kehrten zurück.“ [14]

Es liegt nahe, das Erlebnis als Halluzination zu verstehen, die durch die überaus starken Schmerzen des Kranken ausgelöst wurde. Ein weiteres Beispiel, bei dem kein leiblicher Schmerz als Auslösefaktor in Frage kommt:
Ich lag nachts im Bett. Hellwach. Mit einmal zieht ein Strom langsam von meinen Füßen her durch meinen Körper. Aus dem Scheitel heraus hebe ich mich als vom Leibe getrennte Gestalt. Ich stehe am Kopfende des Bettes, sehe meinen Körper trotz der Dunkelheit wie in einem Dämmerlicht unter mir liegen; aber meine zweite Gestalt, die jetzt mein Bewußtsein birgt, sehe ich nicht. Ich empfinde sie nur deutlich als überlebensgroß. Plötzlich habe ich den Eindruck, nach oben fortgerissen zu werden. Angst überfällt mich und das Gefühl trostlosen Alleinseins. Ich spreche rasch wie von selbst ein mir vertrautes Stoßgebet, wiederhole es mit gesteigerter Eindringlichkeit, immer wieder. Da weicht die Angst! Eine tiefe Ruhe mich erfüllt. Ich habe das Empfinden, vor der Tür zu einem glänzenden Licht zu stehen. Aber ich wage nicht, diese vermeintliche Tür zu öffnen — und befinde mich gleich darauf wieder in meinem natürlichen Körper.“ [15]

Daß das Doppelgänger-Phänomen zur Rettung dienen darf, beweisen mehrere Beispiele. Eins der schönsten folge hier:
„Als sich der Münchener Kunsthändler Dr. Friedländer seinem Haus am Rande des Englischen Gartens näherte, sah er sich selbst als Doppelgänger zehn Schritte voraus gehen ... Als er nun den Mann, der ihm aufs Haar glich, sah, ging er ihm nach, entschlossen, der Sache auf den Grund zu gehen. Eine Augentäuschung schien ihm unmöglich. Aber dann zögerte Dr. F. Der andere ging auf sein Haus zu, er stieg die Stufen hinauf, griff in die Tasche, holte seinen Hausschlüssel hervor — mit den gleichen, für ihn typischen Bewegungen.

Er war jetzt nur zwei Schritte neben ihm. Der andre schloß die Tür auf. Und ehe er ins Haus trat, sah Dr. F. das Gesicht — es war sein eigenes. Für eine Sekunde starrte er es an, als blickte er in einen Spiegel. Dann wandte der andre sich ab, verschwand ins Haus. Die Tür fiel hinter ihm ins Schloß.
Dr. F. ging tief betroffen zu einem Freund und erzählte ihm den Vorfall, blieb bei diesem auch über Nacht, um am nächsten Morgen mit ihm in sein Haus zurückzukehren. Beide fanden nichts. Alles war unverändert, nirgends ein Zeichen, daß jemand das Haus inzwischen betreten hätte. Bis sie in das Schlafzimmer kamen. Da sahen sie es: ein Teil der hohen Stuckdecke hatte sich gelöst und war heruntergebrochen und zusammen mit schwerem Mauerwerk auf das Bett gestürzt. — Hätte Dr. F. dort geschlafen, wäre er schwer verletzt oder getötet worden. Das seltsame unerklärliche ‚Bild' des Doppelgängers hatte ihm vielleicht das Leben gerettet." [16]
So kann auch das Doppelgänger-Phänomen zu den „dienstbaren Geistern" gehören, von denen die Bibel spricht, wenn es darum geht, Menschen zu retten. Im Blick auf die Engel wird dort die Frage gestellt: „Sind sie nicht allzumal dienstbare Geister, ausgesandt zum Dienst um derer willen, die das Heil ererben sollen?" (Hebr. 1,14).
Die Bibel berichtet eine Bilokation des Philippus, indem sie diese als unmittelbare Gottestat darstellt (Ap. Gesch. 8,39).

4. *Möglichkeiten und Grenzen des Spiritismus*

Der Spiritismus geht von der Arbeitshypothese aus, es sei möglich, mittels medial begabter und geschulter Personen experimentell mit Verstorbenen in einen Kontakt zu kommen, sei es nur durch Worte, die durch das Medium (die „vermittelnde" Person) verlautbart werden, oder durch energetische Wirkungen oder durch Erscheinungen von Toten, sog. Materialisation von Körperteilen oder ganzen Gestalten. Dies scheint außer Zweifel, weil durch viele Zeugen bekräftigt, daß z.B. in Anwesenheit des dänischen Mediums Einar Nielsen sich

Verstorbene kurzfristig wieder verleiblicht haben (A. Böhm, „Mein Bruder Gerd“ Garmisch-Partenkirchen 1963). Die Spiritisten sind daher der Überzeugung, die Einbruchstelle in ein geahntes Jenseits, von dessen Wirklichkeit bekanntlich alle Religionen der Welt wissen, gefunden zu haben. Diese Bemühung kann geradezu religiöse Formen annehmen und ausprägen. Bei spiritistischen Sitzungen werden solche gebraucht, etwa Gebetsformen, Anrufungen, Schweige-Übungen. Es ist nicht zu bestreiten, daß hierbei ein tiefes, ernst zu nehmendes Streben nach religiös unmittelbar erfahrbarer Wirklichkeit, nach einem Überspringen der Dreidimensionalität unserer Welt gesucht wird.

Nach neuesten Statistiken der Fachwelt schätzt man den immer mehr wachsenden Umfang spiritistischer Tätigkeit auf rund 120 Millionen Menschen, darunter allein in Brasilien mindestens 20 Millionen. Dort ist der Spiritismus seit einigen Jahrzehnten geradezu zu einer neuen Volksreligion geworden, nicht nur neben, sondern auch innerhalb des dort vorherrschenden Katholizismus. Die größte, öffentlich arbeitende Gruppierung stellen die „Umbandisten“. In Europa gibt es die meisten Spiritisten in England, dem eigentlichen Mutterland des Spiritismus. In Westdeutschland wird ihre Zahl auf eine Million geschätzt. „Es gibt gegenwärtig geradezu eine Aussteiger-Bewegung, die weg von den Drogen zu Jenseitserlebnissen flüchtet“ (Prof. D. Dr. Andreas Resch, Innsbruck 1986).

Spiritisten treffen sich immer in kleinen Zirkeln ausgewählter Personen, sie scheuen das Licht der Öffentlichkeit. Ihre Anhänger stammen aus der Schicht des Bürgertums der Städte und Großstädte, wobei die Bildungsgrade keine Rolle spielen.[17]

Es werden verschiedene Methoden angewandt. Kommt z.B. das Tischrücken in einem Kreis zustande, so nimmt man an, daß eine jenseitige menschliche Energie sich durch Klopfzeichen oder Hochschweben des Tisches als anwesend kundgibt. Beim Glasrücken wird ein Likörgläschen auf einer Tischplatte

durch zwei Teilnehmer auf Buchstaben zubewegt, die am Rand der Platte eingetragen sind. Die Führung des Gläschens, so ist man überzeugt, geschieht durch einen jenseitigen anwesenden Geist, der die Muskelbewegungen von Buchstabe zu Buchstabe buchstäblich „impulsiv“ leitet. Man setzt aus den Buchstaben Wörter und Sätze zusammen — Antwort auf Fragen, die eingangs dem Geist gestellt wurden.
Beim medialen Schreiben wird eine Person in Tiefschlaf versetzt. Was sie während dessen niederschreibt, gilt als Botschaft von Drüben. Ebenso wird das mediale Sprechen als Antwort auf Fragen der Zirkelteilnehmer verstanden.
Beim Pendeln beobachtet man die kleinsten Pendelausschläge in Richtung auf ein Alphabet, das in Kreisform rings um den Pendelmittelpunkt auf einer Platte aufgeschrieben ist.

Die Krönung dieser Versuche ist aber das wirkliche Erscheinen von Toten, sei es als Körperteil (Kopf, Arm) oder in ganzer Figur. Man nennt das „Phantom“, was auf das schnelle Kommen und ebenso schnelle Verschwinden hindeutet.
Das Urteil über den Spiritismus ist schwierig, weil nur eigene Erfahrung und beileibe nicht die Lektüre spritistischer Schriften, oft unseriöser Herkunft, ein Urteil erlaubt. Weil sich hier zwielichtige Figuren, weltanschauliche Scharlatanerie bis hin zu plumpen Betrugsversuchen je und je in wirrem Durcheinander getummelt haben, ist der Spiritismus jahrzehntelang in Verruf gekommen. Er wird von der heutigen ernsthaften PSI-Forschung noch immer abgewiesen, weil sie Arbeitshypothesen in reichen Variationen bereit hält, die diesen ganzen vermeintlichen Erfahrungskomplex zurückweisen auf innerpsychische Vorgänge, auf psychokinetische, telepathische oder psychopathologische Ursachen (Hans Bender u.v.a.).
Vom christlichen Glauben aus wird man sich immerhin erinnern, daß Wiederverleiblichung biblisch dreimal bezeugt wird, einmal, als Mose und Elia auf dem Berg der Verklärung erscheinen (Matth. 17,1-8), sodann beim Tode Christi, als Verstorbene in den Gassen Jerusalems gesehen wurden (Matth.

27,52 f.) und in der Auferstehung Christi selbst (Matth. 28 u.a.). Der entscheidende Unterschied zur medialen Praktik der Spiritisten ist jedoch der: hier geschehen außerordentliche Taten Gottes binnen der eigentlichen Heilsgeschichte, die Gott durch Jesus Christus bis zum Ziel und Ende führen wird. Hier werden nicht Medien bemüht. Hier werden spontane Widerfahrnisse der damaligen Augenzeugen berichtet in jenem „biblischen Realismus“ (*Adolf Köberle*), den wir Heutigen uns kaum mehr zutrauen. Hier wird die neue Leiblichkeit bezeugt, der wir alle entgegen gehen und die um ein Unendliches die Körperlichkeit überragt, die bei den sog. Materialisationen bisher zutage kam.

Einwände gegen den Spiritismus haben sich immer aus dem Verdacht des abgekarteten Betrugs, des schnöden Geldgeschäfts oder der platten Sensationshascherei ergeben. Unser Glaube braucht ein tragfähigeres, ein granitenes Fundament; das ist in diesen Erlebnisformen nicht zu finden, sondern ausschließlich in Wort und Sakrament Christi.
Es ist ferner zu beobachten, daß die jeweilige Ausprägung spiritistischer Phänomene ein Herkunftsverhältnis zu derjenigen Religion hat, in deren Umkreis die Zirkelteilnehmer leben. Warum erscheinen z.B. die sog. „Armen Seelen“ immer nur Katholiken? Aus solchen Einsichten ergibt sich der Verdacht, die Materialisationen seien eben doch nur Impressionen, Reflexe aus dem religiösen Urgrund, aus dem Überlieferungsvorrat der Experimentierer. Und weiter: spricht man in den Kreisen der Spiritisten vom Jenseits, so ist damit noch bei weitem nicht das Jenseits gemeint, das durch die Zeugnisse Jesu Christi einen einzigartigen religiös und prophetisch gefüllten Inhalt bekommen hat. Es ist vielmehr zu erkennen, daß die Spiritisten immer wieder trotz heißen Bemühens noch vor den verschlossenen Pforten des echten Jenseits stehen, ohne echte Transzendenz zu erreichen.

Manche der Materialisationen zeigen auch schwere körperliche Defekte, die mit der Leiblichkeit der kommenden Gotteswelt nichts zu tun haben.
Ob die spiritistische Praktik mit schweren seelischen Schäden (Schwermut, Wahnsinn, Depersonalisation, Selbstmord) allzu teuer bezahlt wird, kann man zwar als Behauptung und Warnung immer wieder hören und lesen — aber um Beweise sei hier gebeten. Die alttestamentliche Warnung ist bekannt (1 Sam. 28 u.a.); sie hat dort ihren religiösen Stachel in der Kampfstellung des Judentums gegen die heidnischen religiösen Praktiken der umliegenden Völker.

Näheres in meinem Buch „Spiritismus" 3. Aufl. 1987, 92 S. geb., Quell-Verlag Stuttgart.

VI

FERNWIRKUNGEN

Die außersinnlichen Erfahrungen sind sehr vielgestaltig. Außersinnliches Hören kann in Schauen, Schauen in Spuk übergehen. Wir sahen schon, wie nahe die Felder der Gedankenübertragung, der Eingebung, der bösen und warnenden Ahnung, der Todesahnung beieinanderliegen. Wahrträume können in Hellsicht übergehen. Durchblicke durch die irdische Welt können sich in die jenseitige himmlische Welt, Blicke in die Vergangenheit können sich in Gegenwart und Zukunft hinein erstrecken.

Aus dieser Not des Sonderns und Sichtens heraus hat Hans Martensen-Larsen, Dompropst in Roskilde, Dänemark (1867—1925), den Hilfsbegriff der „Gemischten Phänomene" gebildet. Wenn wir den hier darzustellenden Erfahrungsbereich mit dem Kennwort „Fernwirkungen" andeutend umschreiben, so geschieht das durchaus in der Einsicht, daß auch die hier zu sammelnden Erlebnisse ineinander übergehen.

Gemeinsam ist ihnen jeweils die spielende Überbrückung von Raum und Zeit. Was sich hören ließ, was gefühlt wurde, was sich von einem Standort aus wegbewegte, was eine Kraftwirkung auslöste — all das hier zu bezeugende Erfahrungsgut bestärkt uns in der Gewißheit: dicht um uns her, unmittelbar durch unsre Welt der Gegenständlichkeit, der mechanischen und physikalischen Naturgesetze, unmittelbar neben der Welt des Zählbaren und Meßbaren in Raum und Zeit, in Länge, Höhe, Breite und Raumtiefe ist jene andere Dimension da, die viel „realer" ist, als wir zumeist glauben. Wir werden einer tieferen Daseinsschicht inne, der wir, wenn auch zögernd, ein eigenes Leben zuerkennen müssen.

Sie umschließt unsere gegenständliche äußere Welt in einer nicht auszuklammernden Weise, so daß diese Gegenstandswelt innerhalb von Raum und Zeit nur mehr als ein harmloser, letztlich unbedeutender Ausläufer der unsichtbaren Welt erscheint, als ein Aus-Läufer, der ganz wörtlich seine Strecke einmal ausgelaufen haben wird, wenn Gott aus Seiner unsichtbaren Welt eingreifend alles in allem vollendet.

1. *Fernhören*

Werden über kleinere oder größere Strecken hinweg ein Laut, ein Wort, ganze Sätze hörbar, also unter Ausschluß aller normalen Hörmöglichkeiten von Ohr zu Ohr, so stammen solche typisch außersinnlichen Erfahrungen fast immer aus einer besonderen Gefahr, meist einer Lebensbedrohung des „Senders“, aus der heraus es ihm im letzten Augenblick noch möglich war, vergleichbar dem sich öffnenden Ventil eines druckgeladenen Kessels, sich einem fernen „Empfänger“ kundzugeben.

Herr G. W. aus F. übernachtete in U. Er bat vor dem Schlafengehen seine Hauswirtin, ihn zu wecken, falls er das Rasseln des Weckers überhören sollte, da er sehr früh weiterfahren müsse. In der Nacht erwachte G. W., weil er laut seinen Namen rufen hörte. Der Ruf wiederholte sich noch einmal. Er stand sogleich auf in der Meinung, seine Hauswirtin habe gerufen, bemerkte aber alsbald, daß es noch viel zu früh zum Wecken war. Am Morgen ergab sich, daß die Frau überhaupt nicht gerufen hatte. G. W. merkte sich genau Tag und Stunde; nach Wochen schrieben ihm seine Eltern, sein ältester Bruder sei in jener Nacht ums Leben gekommen.

Stärker, nämlich dreimal im Verlauf einer Herbstnacht zwischen Mitternacht und Morgengrauen, erlebten den lauten Ruf ihres Sohnes gleichzeitig Vater und Mutter G. und L. H. in S. Der Ruf des Sohnes F. kam dreimal wie von außerhalb des Hauses durch das offene Fenster und weckte die schon Schlafenden. Beide Eltern waren keine Sekunde im Zweifel, welcher ihrer drei Söhne gerufen hatte. Dreimal suchten sie umsonst das Haus, Garten und Straße ab. Es war die Sterbestunde des Sohnes F., der von seinen Eltern mehrere tausend Kilometer entfernt war (1944).

Mögen solche Erlebnisse wenigstens nach der menschlich-seelischen Seite hin „begreiflich" scheinen, so reizt das nächste Beispiel zum offenen Widerspruch all unserer Verstandeskräfte; geradezu unsinnig mutet es an.

In einem Forsthaus lebte eine Förstersgattin, die ein immer kränkelndes Kind ihrer Freundin zu sich genommen hatte, da auch die Mutter des Kindes oft krank war. Das Kind wurde immer schwächer, so daß der hinzugezogene Arzt mit seinem baldigen Sterben rechnete. Die Frau, die das Kind bis zum Tode zu pflegen entschlossen war, stand nun einige Tage in schwerem inneren Ringen. Sollte sie die Lebensgefahr des Kindes der Mutter mitteilen, wo sie doch wußte, daß gleichzeitig auch diese wieder ernster erkrankt darniederlag? Sollte sie ihr diese Aufregung ersparen, da ja ein Wiedersehen zwischen Mutter und Kind unmöglich geworden war? Sollte sie auf ein Wunder der Genesung warten, das vielleicht noch der Mutter oder dem Kinde zuteil werden könnte? Sollte sie erst nach dem Tod des Kindes die Mutter anrufen?

So ging sie eines Tages zweifelnd und bedrängt vor ihrem Fernsprecher hin und her, neben sich das sterbende Kind. Aber sie fürchtete sich, anzurufen. In diesen Augenblicken aber wird bei ihr angerufen! Die ferne Mutter des Kindes läßt sich vernehmen und fragt höchst erregt an, ob ihr Kind wirklich im Sterben liege — es hätte soeben bei ihr geläutet und sie hätte diese Nachricht im Fernsprecher gehört! — Die Untersuchungen ergaben, daß weit und breit niemand (auch nicht der Arzt) angerufen hatte.

Herr O. S. in K. arbeitete im November 1939 an der Abrechnung der Kasse für die Staatsbahnverwaltung in R. Es wurde dabei späte Nacht. Plötzlich hörte er in seinem Dienstzimmer ein lautes Geräusch, wie der Schuß aus einer Pistole. Zwei Beamte stürzten sofort aus dem Nebenzimmer herbei und fragten, was vorgefallen sei. Es war genau 2.15 Uhr. Alles aber war wieder still, nichts Auffälliges zu sehen noch zu hören. Als O. S. das Gebäude verließ, wurde er an den Fernsprecher gerufen. Der leitende Arzt des Krankenhauses sagte ihm, sein Vater sei heute Nacht 2.15 Uhr unerwartet gestorben.

Noch unbegreiflicher aber ist die Übernahme eines Gesprächs durch eine Frau, die mehrere Meilen von den Sprechenden entfernt war. Dr. Laurence Bendit erzählte von einer Frau, die eine Unterhaltung mit angehört hatte, die sich zwischen Dr. Bendit und seinen Freunden bei einer Mahlzeit eine Stunde vorher und mehrere Meilen entfernt abwickelte. Die Frau hatte auf übernormalem Wege die Unterhaltung „gehört". [1]

Wie sehr solches Fernhören jeder räumlichen und zeitlichen Entfernung spottet, berichtet *H. Martensen-Larsen:*

„Nach unbezweifelbaren Aussagen sind in Europa Todesrufe aus Westindien sowohl als vom Kongo gehört worden. In zweien dieser Fälle sind es Söhne, die nach ihrer Mutter riefen. Aber Familienbande sind dabei nicht unerläßlich. [2]

Auch gemeinsame Interessen an wissenschaftlichen Aufgaben und die darauf begründete Freundschaft können den nötigen Rapport herstellen.

Der bekannte Assyriologe Prof. Dr. Fr. Delitzsch hatte am 19. August 1876 um 6 Uhr abends dies merkwürdige Erlebnis: Er war zu Besuch in London, und kam an dem Haus vorbei, in dem sein Freund George Smith, der bekannte englische Keilschriftendeuter, seine Wohnung hatte. Da hörte er plötzlich seinen Namen mit einer so durchdringenden Stimme rufen, daß es ihm durch Mark und Bein ging. Später stellte sich heraus, daß dieses gerade zu der Stunde geschah, als George Smith, sein guter Freund und Mitarbeiter, in Aleppo in Syrien verstorben war.

2. *Konstantin Raudive und Friedrich Jürgenson*

Der aus Lettland stammende schwedische Staatsbürger Dr. Konstantin Raudive, zuletzt in Bad Krozingen wohnhaft, wo er im Jahr 1974 verstarb, hat im Lauf der letzten Jahre nach eigener Angabe rund achtzigtausend Tonband-Einspielungen vorgenommen in der Überzeugung, daß jenseitige Wesen als wirklich lebendige Wesenheiten ihre An-Wesenheit stimmlich auf leeren Tonbändern dokumentiert hätten. Somit sei „die Brücke zum Jenseits" geschaffen. Damit ist der alte Streit zwischen animistischer und spiritistischer Deutung neu brisant geworden. *Hans Bender* sieht in diesen Tonbandstimmen bestenfalls „Sprachrohre des Unbewußten", also Spiegelungen der Seele Raudives, die sich in psychokinetischen Übertragungsvorgängen deuten lassen. Die Parapsychologen sind immer grenzenlos bereitwillig, der Seele alles zuzutrauen wenn sie dabei nur immer auf dem Boden der Immanenz bleiben können.

Der schweizerische kath. Pfarrer *L. Schmid* in Öschgen hat zehntausend Stimmen aus dem Jenseits aufgenommen in der Überzeugung, daß hier allein die spiritistische Deutung zuständig sei: „Unsere Kirche hat seit jeher das Weiterleben nach dem Tod gelehrt. Uns kann das Ergebnis solcher Untersuchungen nicht überraschen". Wenn Raudive Tote anredet, fragt, so kommen aus dem Tonband Worte, Satzgefüge oder wenigstens Satzbrüche heraus; aber die entscheidende Frage bleibt dabei jeweils offen: ist die Identität der Personen, die da sprachen, gesichert? „Kann sie überhaupt gesichert werden wenn wir doch keinen Kontrollpunkt im Jenseits haben?", wie *Andreas Resch* einwandte. Die Inhalte der Stimmen sind meist verblüffend banal. Von Weiterentwicklung der Seele, „Läuterung" und dergleichen ist keine Spur zu finden. Immerhin ist beachtlich, daß katholische Theologen wie Prof. Gebhard Frei und Karl Pfleger dem Tonbandphänomen Raudives zugestimmt haben. [3]

In seinen letzten Lebensmonaten beschäftigte sich Raudive noch mit dem Phänomen der paranormalen Vogelstimmen: mehrere Wellensittiche in weit getrennten Häusern sollen telepathisch oder präkognitiv begabt, Wörter gesprochen haben, die ihnen niemand beibrachte, z.B. „Dilemma", „tacet", „Pascal". Raudive nahm an, daß um solche Vögel ein uns unbekanntes Energiefeld bestehe, wobei lebende oder verstorbene Personen als Eingeber, als Energiespender zu vermuten seien. Oder sollte wieder einmal die Vogel-Seele kraft genialer Begabung Medium des Unbewußten sein? Dann gehört auch diese Spielart von PSI in den Bereich der Psychokinese.[4,5]

Früher als Raudive hat der schwedische Ingenieur Friedrich Jürgenson Tonbandstimmen aufgenommen und seine Erfahrungen im Fernsehen in Gegenwart kritisch-wissenschaftlicher Prüfer (Hans Bender und seine Mitarbeiter) der Öffentlichkeit vorgeführt (10. 11. 1974). Man hörte, gestört durch nicht ausscheidbare starke wirre Geräusche, einige kümmerliche Worte. Selbst wenn man wohlwollend echte paranormale Einspielungen annimmt, war der Vorgang keineswegs überzeugend. Der Mangel ist auch hier, wie so oft, daß die vorgeblich Jenseitigen ihre Identität verweigern, wenn man sie genau nach Namen und Lebensumständen hier und dort fragt. Aber der Ansatz *Jürgensons* ist zweifellos richtig: „Es gibt nichts Unnatürliches und nichts Übernatürliches, sondern nur Unerforschtes." Der Animist kann nur folgern: der Experimentierer ist unbewußt ein Medium; daher kann er aus dem Unbewußten heraus Schall-Ereignisse auf das Tonband hin produzieren.

Eine religiöse Wertung ist kaum noch möglich. Sie kann sich nur ganz in Randbezirken theologischer Aussagen bewegen und etwa so vorsichtig formulieren wie *Andreas Resch:* „Von der Theologie her ist es so, daß Gott und Geistwesen eingreifen können."[6] Die Allmacht, Allgegenwart und Allweisheit des unergründlichen Gottes kann sich auch — wer wollte es

IHM verwehren? — in solchen Äußerungen von PSI dartun, nicht weniger als in den Wundern des Atoms und des Weltalls. Wenn der Allmächtige das Körperchen des Wellensittichs so wunderbar gebaut, daß es „unter allen Lebewesen ein einzigartiges Stimm-Organ, den Syrinx, eine aus dem oberen Teil der beiden Bronchien konstruierte Art einer Doppelflöte“ mitbekommen hat, so ist auch das Wunder der Wortfähigkeit und damit der Stimm-Fernübertragung nicht mehr ganz abweisbar. [7]

3. *Fernfühlen*

Missionare und Weltreisende stimmen darin überein, daß bei einfachen Buschleuten, etwa in der Kalahari Südafrikas, Fähigkeiten beobachtet werden, für die wir Abendländer, wir an Europas übertünchter Schnell- und Vielwisserei kränkelnden Menschen, keinerlei Verständnis mehr haben.

Aus dem Jahre 1927 ist solch ein Beispiel unfaßlichen Fernfühlens unter Ausschluß der normalen menschlichen Sinne beglaubigt, das ein Führer der Buschmänner, der auch als echter Zauberer ungeheures Ansehen seines Stammes besaß, mehrfach an den Tag legte:

„Wir Schutztruppleute waren im Haicum-Felde in schwere Bedrängnis geraten: Unser Proviant ging zu Ende, die melonenartigen Tschammas waren abgeweidet. So blieben uns nur noch auf kurze Zeit unsere eisernen Rationen.

Mit uns zog Aucuib, der wegen seiner Geheimnisse, Gifte und Kenntnisse weitgefürchtete Medizinmann der Haicum- Leute, uralt, ein richtiger Patriarch. Trotz unserer Maschinengewehre behandelte er uns zuweilen mit herablassender Geringschätzung. Er durchschaute natürlich unsere Fleischnot.

So war es wie Hohn, als er uns sagte: ganz in der Nähe sei Fleisch. Wir hatten aber seit Tagen nicht die geringste Zwergantilope erlegt! So baten wir ihn, uns auf die Spur zu bringen, Fleisch zu finden. Er gab zurück, er werde heute nacht

noch einen großen Elandsbullen, genug Fleisch für uns alle, erlegen. Wir sollten nur unsere Tiere bereithalten und marschfertig bleiben.
Wir beobachteten im Mondlicht des gleichen Abends, wie Aucuib im Kreise seiner Leute rätselhafte Zeichen machte, bald tanzende, bald betend anmutende Bewegungen. Plötzlich blieb er wie versteinert stehen, während seine Leute in ein grelles Pfeifen ausbrachen. Sofort griff Aucuib nach seinem Schießzeug, das vor ihm auf dem Boden lag und sandte einen Pfeil hoch in die Luft, weit über Busch und Baum hinaus gegen Norden. Dann stand er wieder wie versteinert, das Singen flaute ab. Sofort brach seine Gefolgschaft auf, um ihm, der uns zuwinkte, indem er rasch ausschritt, zu folgen.
Unsere Nerven waren aufs äußerste gespannt. Wir hatten in zwei Stunden 12 km gemacht, so unermüdlich ging es vorwärts, ihm nach. Plötzlich hieß es: „Halt!" — Nie sah ich ein schauerlicheres Gesicht als das Aucuibs, fast weiß in seiner Ekstase. Mit einem Kopfnicken wies er in die Richtung eines Busches, den wir erst jetzt bemerkten. Dort erkannten wir einen unförmigen Klumpen, einen schweren Elandsbullen, einen Einzelgänger, wie die Spur am nächsten Tage einwandfrei bewies.
Aucuib beobachtete gelassen-spöttisch unser Entsetzen und Staunen, trat auf den Bullen zu und schnitt ein kreisrundes Fleckchen Fleisch und Fell heraus. An der Wärme des Wildes konnten wir die Zeit seines Todes ziemlich genau abschätzen. Es konnte höchstens zwei Stunden gelegen haben!
Wir beschenkten Aucuib reich. Unser Führer, der sich gegen jeden Schwindel sichern wollte, ließ durch einen Reiter mit einem Eingeborenen die Spur des Tieres verfolgen. Auch das ergab keine Anhaltspunkte zur Klärung des mysteriösen Falles." [8]

Ein doppeltes Fernfühlen ereignete sich bei zwei Geschwistern, die in zwei verschiedenen Städten lebten, in St. und B. Eines Nachts weckte Frau K. ihren Gatten und sagte ihm, es

müsse irgendwo brennen, sie fühle es deutlich. Aber weder im Haus noch in der Stadt geschah ein Brandfall.
Anderntags teilte sie jenen Argwohn brieflich ihrer Schwester in B. mit. Dieser Brief kreuzte sich mit einem solchen eben jener Schwester, die bei ihr anfragte, ob etwas passiert sei; denn sie sei in der letzten Nacht so unruhig gewesen. Tatsache aber war, daß in dieser Nacht das Elternhaus der beiden Schwestern in ihrer Heimatstadt H. durch einen Hausbrand in nächster Nachbarschaft sehr gefährdet war, ohne aber selbst dem Brand zum Opfer zu fallen. Beide Schwestern konnten davon nicht die geringste Ahnung haben.

Herr J. M., der seine Tochter M. seit 15 Jahren nicht mehr gesehen hatte, erwachte eines Nachts plötzlich und fühlte ohne jedes vorhergehende Anzeichen den inneren Drang, sogleich für diese eine unter seinen mehreren Töchtern zu beten. Immer wieder formt sich wie von selbst das Stoßgebet auf seinen Lippen: „Herr, nimm sie oder gib sie mir!" Am Morgen kam ein Telegramm und meldete, daß jene Tochter an Kopftyphus schwer erkrankt sei. Beide Eltern reisten unverzüglich an ihr Sterbelager.

Aber nicht nur zwischen Mensch und Mensch, sondern auch zwischen Mensch und Tier kann diese Fühlkraft wie ein innerlich gestauter Strom aufbrechen.
Herr G. L. in W. war mit seinem Hunde besonders innig verbunden. In jedem Brief fragte er nach ihm, als er tausende Kilometer von seiner Heimat entfernt war. Eines Nachts um 1 Uhr brach der Hund in ein jammervolles Klagen und lautes Heulen aus, das durch niemanden und durch nichts besänftigt werden konnte. Man suchte das Haus und die Umgebung gründlich ab, fand aber nichts. Wie sich später klar nachprüfen ließ, war diese Stunde die letzte, die seinem geliebten Herrn auf Erden gegönnt war.

Hier sei nochmals an den Wiener Rafael Schermann erinnert. Schermann hatte von Kind auf das eigenartige Bedürfnis, aus dem Papierkorb seiner Eltern Handgeschriebenes herauszuholen und sich über die gefundenen Handschriften seine Gedanken zu machen. Er hat nie „Okkultismus“ studiert, sich nie mediale Techniken später angeeignet, noch ist er Mitglied eines spiritistischen Kreises. Aber die Handschrift der Menschen „spricht“ zu ihm in einzigartiger Weise. Er kann nach kurzem Blick auf eine Handschriftprobe geistige und seelische Eigenschaften sowie Merkmale des Körperbaus beschreiben und zwar von Personen, die ihm völlig unbekannt sind. Bei Schermann geht das Fernfühlen über in Hellsehen in bezug auf Vergangenes, Gegenwärtiges und Zukünftiges. Er „sieht“ sogar erkrankte Organe der Schreibenden, er erkennt die Berufe, er zeichnete einmal Juwelen auf, die sich im Besitz einer Schreiberin befanden.

4. *Fernbewegungen (Telekinese)*

Unter Fernbewegung versteht man die Veränderung eines Gegenstandes, der sich selbst, unter einwandfreiem Ausschluß normaler physikalischer Gesetze, ohne sichtliche Ursache von einem Standort fortbewegt, so daß das Gesetz der Schwerkraft aufgehoben wird. Es ist, als ob ein Mensch, meist wieder im Augenblick höchster Gefahr, eine allerletzte seelische Energie darauf verwenden könne, an beliebigem Ort etwas zu verändern, was die Nachlebenden an ihn erinnert. Dabei sei das Wort „Energie“ aber nicht physikalisch-mechanisch verstanden, sondern nur als behelfsmäßiger Ausdruck für den Bereich der außersinnlichen Erfahrung und Beeinflussung.
So ist vielfach bezeugt, daß im Sterbeaugenblick eines Menschen in einem oder mehreren Zimmern Uhren stehenbleiben, die keine sichtbare Hand zu diesem Zweck berührt haben kann; daß Glocken anschlagen, die niemand sichtbar geläutet hat; daß Türen aufgehen, die niemand aufklinkte; daß Bilder von den Wänden fallen, Haken sich ohne denkbare

Verursachung lösen und irgend etwas Hängendes stürzen lassen. Solche Veränderungen, die wir uns behelfsweise als ferngesteuerte Auslösungen vorstellen mögen, werden uns beim Spuk nochmals begegnen.

Eine besonders eindrucksvolle Fernbewegung wurde aus dem Zweiten Weltkrieg berichtet.

Zu Anfang des Zweiten Weltkrieges ging ein Bildhauer in München eines Tages über einen öffentlichen Platz. Dabei fiel ihm ein junger Mann von so ungewöhnlich edlem Körperwuchs auf, daß er ihm einige Schritte nachging, ihn alsdann einholte, ansprach und bat, er möge ihm in seinem Atelier als Modell dienen. Der junge Mann sagte zu. Bald wurden die beiden Männer Freunde, und die plastische Arbeit gelang dem Künstler so, daß er sie zu seinen besten Arbeiten zählte. Der Kriegsausbruch rief den jungen Mann sofort unter die Waffen.

Eine Zeitlang kamen fröhliche Briefe ins Atelier. Kriegsauszeichnungen fielen ihm zu. Dann war auf einmal die schwarze Wand des Schweigens zwischen ihm und dem Künstlerehepaar.

Eines Tages fiel es dem Bildhauer wohl auf, daß sich in der Tonmasse am Hals- und Nackenansatz etliche seltsame Risse gebildet hatten. Aber er maß ihnen zunächst keine besondere Bedeutung bei. Wie erschrak er jedoch, als er schon am folgenden Morgen, da er das Atelier betrat, den Kopf seines „Jünglings" auf dem Boden liegend vorfand. Er war abgesprungen. Der Bildhauer verständigte hiervon auf der Stelle seine Frau. Diese kam herbei, sah den Schaden und war, sogleich fassungslos weinend, auf keine Weise mehr zu trösten. Zwei Wochen später erhielt der Bildhauer ein ärmliches Päckchen ins Haus gesandt: die geringen Habseligkeiten und das Tagebuch des Soldaten mit allerlei Aufzeichnungen und Versen, und zwar nach dem letzten Willen des Toten. Damit zugleich die Mitteilung, daß der Jüngling genau an jenem Tage, da sich in der Plastik die geheimnisvollen Risse ge-

zeigt hatten, gefallen sei. Damit wußte der Bildhauer alles. Auch, was er und sein Haus dem Toten bedeutet hatten. [9]

Ebenso eindrucksvoll ist ein Bericht, den der Geistliche Rat und Studienprofessor P.G. in G./D. veröffentlicht hat: „Mein Neffe hatte als Schreinerlehrling eine Engelsfigur, die neben dem Tabernakel auf dem Altar aufgestellt war, in der Werkstätte auszubessern. Die Figur war etwas schadhaft geworden. Im Jahre 1939 aber mußte mein Neffe Joseph einrücken. Am 6. September 1943 (dem Tag nach dem Schutzengelsonntag) geschah etwas Merkwürdiges. Am Schutzengelsonntag hatte ich in jener Kirche den Gottesdienst gehalten und dabei meinen Neffen wie seine fünf Brüder, die alle im Feld standen, dem Schutz des Engels empfohlen. An jenem Montag, also tags darauf, sah der Mesner die Figur jenes von Joseph ausgebesserten Engels vor den Kommunion-Schranken auf dem Boden liegen. Die linke Hand war ihr abgeschlagen, und zwar am Gelenk, während an der rechten Hand Daumen und Zeigefinger unverletzt geblieben, aber die übrigen drei Finger schwer beschädigt waren.

Der Engel mußte von seinem herkömmlichen Standplatz auf dem Altar über Blumen und Kerzen hinweg etwa vier Meter von einer geheimnisvollen Kraft getragen worden sein, ohne an Blumen oder Kerzen irgendeine Unordnung hinterlassen zu haben.

Der Mesner beobachtete weiter, daß die hoch oben an der Altarrückwand angebrachte Dreifaltigkeitstafel herabgefallen war. Unerklärlich aber blieb jener Zusammenhang der beiden Vorkommnisse.

Ich fand alles in der Kirche so, wie der Mesner mir berichtet hatte. Am meisten verwunderte mich, daß das etwa aus 5 Meter Höhe herabgestürzte Dreifaltigkeitsbild völlig unversehrt war. Der Haken des Bildes war fest und auch der Hängering des Bildes unversehrt. Montagmorgen waren diese Beobachtungen gemacht worden; Sonntag nachmittags war die Kirche noch in bester Ordnung, wie ich selbst gesehen hatte.

In der gleichen Stunde, da ich diese Erwägungen anstellte, lag mein Neffe Joseph in einem Kriegslazarett zu L. in Rußland. Tags zuvor war er schwer verwundet und ins Lazarett eingeliefert worden. Das war Sonntag abends.
Bei einer Fahrt zur Front wurde er am Sonntag, den 5.9.1943, plötzlich von einem Fliegerangriff überrascht. Trotz einiger Deckung trafen ihn Splitter. Noch in gleicher Nacht mußte die linke Hand abgenommen werden, und zwar am Handgelenk. An der rechten Hand waren nur Daumen und Zeigefinger unverletzt, die übrigen Finger am Mittelgelenk aber abgeschlagen. Erst nach Wochen erfuhren wir dies harte Schicksal. Seine Verletzungen entsprachen also genau denen seines Engels. [10]

5. *Fernwirkungen*

Wir haben bisher den Begriff der „Kraft" oder der „Kräfte" ins Feld führen müssen, ebenso die Vorstellung einer „Macht" oder von „Mächten", ohne daß wir des Näheren klären konnten, wo denn diese Kräfte und Mächte beheimatet und welcher Natur sie eigentlich seien. Wo uns die Sprache der Physik, der Psychologie ebenso wie der Philosophie im Stich lassen muß, bleibt uns immer nur die Sprache des Glaubens. Er allein zeigt in der Gewißheit eines all-mächtigen, allkräftigen, das All durchkräftigenden Gottes, die unausdenkbare Urquelle von all jenen Kräften und Mächten, welche die Gegenstandswelt sowie die außersinnliche Welt nach verborgenen Gesetzen durchströmt.
Der Glaube kann uns also bestärken in der gewissen Überzeugung: Es gibt einen letzten Verursacher all dieser Kräfte und Mächte, von denen wir nur wissen, *daß* sie wirken, auch wenn wir sonst über diese Kräfte und Mächte nichts weiter auszusagen haben.
Vom Standort unserer Erfahrung aus treten wir nun Erlebnissen näher, die aus einem ungeheuren Willenszentrum eines

Verstorbenen herzustammen scheinen, einem Vorrat unverbrauchter seelischer Energien, die sich aufs Verblüffendste an irgendeiner Stelle oder Stätte bei Nachlebenden entladen.
Es scheint, als dränge die der Leiblichkeit beraubte Seele in seltenen Augenblicken, im Zusammenhang mit der Lebensarbeit eines ihr ehemals nahestehenden Menschen darauf, sich noch einmal wirksam kundzutun. Sie will durchaus wirken. Sei es durch ein Lichtzeichen, eine Vergegenständlichung (Materialisation) in Form sichtbarer nebelartiger Gebilde von kurzer Dauer (Glieder, Arme, Köpfe, ganze Gestalten, „Tele-Plasma" genannt), oder auch durch ein Verschwindenlassen gegenständlicher Dinge. All diese Erscheinungen sind begrifflich schwer zu fassen. Sie haben sich noch immer der experimentellen parapsychologischen Deutung versperrt.

Zunächst ein Beispiel, das in seiner Erscheinungsart an den „Kopf im Fenster" (s.o.) erinnert, von dem Wilhelm von Scholz erzählte.
Das Elternpaar M. R. in St. konnte den Heldentod des Sohnes Hans bei Antwerpen nicht verwinden, auch nicht, als mehrere Jahre darüber hingegangen waren. Als die beiden eines Nachts wach lagen — es war Sommer 1945 — und von Hans sprachen, die Möglichkeit seines Fortlebens nach dem Tode erwägend, sahen sie plötzlich das Fenster ihres Schlafzimmers hell erleuchtet. Sie konnten gar nicht hinsehen. Eine einzige weißglühende Fläche erschien, die den ganzen Rahmen ausfüllte. Rasch verschwand die unbegreifliche Lichterscheinung. Der Mann sprang aus dem Bett, sah sich überall gründlich um — kein Radfahrer- oder Autoscheinwerfer, kein Annähern oder Sichentfernen eines Wagens war zu sehen oder zu hören. Auch war das Licht viel greller. Beide Eltern erblickten in diesem überweltlichen Lichtganz ein Zeichen des Himmels, eine Vergegenwärtigung des heimgegangenen Sohnes Hans, den sie „im Licht" wußten.
Nach längerer Zeit lagen die Eltern wieder einmal wach und sprachen von Hans. Da leuchtete das Licht wieder auf, und

diesmal sah es auch der Nachbar. Er kam am Morgen herüber und fragte, was das gewesen sei. Auch seine Frau war „ganz benommen“ von der gesehenen Erscheinung. Die Eltern waren nunmehr ganz getröstet über den frühen Heimgang von Hans, so daß sie sich schweigend und ergeben in Gottes Ratschluß beugten.

Die Lehrerin M. St. in L. ging einem inneren Zwang folgend in ein leeres Klassenzimmer der Schule. Nur, um einen Blick hineinzuwerfen, um so vielleicht die Ursache ihres Antriebs zu erkennen. In dem Augenblick, da sie eintrat, sah sie auch schon zum Fenster und erkannte die Gestalt eines Mädchens, das wie starr von außen ins Klassenzimmer hereinsah. Entsetzt rief die Frau den Vornamen des Mädchens laut aus — da war die lichte Erscheinung sofort verschwunden.
Sogleich kehrte sie um, erzählte das Geschehene ihrem Mann, der sie ungläubig lächelnd abwies. Da aber stürzten schon Verwandte des Mädchens herbei, den Lehrer zu Hilfe zu rufen. Jenes Mädchen war soeben beim Dreschen in eine Maschine geraten, die sie zermalmte.

Pfarrer M. L. in D. wachte aus gesundem Schlaf heraus plötzlich auf und sah gegenüber seinem Bett durch den Spalt der geschlossenen Schlafzimmertür etwas hellblau Fluoreszierendes sich aus nebelhaften Umrissen in die trübgelb-durchsichtig schimmernde Form eines Kopfkissens verfestigen, auf dem alsbald in deutlichem Umriß die körperhafte Form eines menschlichen Embryos entstand, mit langem Nabelfortsatz. Die ganze Erscheinung dauerte etwa eine Minute und war deutlich, wie in einem ärztlichen Lehrbuch, erkennbar. Sie verschwand dann, wie Zigarettenrauch verblaßt.
Eine Täuschung war völlig ausgeschlossen. Kein von außen irreführender Lichtschein hätte eindringen können. — Nach Jahresfrist wurde die Ecke des Pfarranwesens umgegraben und eine alte Mauer abgetragen. Dabei entdeckte man einen im Erdboden vergrabenen großen Porzellankrug, in dem, von

Käfern völlig sauber entnagt, das winzige Gerippe eines menschlichen Wesens zum Vorschein kam.

Der Münchner Dramatiker Hans von Gumpenberg erzählt in seinen „Lebenserinnerungen", daß beim Tode seines Vaters über dem Sterbebett eine deutlich sichtbare Hand aufgeleuchtet habe.

Eine unangenehmere Art der Fernwirkung Verstorbener erwähnt *Fritz Reck-Malleczewen* in seinem „Tagebuch eines Verzweifelten":

In seinem Gutshaus, einem über 600jährigen Bau, der als Spukhaus schon bekannt ist, „versetzt jetzt etwas Neues und Unangenehmes meine Hausgenossen in Bestürzung. Seit dem letzten Herbst nämlich, seit in den Bezirken meines Lebens der Tod so reiche Ernte hielt, spüren wir alle unabhängig voneinander in jenem Dachfenster, das von jeher als Ausgangspunkt aller Spukerscheinungen verrufen war, einen abscheulichen Leichengeruch. Er beschränkt sich keineswegs auf jenes Zimmer, sondern wandert im ganzen Haus herum, verschwindet oben, taucht plötzlich im Erdgeschoß auf, um von dort wieder im mittleren Stockwerk sich bemerkbar zu machen. Ahnungslose Gäste machen uns in den ersten Minuten ihrer Anwesenheit aufmerksam, daß es penetrant nach Verwesung rieche. Natürlich wird alles aufs Sorgfältigste nachgesehen, ohne daß irgend etwas zu finden wäre. Das Tollste: Der Geruch beginnt schließlich uns zu foppen und auf unerklärliche Weise innerhalb eines Zimmers herumzuwandern, haftet an einzelnen Stühlen, an der Glühbirne, an meinem Cellobogen. Wir finden nichts, wir müssen es dulden. Als das alljährliche Seelenamt für alle meine toten Freunde gehalten ist, verschwindet urplötzlich das ganze Phänomen."

Herr O. W. in St.-M. besuchte im Sommer 1947 seine hoffnungslos erkrankte Schwester, die (wegen Überfüllung mit Patienten) nur in einem Badezimmer eines Krankenhauses untergebracht werden konnte. Dieses Badezimmer hatte einen merkwürdig durchdringenden Geruch an sich. Am Sterbetag

seiner Schwester war O. W. längere Zeit mit Zwischenpausen an ihrem Sterbelager anwesend, fuhr aber heim, da der Tod nicht abzuwarten war. Er legte einen weiten Weg zurück, um dann einige Stunden im Büro zu arbeiten.
Plötzlich, gegen 18 Uhr, drang ein starker Geruch auf ihn ein — genau der Badezimmergeruch! Er schüttelte seine Kleider aus. Umsonst. Die Angehörigen rochen nichts. Der Geruch kam „dann so stark wie eine Wolke“. Zigaretten waren wirkungslos. Der Geruch siegte. Ja, er ging mit O. W. in das obere Stockwerk! Dort betete der Bruder um Erlösung seiner schon lang bewußtlos liegenden Schwester. Als er danach in das Büro hinabging, war der Geruch entschwunden. Und schon meldete der Fernsprecher, die Schwester sei soeben um 18 Uhr 14 Minuten eingeschlafen. Für immer.

Pfarrer W. P. in Tr. berichtet: *In einem Gästeraum des Hotels V. in G.-G. bei S./Ö. hängen Kachel-Reliefs des früher berühmt gewesenen Bildhauers Professor Joseph Thorack, der in der Nähe wohnte. Eine dieser Kacheln fiel im Jahr 1949 in Anwesenheit des Bildhauers und des Hotelbesitzers ohne erkennbare Ursache von der Wand ab und zerbrach so auffallend, daß der Sprung an einer dieser Relief-Figuren gerade durch den abgebildeten Kopf hindurchging. Es war die Figur eines Soldaten mit Stahlhelm. Der Nagel, mit welchem die kunstvolle Kachel aufgehängt war, steckte völlig unverrückt in der Wand. Die Anwesenden hatten zwingend den Eindruck, als hätte sich diese Kachel in einem Bogen, der den natürlichen Fallgesetzen widerstreitet, von der Wand zu Boden bewegt und — als hätte der rätselhafte Vorfall eine tiefere Bedeutung. Professor Thorack wurde blaß, man sah nach den Kindern im Hause, aber ihnen war nichts Auffälliges widerfahren. Auch nicht an den späteren Tagen. Dagegen erinnerte sich der Hotelbesitzer V., daß vor sieben Jahren deutsche Soldaten hier in diesem Raum einquartiert gewesen waren; dabei geriet ein Soldat in einen schweren Streit mit seinem Hauptfeldwebel (wahrscheinlich in einer Liebesangele-*

genheit). Dabei zog der Soldat die Pistole und tötete den Hauptfeldwebel durch einen Kopfschuß. Genau am Jahrestag dieser Untat wurde die Kachel mit der Abbildung eines Soldaten auf die vorhin beschriebene Weise am Kopf verletzt. Der Hotelbesitzer hat die beiden streitenden Männer gut gekannt.

L. S. in H. berichtet von einer Fernwirkung, die als Warnung dienen und zur Bewahrung führen sollte; sie könnte ebenso den Totenerscheinungen wie den Engelsdiensten in modernem Gewand zugeordnet werden:
Frau U. N. fuhr im Schnellzug nach I. Es war tiefe Nacht. Sie saß allein im Abteil. Plötzlich bemerkt sie einen Herrn sich gegenüber, dessen Eintreten ihr unerklärlich war. Sie erkannte aber zu ihrer Verblüffung in ihm einen Jugendfreund, den sie einst liebte, aber seit Jahrzehnten völlig aus den Augen verloren hatte. Sie versucht, das abgeblendete Licht aufzuhellen, aber er winkt sofort ab und sagt: „Steige aus, sobald der Zug hält!“ Und schon ist die Gestalt entschwunden. Nicht lange währt die Weiterfahrt, da hält der Zug unerwartet auf offener Strecke. Die Frau steigt auch wirklich aus, ohne zu wissen, wohin sie sich wenden sollte. Der Zug braust weiter, er stürzte in jener Nacht über eine Brücke ab und begrub viele Tote unter sich.

VII

SPUK

Unter Spuk im engeren Sinn versteht man jene außersinnlichen Erscheinungen, bei denen sich Gegenstände ohne erkennbare Ursache in Anwesenheit oder Abwesenheit von Augenzeugen verändern, krachend zerspringen, lärmen, rasseln, auch ganz verschwinden oder aus (scheinbarem) Nichts entstehen, Zerreißgeräusche, Klopfen, Schlagen, Surren von Gegenständen, Wänden, Fußböden usw. Bei solchen Vorgängen ist es oft nur andeutungsweise möglich, eine Beziehung zu Menschen oder Schicksalen aufzuzeigen, wie es in den bisherigen Erfahrungsbereichen wenigstens versuchsweise, wenn nicht ganz eindeutig möglich war.

Wo solche Wahrnehmungen — zum größten Leidwesen der Betroffenen und Behafteten, die sich ganz unschuldig wissen — gemacht werden, kann man nur noch gewalthafte Entladungen unberechenbarer Energiequellen feststellen. Wenig überzeugend ist die Ansicht von Richard Haynes, der solche Erscheinungen, Werfen von Gegenständen, Glockentönen ohne menschliche Hand, Fliegen von Kohlestücken, Krügen, Messern und Pfannen, also echte Poltergeistereien auf seelische Leiden eines Menschen zurückführen will.

Es ist zu fragen, warum solche Poltergeister sich freundlicherweise sehr selten bemerkbar machen. Es müßte nachgewiesen werden, daß der bewußte oder der unbewußte Wille leblose Dinge beweglich, in ihrer Beschaffenheit veränderlich, vom Gesetz der Schwerkraft ablösbar machen kann.

Einstweilen lassen wir alle solche Denkbemühungen wie Bälle an der Wand des Zweifels abprallen und begnügen uns, einiges Wenige darzulegen, was im Zusammenhang unserer Darstellung immerhin nicht verschwiegen werden kann, so sehr es sich der Begründbarkeit entzieht.

Jedenfalls kann eine lebendige Wirkung nur von einer lebendigen Ursache stammen. Es muß im Reich des Unsichtbaren ein lebendiger Anstoß erfolgt sein, der sich über die Schwelle der Gegenstandswelt in grober, ja mitunter satanischer Weise hereinflutend ergießt und Räume und Gegenstände in herrischer Weise für sich beansprucht. *Friedrich Schiller* hat wahrscheinlich diese Seite der Geisterwelt gekennzeichnet, wenn er sagt:

> Leicht aufzuritzen ist das Reich der Geister.
> Sie liegen wartend unter dünner Decke
> und leise hörend stürmen sie herauf.

Hier tut sich das Reich auf, das „dunkler Mächte grauses Spiel" (*E. Th. A. Hoffmann*) ist.

Zum Spuk in seiner zunächst harmlosen Form kann man die „Weiße Frau" rechnen, die von manchen alten Schlössern (vor allem Englands und Schottlands) bezeugt ist, aber auch vom Berliner Schloß der Hohenzollern. Ist doch das Kommen und Gehen einer Weißen Frau in der Familienchronik der Hohenzollern seit Jahrhunderten als beglaubigt überliefert.

Ein kleines Schloß in M.-F., so berichtet A. S. in S., wurde in früheren Jahren von der Weißen Frau heimgesucht. Diese erschien der Schloßbesitzerin und erzählte ihr von einem furchtbaren Kindermord, der im Schloß früher geschehen sei. Tatsächlich grub man hinter dem Sockel eines Schlotes Knochenreste eines Kindes aus, das dann auf dem Friedhof nachträglich beerdigt wurde. Von der Weißen Frau war seither nichts mehr zu sehen. Ihr Geist hat nunmehr Ruhe gefunden.

In einem größeren Haus in D., das baulich gut im Stande ist, wurden zwischen November 1941 und Mai 1942, fast immer zwischen Mitternacht und den frühen Morgenstunden spukartige Beobachtungen gemacht, die durch Zeugen einwandfrei beglaubigt sind.

Klopfzeichen an den Wänden waren zu hören, einzeln oder in Triolen, am stärksten eines Nachts 81 Klopfzeichen nacheinander in rhythmisch ungefähr gleichem Abstand, jedoch an verschiedenen Stellen des Zimmers. Ferner läutete eine Glokke, die von außen niemand in Schwung gebracht haben konnte: Töne, wie ätherische Akkorde, sickerten durch Zimmerwände; über einem Schläfer war es immer wieder, als würden Haufen von Reisigholz zertreten, als würde Sand aufgeschüttet, als rauschten Seidenkleider unsichtbarer Damen durchs Zimmer, verstärkt durch zartfüßiges Trippeln. Andre Laute klangen wie Ausschütten von Münzen, wie starkes Ausatmen, Zerbrechen von Porzellan, wie die Arbeit mit dem Kehrwisch.
Einmal sirrte eine Zimmerwand in gleichbleibendem, metallenem Ton, als wäre die ganze Sandsteinwand eine einzige schwingende Metallplatte. Auch die Hauskatze empfand deutlich derlei Geräusche, sie sträubte die Haare und schien zu erstarren vor Aufmerksamkeit, buchstäblich schreckgelähmt.
In einer Nacht gegen 23 Uhr hörte H. W., der wach am Tisch saß und arbeitete, wie die Gestalt eines großen plumpen Mannes gegen die Wohnzimmertür polterte, als wollte er sie im Jähzorn durchstoßen. Dann aber war deutlich zu hören, wie sein Gewand von außen zur Schwelle niedersank, als wäre die Gestalt augenblicklich ganz kraftlos geworden. Vielleicht stehen die Erscheinungen in einem Zusammenhang mit dem Ableben einer Frau in F., die ihre Kindheit in diesem Hause verbrachte und, monatelang schwer krank liegend, sich als letzten Wunsch ausbat, in D. begraben zu werden. Dieser Wille ging im Frühjahr 1942 in Erfüllung. Seither ruht der Spuk.

Aus Westindien wird berichtet: In der Gruft von Barbados ruhen die Gebeine der Familie Chase. Seit dort ein Selbstmörder beigesetzt wurde, der auch jener Familie angehörte, fand man beim jeweiligen Öffnen der Gruft die schweren Bleisärge in fürchterlicher Unordnung vor. Lord Combermere ließ daraufhin die Gruft versiegeln.

Als dann doch wieder grobes Gelärme gehört wurde, ließ er die Gruft nochmals öffnen. Im Beisein von Zeugen wurden die Siegel gelöst. Sie waren noch unversehrt — die Bleisärge aber waren durcheinandergeworfen wie noch nie; der schwerste unter ihnen stand sogar auf dem Kopf.

Die äußeren Merkmale des Spuks sind sich immer verblüffend ähnlich. Oft kann man aber der Meinung begegnen, es gäbe überhaupt keine Spukfälle in jüngster Zeit mehr. Und wo noch da und dort davon die Rede sein sollte, habe man es mit Resten mittelalterlicher Unaufgeklärtheit, geistig-religiöser Verführung, Sensationsmacherei oder bewußtem grobem Schwindel zu tun. Dem ist aber nicht so. Wir wollen die Merkmale aller uns bekannten Spukhäuser hier nicht breiter darstellen; lediglich einige besonders auffallende Spukfälle seien aufgereiht, nur um zu zeigen, daß sie immer wieder einmal bekannt werden, allerdings selten: dies zum Glück und Heil der Menschen, die in einem Spukhaus wohnen.

Das klassische Spukhaus für alle Zeiten ist und bleibt das Pfarrhaus von Borley in England, wo seit dem Jahre 1886 die unheimlichsten Beobachtungen von einem Pfarrersehepaar gemacht wurden. Sie sind längst in Büchern und Zeitschriften hinreichend dargestellt worden.

Im Jahr 1949 ging der Spuk von Dressendorf durch die Presse. In dem kleinen Ort bei Bayreuth wurden von vierzehn Personen Spukphänomene beobachtet.

Im Jahr 1950 wurden Spukvorfälle aus Wolnzach bei Mainburg auf einem Einödhof bekannt.

Im Jahr 1951 war eine uralte Burg in Schottland Schauplatz von Spuk: in der Silvesternacht wurde furchtbares Getöse gehört, Gepolter vieler Pferde, der Vorbeizug eines lärmenden Heeres u.v.a.

Schloß Wildenstein bei Dinkelsbühl war im Jahr 1955 Schauplatz von Spuk (Kettenklirren, Türenschlagen, schwere Schritte nachts in den Fluren, dumpfes Kugelrollen, gellendes, un-

heimliches Lachen, auch von Hunden miterlebte Verfolgungsszenen, Veränderung von Gegenständen, alles ohne kausale Erklärungen).
In Itapura bei Sao Paulo wurden im Jahr 1959 Spukgeister beobachtet, dort in Form eines rätselhaften Steinregens in einem Bürgerhaus — ähnlich den Vorfällen, die Ernesto Bozzano in seinem Buch „Übersinnliche Erscheinungen bei Naturvölkern" aus dem schwarzen Erdteil berichtete.

Von mysteriösen Wurfgeschossen berichtet *Rudolf Passian.*[1] *„Steine fliegen, manchmal schon aus der Entfernung sichtbar, von unbekannter Hand geschleudert, auf ein bestimmtes Ziel. Oder sie werden in geschlossenen Räumen erst kurz über dem Fußboden sichtbar. Auf deutschem Boden war es z.B. das Steinewerfen im Jahr 1890 in der Elsäßer Straße in Berlin, das damals die Gemüter erregte. Es dauerte sechs Wochen an. Trotz des Polizeieinsatzes und hoher Belohnung für Ergreifung des Täters blieb der Vorfall unaufgeklärt. — In der Rue de Grés in Paris erfolgte ein drei Wochen dauerndes Bombardement auf ein frei im Garten stehendes Haus. Schwere Steine kamen aus so großer Entfernung geflogen, daß sie unmöglich irgendwoher katapultiert worden sein konnten. Die Leute betrachteten von umliegenden Dächern aus das eigenartige Schauspiel. Die Geschosse flogen hoch über ihren Köpfen an und trafen mit erstaunlicher Sicherheit ihr Ziel. Die Polizei mußte sich geschlagen geben. Als alle Fenster und Türen zerstört waren, verschalte man sie mit Brettern. Bei einem der Fenster war eine lange schmale Spalte freigeblieben. Von nun an flogen Steine der entsprechenden Form genau durch diesen Spalt. In allen Fällen des Steinewerfens ist das Ziel auf einen bestimmten Punkt, eine Örtlichkeit, eine Person beschränkt. Die Absicht, jemand oder etwas zu treffen, tritt stets deutlich hervor ... Von blinden Naturkräften kann keine Rede sein .."*

Es ist je und je aufgefallen, daß Schlösser und Pfarrhäuser vom Spuk besonders häufig betroffen wurden, ohne daß es hierfür einen einsichtigen Grund gäbe. Auch Eduard Mörike hatte in seinem Pfarrhaus zu Cleversulzbach darunter zu leiden, wie aus seinen Tagebüchern hervorgeht.

Nach Pressemeldungen hat das Schauspielerehepaar Elke Sommer und Joe Hyams seit dem Juli 1964 in ihrer Besitzung in Beverly Hills in Kalifornien Spuk erlebt (nächtliches Möbelrücken, Auftauchen fremder Personen bei Tag und Nacht und deren spurloses Verschwinden usw.).

In Bremen wurde Spuk (Herumfliegen von Porzellan, Gläsern, Vasen) in einem Porzellanlager beobachtet, der einen größeren Schaden anrichtete. Als ein Lehrling die Stellung aufgab. soll es „ausgespukt" haben. Ob zwischen Pubertät und Spuk irgendein ursächlicher Zusammenhang besteht, kann nur vermutet werden; verläßliche wissenschaftliche Erkenntnisse liegen nirgendwo vor. Professor Hans Bender vertritt diese Hypothese. Dieser Spuk datiert vom Sommer 1965.
In Holland sollen ungefähr einhundertzwanzig Spukhäuser gezählt werden. In ihnen will niemand wohnen, in einem Fall seit hundert Jahren . . .
Handelt es sich hier nur um Manifestationen eines Unbewußten oder um „echte" Geister? Die Frage wird u.a. in dem Bühnenwerk „Familientag" von T. S. Eliot ins Gespräch zwischen Harry Monchensey, Miß Mary und Miß Agatha gebracht. Aber die Äußerung Monchenseys ist unbefriedigend: „Sie sind an sich ganz harmlos, darauf möchte ich schwören!" (1939).

Der Rosenheimer Spukfall ist aus der Tagespresse noch in Erinnerung (1967/68). Dort handelte es sich um unerklärliche Energie-Entladungen: Bilder kreisten, Lampen zersprangen, ein schwerer Tresorschrank wurde weggerückt, als ob er federleicht wäre, selbst nach Abschaltung aller Stromleitungen wurden laute heftige Geräusche, sogar Wörter aus dem Telefon der Anwaltskanzlei gehört. Es wurden die modernsten technisch-physikalischen Meßgeräte aufgestellt, Tonbandaufnahmen gemacht und Protokolle geführt in Gegen-

wart von Professor Hans Bender und Dr. phys. F. Karger vom Institut für Plasmaphysik in München-Garching u.v.a. Das wissenschaftliche Ergebnis ließ sich in die knappen Worte fassen: Man steht vor der Tatsache, daß es offenbar eine für die Physik völlig neue Situation gebe, angesichts deren die immanent-psychokinetische Arbeitshypothese sich lediglich darauf zu stützen wagt, daß ein pubertierendes Mädchen eine Zeit lang in der Anwaltskanzlei sich aufgehalten habe. — Dieser Annahme steht aber entgegen, daß in aller Welt ungezählte Millionen junger Menschen pubertieren, ohne daß sie Spuk verursachen würden. Vor allem aber übersieht diese Annahme, daß es im selben Haus schon früher „gespukt" hatte: nach einem Bericht bereits vor 1939; obendrein hat sich ein früherer Bewohner des Hauses, Professor K. mit 72 Jahren im Jahr 1946 das Leben genommen, „aus Angst vor dem nächtlichen Spektakel", wie dessen Neffe aussagte. Seit 1939 bewegten sich Bilder plötzlich an den Wänden, löschten Lichter aus und gingen wieder an usw. ohne jede menschliche Verursachung.

Somit handelt es sich also um einen der vielen ortsgebundenen Spukfälle gegenüber den weit wenigeren personen-gebundenen. Und damals war kein pubertierendes Mädchen im Hause. [2]

Ein jüngerer Spukbericht führt wieder ins klassische Land des Spuks, nach England. In Bangor (Wales) wurde eine achtköpfige Familie gezwungen, wegen der Quälereien eines Spukgeistes aus ihrem 20 Jahre alten Wohnhaus auszuziehen, „nachdem zwei Priester mit einem Exorzismus nichts ausrichten konnten." [3]

Es folgen noch zwei Erlebnisse, die eine neue Variante in die herkömmlichen Spukberichte aus aller Welt und aller Zeitläufe bringen. Denn hier handelt es sich um Begegnung mit Geistern, die nicht gewalthafte Energie-Wirkungen ohne jeden Sinn verursachten, sondern den Berichterstattern eine freundliche gutwillige Begegnung vermittelten.

Der Ozeanflieger *Charles A. Lindbergh* überflog im Jahr 1927 als erster den Atlantischen Ozean auf der Strecke New York—Paris. In seinem Buch „Mein Flug über den Ozean" schildert er ein Widerfahrnis während seiner zweiundzwanzigsten Flugstunde:

„Während ich auf die Instrumente starre, füllt sich die Kabine hinter mir mit Geistern — verschwommenen, durchsichtigen Gestalten, die sich schwebend regen. Ihr Erscheinen überrascht mich nicht, weil es ohne Plötzlichkeit geschieht. Ohne den Kopf zu drehen, kann ich sie so klar sehen, als wären diese in meinem normalen Gesichtsfeld. Meine Sicht ist nicht mehr begrenzt, sondern wie e i n großes Auge, das gleichzeitig überall hinblickt. Die Phantome — freundliche Schatten, wie Nebel, ohne Substanz — sind jederzeit in der Lage, zu erscheinen und zu verschwinden. Die Wände des Flugzeugs sind für sie kein Hindernis. Manchmal stehen sie dicht gedrängt hinter mir, dann wieder sind nur einige da. Bald einer, bald ein anderer lehnt sich nach vorne, an meine Schulter, um über das Motorengeräusch hinweg mit mir zu sprechen, und begibt sich dann wieder zur Gruppe der übrigen zurück. Zuweilen kommen ihre Stimmen auch direkt aus der Luft, deutlich, doch wie von weit her — vertraute Stimmen, die meinen Flug mit mir besprechen, mir technische Ratschläge erteilen, über Probleme der Navigation mit mir diskutieren; Stimmen, die mich beruhigen und mir Botschaften überbringen, wie sie im täglichen Leben nicht erhältlich sind ..."

Lindbergh folgert: „Raum und Zeit haben ihren früheren Sinn verloren und jedes Gefühl für Materie ist dahin: mein Körper hat kein Gewicht mehr, der Steuerknüppel keine Härte und das Fleisch keine Empfindung. Ich bin von den Gesetzen der Körperwelt unabhängig und fühle mich fast eins mit diesen nebelgleichen Wesen in meinem Rücken ... Obwohl meinen geisterhaften Freunden der feste Körper fehlt, sind sie doch menschengleich in ihrer äußeren Erscheinung: Besucher aus einer Welt, die dem Sterblichen verschlossen ist. Ich bin auf der Grenze zwischen dem Leben und einem grö-

ßeren Reich jenseits; von Kräften geführt, auf die ich keine Einwirkung habe und die eine Macht darstellen, wie sie mir in dieser Stärke bisher nie begegnet ist. Die Sendlinge aus der Geisterwelt sind für mich weder Eindringlinge noch Fremde. Eher ist es wie ein Zusammentreffen mit der Familie, mit Freunden nach Jahren der Trennung — als hätte ich sie in einem früheren Leben alle gut gekannt. Eine Umwertung aller Werte geht diesseits wie auch jenseits meines Verstandes vor sich.

... So wäre der Tod nicht das unwiederbringliche Ende, das er bisher zu sein schien, sondern vielmehr das Tor zu einer neuen und freien Existenz, die allen Raum und alle Zeit umschließt...?"

Hermann Buhl, Bezwinger des Nanga Parbat im Himalaja, machte erstaunlich ähnliche Wahrnehmungen: *„In einer Höhe von 6000 m aufwärts begleiteten mich schemenhafte Wesen und Stimmen. Sie sprachen mir Mut zu, ohne ihre Hilfe wäre ich nie ans Ziel gelangt" („Das Wort", Mai 1962).*

Noch erstaunlicher aber sind jene Berichte, nach denen auch Tiere paranormale Vorgänge „schauen". *Aniela Jaffe* überliefert ein besonders schönes Beispiel hierfür:

„In einer schweizerischen Kompanie war ein Soldat gestorben. Am Tage der Beerdigung befand sich der Erzählende, ein Offizier, in Begleitung eines Diensthundes auf Kontrollgang. Nach Einbruch der Dunkelheit verhielt sich der Hund ganz eigenartig. Er wollte nicht mehr weiter, winselte und stellte sich zähnefletschend in den Weg. Das sonst sehr treue und folgsame Tier gehorchte weder auf Lockungen noch auf Dressurkommandos. Meine ersten Gedanken waren: der Hund ist tollwütig geworden ... Da ich meinen Dienst aber ausführen mußte, führte ich die Tour fast bis zur festgesetzten Stunde durch — aber kurz vor der Beendigung nahm der Hund plötzlich Reißaus und verschwand in der Dunkelheit. Kaum war er weg, da tauchte rechts von mir eine lichte Gestalt auf, die sich

lautlos auf mich zu bewegte und etwa auf Distanz von zwei Metern vor mir Halt machte. Eine eisige Kälte lief mir den Rücken hinunter und breitete sich über den ganzen Körper aus, so daß ich an allen Gliedern wie gelähmt am Platz verharren mußte. Die Gesichtszüge waren scharf erkennbar — es waren genau die unsres verstorbenen Kameraden! Den Blick, wie er mich ansah, vergesse ich lebenslang nicht: die Trauer und Milde, die daraus zu lesen war, kann kein irdisches Auge nachahmen ... Die Erscheinung entfernte sich lautlos und tauchte in der Dunkelheit unter.
Als der Erzähler in den Ort zurückkam, begrüßte ihn sein Hund wie gewöhnlich. Der Bericht schließt: die Erscheinung ist hernach noch viele Male gekommen, nicht nur nachts, sondern auch am Tage. Worte haben wir nie gewechselt. Dazu hat mir immer der Mut gefehlt." [4]

Am Ende dieses Umblicks ergeben sich mehr Fragen als Antworten. Sind in solchen Fällen psychische, innermenschliche Kräfte allein-wirksam geworden oder haben wir hier echte Einbrüche aus einem nicht mehr zu leugnenden Jenseits? Diese Frage wird sich jedermann aufdrängen. Es mag sein, daß psychopathische Krankheitsmerkmale beim personengebundenen Spuk da und dort einspielen, auch mag es zuweilen stimmen, daß psychokinetische Vorgänge durch pubertierende anwesende Jugendliche (mit)verursacht werden können. Angesichts der Fülle überlieferter Vorkommnisse sind aber solche Antworten unzureichend, weil sie nur auf einen Bruchteil der Vorfälle zutreffen. Man vermutete auch, daß es seelische Abspaltungen gebe, gleichsam frei vagabundierende Seelentrümmer, die ihre unmeßbaren Energien spielhaft im Guten oder Bösen irgendwann und irgendwie auslassen, bewußt oder wahrscheinlicher unbewußt. Beim ortsgebundenen Spuk kann man gerade bei langdauernden, über Jahre hin sich erstreckenden Spukfällen dieser Annahme eine gewisse Wahrscheinlichkeit nicht abstreiten. Fragwürdig ist die Ansicht von Dr. Kurt Koch († 1987), daß der Spuk da auftrete, wo Menschen sich in okkulte Praktiken eingelassen hätten (Astrologie, Seelenverschreibung an den Satan, Spiritismus u.a.), einfach deswegen, weil die Beweise nicht annähernd signifikant sind und wiederum nur für einen Bruchteil der Spukfälle einwandfrei nachgewiesen werden können. [5]

Einleuchtender erscheint demgegenüber die von der jüngsten Strahlenforschung ausgehende Theorie, nach der von jedem Lebewesen Strahlenkräfte ausschwingen, die sogar bei Toten noch als überschießende Energiereste nachweisbar sein sollen. Russische Forscher wollen mittels Meßgeräten, die dicht neben toten Leibern aufgestellt wurden, noch Ausschwingungen elektromagnetischer Kraftfelder festgestellt haben. Doch stehen diese ersten Versuche noch auf dem ungesicherten wissenschaftlichen Boden bloßer Arbeits-Hypothesen.

Man müßte blind sein, um nicht zu sehen, daß sich im Spukbereich zumeist ganz offenkundig böse Mächte aus satanischer Tiefe in unser Leben einmischen und Menschen und Gegenstände zu ihrem unheimlichen Spielmaterial mißbrauchen. Wie harmlos idealistisch war doch noch *Friedrich Schiller:* „Der Tod hat eine reinigende Kraft in seinem unvergänglichen Palaste . . .“ („Braut von Messina“). Diese Sicht vergeht einem gründlich, wenn man selbst Spuk erlebt hat.

Die Bibel beider Testamente spricht sehr ausführlich vom Geist des Menschen, vom Geist Gottes und Jesu Christi, von guten und bösen Geistmächten. Im Dienst des Satans werden die bösen Geister wirksame Mächte in unserer Erfahrungswelt, sie wollen das Böse zum Sieg führen (z.B. 1. Kön. 22, 20—23), sie schaffen die Plagen, die Seuchen, die Katastrophen der Seele und der Menschenwelt im Ganzen, sie nisten sich in Seelenvorgänge ein (dann „Dämonen“ genannt). Sie sind als unheimliche, seelenverknechtende Kräfte zu fürchten (Luk. 22,3; Joh. 13,2; 27; Eph. 4,27; 6,10—17 u.a.). Der Spuk trägt den Stempel des Satanischen. Darum versteht die Bibel den endgültigen Sieg des wiederkommenden Christus aus-

drücklich als einen Sieg über die satanischen Gegenmächte, die „bösen Geister“ (Kol. 2,15; 1. Petr. 3,22 u.a.). [6]
Da sehr viele Spukfälle einen Zusammenhang mit einem Sterbefall aufweisen, ist die Wahrscheinlichkeit groß, daß es sich um Einwirkungen Verstorbener handelt, deren Seelen noch an die irdische Örtlichkeit gebunden sind. [7]

VIII

SINNVOLLE ZUFÄLLE

Jeder Mensch erlebt an irgendeinem Punkt seines Lebens ein sonderbares Zusammentreffen von Umständen, die zu einer vielleicht lang ersehnten oder lang befürchteten Lösung führen, aber unausweichlich hindeuten auf das geheimnisvolle Gewebe der höheren Planung unsres Lebens durch Gott. Oft offenbaren solche Augenblicke eine ganz unerwartete Hilfe; aber der Mensch greift dann lieber zu noch so künstlichen, gesuchten, im Grunde lächerlichen Deutungen, um ja solche Erfahrungen in der armseligen Ebene seines Verstandes, Willens oder an der Grenze des eigenen Seelenlebens zu belassen. Niemand, auch der Klügste nicht, schämt sich dann des erbärmlichen Wortes „Zufall".

Wer im Alltag, in der Enge des eigenen Lebenskreises einen großen Spielraum dem Walten des Zufalls einräumt — wie kann der an eine letzte, endgültige Ordnung der großen und größten kosmischen Zusammenhänge durch einen lebendigen Gott glauben? Wo, so sollte man die Zufalls-Gläubigen ernstlich fragen, beginnt und wo endet der Bereich des Zufalls? Ist das verführerische Wort „Zufall" nicht eine gern benutzte billige Attrappe auf allen Fluchtwegen des Menschen vor Gott? Und umgekehrt: Wenn uns Christen Gott ein Gott der Ordnung ist, der „alle seine Werke weislich geordnet" hat (Psalm 104,24), so dürfen wir auch nicht den kleinsten Raum für das Walten des Zufalls aussparen. Das Zufällige ist vielmehr das uns Zufallende.

Aus einer Verszeile des Euripides (425 v.Chr.) können wir die ganze Schwermut, die Hilflosigkeit des vorchristlichen Menschen gegenüber der unlösbaren Schicksalsfrage ablesen:

Warum „am Irrwahn hängen, daß es Götter gibt — indes der Zufall diese ganze Welt beherrscht?“

Immer wieder ist diese müde Stimmung aus Dichtermund, wie Seufzer an Seufzer durch alle Zeiten sich reihend, neu ausgesagt worden. *Shakespeares* „Wintermärchen“ etwa bescheidet sich: „... so ergeben wir als Sklaven uns dem Wechsel (des Zufalls) und folgen jedem Windeshauch ...“, während *Lessing* der Heiligen Schrift viel näher kommt: „Das Wort Zufall ist Gotteslästerung. Nichts unter der Sonne ist Zufall!“ Ähnlich hat *Schiller* die blinde Zufälligkeit des Zufalls abgelehnt: „Gepriesen sei mir der Zufall; er hat größere Taten getan als die klügelnde Vernunft und wird besser bestehen an jenem Tage als der Witz der Weisen.“ Wenn nämlich „im Gewebe unsres Lebens Zufall und Plan eine gleich große Rolle spielen“, wer wäre dann „der Mensch, der sich vermessen will, des Zufalls schweres Steuer zu regieren — und doch nicht der Allwissende zu sein?“

Es gibt in der Tat eine Fülle von „Zufällen“, die sinnlos zu sein scheinen, während andere mannigfacher Deutung und nachstaunender Sinngebung zugänglich sind. Jedenfalls gehören all diese Erlebnisse nicht nur zum abenteuerlichen Humor unseres Daseins; hinter ihnen steht eine allerletzte Notwendigkeit, die wir nie entschleiern werden. Das hat *Schiller* in wahrhaft seherischer Vollmacht gesagt:

> ... und was uns blindes Ohngefähr nur dünkt,
> gerade das steigt aus den tiefsten Quellen.
>
> („Wallenstein“)

Zunächst ganz harmlose Fälle, die auf einen verborgenen Humor der Schicksalsverknüpfungen hinweisen; nur in solcher Sicht sind sie sinnvolle Zufälle.

In einer Kleinstadt wirkte ein Pfarrer mit dem Familiennamen Teufel. Die Gasse, in der er wohnte, heißt „in der Höll“. Der Familienname Mordstein traf in einem Fall mit dem Beruf des Mannes glänzend zusammen, denn er war Kriminalrat.

Ein Zahnarzt hieß Dr. Knaack, ein Arzt Dr. Heil und eine Rechtsanwältin Dr. E. Hebestreit. Zufällig wohnten die drei noch im gleichen Haus.
Noch unglaublicher ist aber folgender Zufall: Ein Mann namens Hecht heiratete Fräulein Aal. Der anwesende Zeuge hieß Zander, der in Begleitung eines Herrn Weißfisch erschien. Und der Standesbeamte hieß Fischer („Südkurier" vom 8. März 1957).

Absonderlicher sind die seltenen Fälle, wo innerhalb einer Familie sich Geburts- oder Sterbetage wie in einer verborgenen Reihe innerhalb mehrerer Geschlechter nachweisen lassen: „Seit der Geburt meines ersten Kindes stelle ich seltsame Zufälle fest: mein Vater wurde an einem Karfreitag geboren. Mein Kind auch. Zwischen dem Geburtstag meines Vaters und seiner Mutter lagen 13 Tage; zwischen meinem und meines ersten Kindes Geburtstag ist es genau so. Der Schwiegervater meiner Großmutter (Mutter meines Vaters) starb an ihrem Geburtstag. Mein Schwiegervater starb jetzt auch an meinem Geburtstag — das alles umfaßt fünfzig Jahre (1965).

Ein 14jähriges Mädchen besuchte mit Verwandten den Mont Saint Michel in Frankreich. Während die Älteren die Abtei besahen, kletterte sie spaßhalber mit ihrem Bruder in eines der dort parkenden Autos — aber ein herbeieilender Chauffeur warf beide mit Scheltworten hinaus. Acht Jahre später lernte dies Mädchen in München ihren späteren Gatten kennen, einen Skandinavier. Nach der Heirat blätterte sie in einem Fotoalbum ihres Mannes und fand dort unverwechselbar die Aufnahme jenes Autos, des Fahrers und des Mont Saint Michel! Sie war also vor acht Jahren ins Auto ihres künftigen Mannes eingestiegen. Leider stimmte auch das dicke Ende: die Ehe wurde unglücklich; er warf die Frau aus der Ehe wieder hinaus . . .! [1]

Wilhelm von Scholz hält in seinem Buch „Der Zufall und das Schicksal" ein noch erstaunlicheres Vorkommnis fest:

Eine in Straßburg wohnende Frau photographierte kurz vor dem Ausbruch des Ersten Weltkriegs ihr erstes Kind im Schwarzwald und gab den Film in Straßburg zum Entwickeln ab. Da sie bald nach Frankfurt verzog, vergaß sie, den Film abzuholen. Zwei Jahre später wollte sie ihr zweites Kind aufnehmen. Sie kaufte wieder einen Film. Nach der Entwicklung zeigte sich, daß er doppelt belichtet war; die erste Belichtung zeigte ihr erstes Kind im Schwarzwald.

Scholz entwickelt aus solchen Beispielen das vermutbare Gesetz der gegenseitigen „Bezüglichkeit" zwischen zwei Menschen oder Gegenständen oder Handlungen.

Der Hamburger Hafenarbeiter E. Sch. entdeckte bei Kriegsende nach eineinhalbjährigem Umherwandern durch ganz Deutschland auf der verzweifelten Suche nach seiner verschollenen Familie, die irgendwohin evakuiert worden war, an einem Gartentor in einem Pfälzer Dorf eine Emaille-Milchkanne. Er trat näher an das Tor heran, da das leuchtende Rot der Kanne ihm seltsam bekannt vorkam. „So ein Karminrot gibt es nur einmal in der Welt!" rief er, „das ist ja unsere Milchkanne;", stürmte in das Haus und — konnte Frau und Kinder glückstrahlend umarmen.

Andrer Art sind jene Zufälle, die sich an eine Zahl anhängen. Aus den ältesten Zeiten ist überliefert, daß bestimmte Zahlen als tabu, heilig, geisterbehaftet galten. Man erinnere sich an die Welt der Bibel, was dort etwa drei, vier, fünf, sieben, zehn, zwölf, vierundzwanzig, 144.000 u.a. bedeuten.

Wie fadenscheinig es aber ist, Zahlenwerte auf Glück oder Unglück festzulegen, etwa die böse Sieben oder die schlimme Dreizehn, lehrt ein Blick in Richard Wagners Leben.

So auffällig die 13 in seinem Schaffen und Lebenslauf ist — sie birgt Freude und Leid in buntem Wechsel. Nach der (verunglückten) Uraufführung des „Tannhäuser" am 13. März 1861 schrieb er seiner Schwester: „... wie konnt' ich auch Glück haben mit meinem Schmerzenskind: Die unglückselige

13 fängt wieder an, mich zu verfolgen. Als ich die letzte Note in der Partitur vollendete und das Datum darunterschrieb, merkte ich, daß es der 13. April war! ...“ Wagner ist 1813 geboren, die Quersumme 1 + 8 + 1 + 3 ergibt 13. Am 13. Februar 1883 starb er. Insgesamt hinterließ er 13 Tondramen. Sein Name enthält 13 Buchstaben.

Das entscheidende Ereignis seiner Jugendzeit, das erste Hören des „Freischütz“ von Weber, widerfuhr ihm am 13. Oktober, woraufhin er sich zum Komponieren gedrängt fühlte. Das Rigaer Theater, an dem er als Kapellmeister begann, wurde am 13. September 1837 eröffnet. War „Tannhäuser“ zwar am 13. März 1844 ausgepfiffen worden, so wurde er am 13. Mai 1895 doch glanzvoll in Paris wiederaufgeführt. 13 Jahre lang lebte Wagner als steckbrieflich verfolgter Mann in Verbannung (wegen Teilnahme am Aufstand von 1848). Am 13. August 1876 durfte er sein Festspielhaus in Bayreuth eröffnen. Seinen letzten Tag in Bayreuth erlebte er am 13. September; am 13. Januar 1882 vollendete er noch den „Parsival“; am 13. Januar 1883 besuchte ihn Franz Liszt, ehe er, im 13. Jahr der Reichsgründung, am 13. Februar 1883 in Venedig starb.[2]

Die Zahl 5 scheint eine besondere Bedeutung für den oberösterreichischen Moor-Kurort Bad Neydharting zu haben. Der 25.555ste Jubiläumsgast traf „ausgerechnet“ am 5. 5. 1962 dort ein. Bei der Festansprache wies ein Redner darauf hin, daß gerade vor fünf Jahren beim fünften Internationalen Moorkongreß in Lindau/Bodensee die „Internationale Gesellschaft für Moorforschung“ gegründet wurde, die eben fünfhundert Mitglieder zählt. Hinzu kommt noch, daß das uralte Symbol des Drudenfußes die Zahl 5 ausdrückt und daß der Drudenfuß im Hauswappen des Bades Neydharting vorkommt (1962).

Eine Missionarin, die Tausenden von chinesischen Kindern ein rettender Engel geworden war, kam zu einer Vortragsreise nach Europa. Auf einer dieser Vortragsreisen wurden ihr aus dem Hotelzimmer 400 Dollar gestohlen. Sie wollte das bar abgehobene Bankgeld zur Lösung einer Schiffskarte verwenden. Nur ein einziger Tag lag zwischen der Aufdekkung des Diebstahls und dem Kauftermin der Schiffskarte. Die Missionarin blieb ganz ruhig und vertraute die große Not ihrem Gott an. Da kam am nächsten Tag ein Brief eines Amerikaners, der „zufällig" einen ihrer Vorträge gehört hatte, mit der Mitteilung: er habe bei einer Wette 400 Dollar gewonnen, aber die unüberhörbare innere Weisung empfangen, dies Geld sofort an die Missionarin weiterzugeben. Und so geschah es (1962).

Fritz Woike erzählt in seinem Buch „Wegspuren", er habe als junger Mann in einem schlesischen Städtchen Geld zur Post tragen müssen. Dunkelheit, Regen und Sturm machten den Weg beschwerlich.
Plötzlich war es ihm, als habe er einen Zwanzig-Mark-Schein verloren, er prüfte nach — tatsächlich fehlte er. Woike rannte zurück; es war fast aussichtslos, den Schein irgendwo zu finden. Er betete um Hilfe; da — mitten im eiligen, ängstlichen Laufen stürzt er zu Boden, weil er einen ungeschickten Schritt gemacht und den Fuß am Knöchel schmerzen fühlte. Die Knickung aber mußte sein: Im Augenblick des Fallens griff die Hand nicht in die schmutzige Erde, sondern — den Zwanzig-Mark-Schein! „Ich stand schweigend und mit hilflosem Staunen vor meinem Gott, der mein Gebet erhört hatte ..."
Er war im Dunkel gelegen, als hätte ihn kein Sturm verweht. „Als ich dann den Schein am Schalter abgab, war es mir, als begehe ich ein Unrecht, ihn fortzugeben ..." [3]

Werner Bergengruen erzählt:
Einer seiner Freunde, ein junger erfolgloser Schriftsteller, besaß eines Tages nur mehr sein letztes Zweimarkstück. Verzweifelt lief er durch die Straßen. Eine Bettlerin hielt ihn an. In einem Anflug von Galgenhumor schenkte er ihr das Zweimarkstück. Sie sagte: „Vergelt's Ihnen Gott tausendmal!" Er

kehrte heim; da fand er einen Brief seines Verlegers vor, der eine Dichtung zum Druck übernahm und ihm ein Honorar von 2000 Mark anbot. [4]

Der Maler Moritz von Schwind ging mit seiner Frau in einem Park zu Füßen der Wartburg bei Eisenach spazieren, dabei verlor sie ihren Ehering. Beide suchten überall vergebens. Ein Jahr später gingen beide wiederum dort spazieren. Plötzlich sehen sie eine Königskerze am Rand eines Beetes wunderbar aufleuchten — es war jener Ehering, der mit dieser Pflanze „emporgewachsen" war. Die Dame brauchte ihn nur abzuheben. [5]

Die nächsten Beispiele legen die religiöse Deutung solcher sinnvollen Zufälle nicht nur nahe, sondern fordern sie geradezu von selbst heraus.

Börries von Münchhausen erzählt von einem jungen Bergsteiger, der in einem äußerst gefährlichen Berggelände Tirols abgestürzt war. Nun lag er in einer engen Felsenschlucht, sein Begleiter neben ihm; er hatte umsonst vor diesem Weg gewarnt. Der Führer war tot, sein Begleiter sah sich ebenfalls dem Tode ausgeliefert. Senkrecht stiegen die Wände ringsum empor. Hilfe war nicht zu erwarten, da er ja in das Dorf nicht zurückkehren wollte, von dem er ausgegangen war.

Im Rucksack des toten Führers fand er ein Gebetbüchlein. Darauf schrieb er, indem er ein Blättlein ablöste, die knappsten Angaben seines Unglücks. Er gewann mit letzten Kräften einen Felsvorsprung, von dem aus er einen heftigen Wirbelwind spürte, der die Schlucht herauftobte. Plötzlich riß der Wind das Gebetbüchlein aus seiner Hand und verwehte die Blättchen, die schon sehr zerlesen waren, in unbekannte Ferne ...

Verzweifelt weinend, des letzten Trostes beraubt, stieg er wieder in sein auswegloses Felsengrab hinunter, fiebernd, hungernd — aber jene Seite des Büchleins, die er beschrieben hatte, wirbelte tief hinab ins Dorf, in die Nähe der Kirche.

Dort fand ein Kind das Blättchen und gab es Erwachsenen weiter.
Eine Rettungsabteilung holte den Verunglückten mit einer Seilschlaufe aus der Felsspalte — er war gerettet. — Zufällig?! Es wäre ein Hohn, dem Zufall mehr zuzutrauen als dem lebendigen Gott, der noch immer „Winde zu Seinen Engeln machen" kann (Psalm 104,4). [6]

Joseph Winckler, der rheinische Erzähler, fuhr aus Italien nach Deutschland zurück. Während der Heimfahrt überfiel ihn, wie zufällig, ohne irgend einen denkbaren Grund, eine würgende, plötzlich mächtig aufkeimende Angst, so daß er das Reisegepäck ergriff und bei der nächsten Station ausstieg — was völlig unsinnig zu sein schien. Auf einer Seitenstrecke fuhr er alsdann weiter; von jener Angst blieb keine Spur.
Als er in K. verspätet ankam, wurde er wie ein Gespenst angestarrt. Sein Zug, aus dem er noch rechtzeitig ausstieg kraft der plötzlichen Angstgefühle, war schon als entgleist gemeldet worden. Unter anderen war der bekannte Minister Helfferich bei dem furchtbaren Unglück lebendig verbrannt. Er aber blieb gerettet. Winckler schließt: „Mag's Zufall sein — es war der Götterwink eines himmlischen Zufalls." [7]

Die berühmte Schauspielerin Eleonore Duse reiste, schon schwer krank, nach Amerika, um dort ein letztes Mal aufzutreten. Ihr letztes Stück hieß: „Die verschlossene Pforte." Ein Irrtum des Fahrers bringt die berühmte Schauspielerin tatsächlich an jenem letzten Abend vor eine verschlossene Türe des Schauspielhauses, wo sie unter Regen und Schneegestöber durchfroren stehen und warten muß. Böse Ahnungen schleichen durch ihre Seele. Die letzten Worte, die sie zu sprechen hatte, waren: „Allein, allein!" Nach einigen Tagen starb sie in Pittsburg am 21. April 1924. [8]

Der Kaufmann C. F. B. in O. schreibt: Als mein Schwager starb, setzte nach Haussitte mein Vater sogleich unsere große Haus-Uhr still. Der große Zeiger wies auf sechzehneinhalb

Minuten nach sechs Uhr morgens. Erst später kam der Bruder des Toten herein. Als wir ihm die Todesstunde und Minute sagten, zog er seine Uhr auf und zeigte sie allen: Sie wies genau die gleiche Stunde und Minute — und war dabei stehengeblieben. Jetzt aber war es schon Vormittag geworden.

Weit geheimnisvoller ist aber ein „Zufall", den Frau Dr. E. G. in B. erlebte. Zwei Tage vor ihrem Geburtstag, den sie 1944 mit mehreren Gästen zu feiern gedachte, kam ein Gärtner ins Haus und gab einen prachtvollen Strauß ab. Ihr Gatte war an der Tür und wollte den Gärtner abweisen, da dieser behauptete, Frau Dr. G. habe den Strauß als Grabstrauß in seinem Geschäft vor wenigen Tagen persönlich bestellt. Er konnte sich aber keines nahen Begräbnisses entsinnen. Es müsse alles in allem ein Irrtum sein. Er rief seine Fau herbei, die lachend erklärte, von nichts zu wissen. Der Gärtner besteht darauf, daß sie selbst den Strauß bei ihm bestellt habe. Um ein Ende zu machen, sagte sie: „Wir behalten den Strauß da für meinen Geburtstag, alles andere ist Unsinn."
Bei der Geburtstagsfeier macht eine Freundin die Dame auf eine winzige Wunde an der Lippe aufmerksam, die sie selbst noch nicht bemerkt hatte. Sie entfernt sich kurz ins Badezimmer, versucht die Wunde zu behandeln, zieht sich eine Blutvergiftung zu, der sie binnen zwei Tagen erliegt. So kam der Strauß tatsächlich in ihr Grab.
Hier handelt es sich nur um den Schein eines Zufalls oder zufälligen Irrtums. Sollte sich nicht die schon zum Tode bestimmte Frau von ihrem Leibe gelöst und in anderer Leiblichkeit den Gang zum Gärtner gemacht haben und damit unwissend ihr Todesbewußtsein vorweggenommen haben? Fragen über Fragen ... Man kann solche Fälle nicht erklären. Man halte sich an die Weisung Goethes: „Derlei Dinge brauchen nicht erklärbar zu sein, es genügt, daß sie wahr sind."

Unheimlich aber starrt uns das Sphinxgesicht des Zufalls an, wenn wir uns an jenen Bericht der Weltpresse erinnern:

An der Pariser Oper konnte um die Jahrhundertwende viele Jahre lang „Othello" nicht gegeben werden, ohne daß nicht unmittelbar nach jeder „Othello"-Aufführung die Darstellerin der Desdemona gestorben wäre. Und das ohne ersichtliche Ursache.
Viermal hintereinander ereignete sich in der Berliner Oper der Fall, daß in „Hoffmanns Erzählungen" der Sänger des Mirakel tödlich verunglückte. Und zwar immer an der gleichen Stelle des dritten Aktes, wo der Text lautet: „Bei mir sind alle Schmerzen bald aus!" Als bei der Premiere der Sänger zu der Stelle kam, wurde er von einem Herzschlag getroffen und sank tot zusammen; die Aufführung mußte abgebrochen werden. Bei der zweiten Wiederholung löste sich — wieder bei der verhängnisvollen Stelle! — ein schweres eisernes Gewicht vom Schnürboden und erschlug den Sänger. Mit großer Mühe nur gelang es der Theaterleitung, für eine weitere Aufführung einen Sänger zu finden angesichts des Aberglaubens der Bühnenleute. Da kam der gefürchtete dritte Akt, und genau bei den Worten „Bei mir sind alle Schmerzen bald aus!" trat der Sänger plötzlich zurück und stürzte in eine merkwürdigerweise hinter ihm offen gebliebene Versenkung. Der Sturz war so folgenschwer, daß der Sänger am gleichen Abend noch starb.
Mehrere Monate lang gab man die Oper nicht mehr. Endlich fand sich ein beherzter Künstler, der alles Geschehene als dumme Zufälle erachtete. Er sang, als die Arie kam, dennoch mit geheimer Angst. Das Publikum hielt den Atem an. Nichts geschah! Der Bann schien gebrochen. Der Sänger zechte mit seinen Kollegen bis zum Morgen, ging dann mit schwerem Kopf nach Hause, wurde auf dem Weg dorthin von einem Wagen angefahren und war auf der Stelle tot.

Frau L. S. in B. litt, durch schwere Schicksalsschläge bedingt, unter harten inneren Anfechtungen, so daß sie selbst wahrnahm, wie ihr Glaube schwächer wurde. — Lange Zeit mied sie den Kirchgang. Dann aber raffte sie sich doch wieder auf,

weil sie fühlte, daß auch das Fernbleiben Versuchung sei. Nur in der hintersten Bank nahm sie Platz.
Da predigte der Pfarrer über das Wort: „Siehe, der Satan hat euer begehrt, daß er euch möchte sichten wie den Weizen. Ich aber habe für dich gebeten, daß dein Glaube nicht aufhöre ..." (Luk. 22,31-32). In diesem Wort erkannte sie die Stimme ihres Gottes für ihre Stunde. Und ihr Glaube kräftigte sich wieder.

Kann man noch von „Zufall" oder gar „blindem Zufall" reden, wenn das Erlebnis unmittelbar in die geheimnisvolle Welt der göttlichen Bewahrung hineinführt, wie das nachfolgende Erlebnis zeigt? Bewahrung war es, was unter der Maske des Zufalls, ja des Irrtums geschah:
Pfarrer W. in B. war während des Krieges Vorstand eines Waisenhauses für Knaben in einer westdeutschen Großstadt. Sobald Voralarm gegeben wurde, mußte der Hausmeister die ganze Bubenschar in bestimmte Notquartiere eines Vorortes hinausfahren, wo diese die Schreckensnacht einstweilen verbringen sollten. Wieder einmal kam ein Voralarm; aber ausnahmsweise war der sehr zuverlässige Hausmeister abwesend. Es fand sich aber ein „zufällig" in der Nähe weilender Ausländer bereit, die Buben zu ihren Notquartieren hinauszufahren.
In der Hast und Aufregung des Aufbruchs war die Verständigung mit ihm nur allzu knapp möglich; von seinem Fenster aus sah der Leiter der Anstalt noch, daß der Fahrer eine ganz falsche Richtung einschlug, die jenen Notquartieren genau entgegengesetzt war! Er sah auch, wie einige Buben an der Glasscheibe (zwischen dem Führersitz und dem Laderaum) pochten, um sich mit dem Fahrer zu verständigen — aber er rollte davon. Unter entsetzlichen Gewissensfoltern verbrachte der Anstaltsvorstand die ganze Schreckensnacht. Am nächsten Morgen aber kamen alle Jungen samt ihrem Fahrer zurück — sie blieben völlig unversehrt, mußten allerdings die ganze Nacht irgendwo im Wald verbringen. Die Notquartiere aber

wurden unter zahllosen anderen Brandfällen dieser Nacht völlig zu Asche. Nach menschlichem Ermessen wäre nicht einer der Jungen dort mit dem Leben davongekommen.

Pfarrer M. L. in W. wurde auf einer Dienstfahrt von einer Panne überrascht, als er durch einen kleinen Ort fuhr. Es war gegen Abend; er stieg aus und ging aufs Geratewohl in das nächste Haus, um nach einer Reparaturwerkstatt zu fragen. Eine jüngere Frau öffnete und erkannte sofort an der schwarzen Dienstkleidung, daß sie einen Pfarrer eingelassen hatte. Sie sah ihn an, als käme ein Bote vom Himmel, brach dann in Tränen aus und zog ihn hastig abseits in eine Kammer. Dort sagte sie, er sei „wie ein wahrer Engel gekommen", denn seit Stunden habe sie gebetet, es möchte doch so schnell wie möglich ein Pfarrer ins Haus kommen. Die Familie hatte an diesem Nachmittag die Todesnachricht von ihrem weit entfernten Sohn bekommen und der untröstliche Vater spreche nur noch davon, daß er sich alsbald das Leben nehmen wollte, ja „noch diese Nacht". Er habe sich längst ganz vom christlichen Glauben gelöst. — So kam es zu einem langen Gespräch des Pfarrers mit der verzweifelt gestimmten Familie; er wurde sogar eingeladen, über Nacht zu bleiben. Der geplante Selbstmord ist dann nicht geschehen. Die Trauernden beugten sich unter das Zeugnis der kommenden Auferstehung. So war die Autopanne kein Zufall . . .

Pfarrer L. R. in A. litt darunter, daß er trotz ernster Gemeindearbeit und Predigtmühe kein Echo in seiner Gemeinde spürte. Die Last schien ihm eines Tages nicht mehr tragbar, so daß er erwog, am nächsten Tag seiner Kirchenbehörde einen Versetzungsantrag zu schreiben oder in einen ganz anderen Beruf umzusteigen. Er saß allein abends in seinem Zimmer. Da rief eine ihm fremde Frau an und fragte ihn nach dem Predigttext des letzten Sonntags, ja sie erbat eine Predigtabschrift, weil sie tief beeindruckt heimgegangen sei. Nach einer Stunde kam eine Frau und meldete den plötzlichen

Tod ihres Mannes an. So kam es zu einer ausführlichen Glaubensunterredung im Blick auf den Auferstandenen. Sehr dankbar und getrost ging die Frau weg. — Zehn Uhr war vorüber, als es läutete. Ein jüngerer Mann erschien und stammelte, er müsse heute nacht noch beichten. Bei diesem Nachtgespräch kamen schreckliche Dinge zutage. Der Pfarrer, durch diese drei „Zufälle" tief bewegt, schrieb den geplanten Brief nicht. Er blieb mit gutem getröstetem Gewissen und hat das nicht bereut.

Angesichts der letzten Beispiele ist man geneigt, das Wort Zufall als Kennwort für das Berichtete gar nicht mehr gelten zu lassen, sondern sich nochmals an *Lessing* zu erinnern: „Das Wort Zufall ist Gotteslästerung. Nichts unter der Sonne ist Zufall!" Gerade mancher scheinbare Zufall „steigt aus den tiefsten Quellen". Freilich können wir bei dieser Beispielskette eine unmittelbare oder auch nur mittelbare Botschaft von Drüben nicht aufweisen. Aber die Hand Gottes wird für den, der im tieferen Sinn sehen, ja schauen will, unverkennbar deutlich geworden sein. Es ist eben nicht zufällig, daß die Bibel in beiden Testamenten so häufig von dieser verborgenen „Hand" spricht. Damit greift sie weiter aus und blickt tiefer hinter den Vorhang der äußeren Realitäten, als die philosophisch-psychologische Zufalls-Deutung einbringen kann. Diese kann höchstens von einer „Gleichsinnigkeit, die sich in einem Strukturgefüge vollzieht, das die dreidimensionale Welt überschreitet", sprechen (Hans Bender, ähnlich W.v. Scholz), von aufweisbaren Vorgängen, „die aufeinander bezogen sind, ohne daß eine ursächliche Verknüpfung nachweisbar wäre".[1] Eine schicksalsmächtige Lenkung dessen, was Menschen nicht wissen, nicht lenken, nicht zum Konnex in solcher Präzision, wie gezeigt, zusammenbringen können — ist sie überhaupt abweisbar, drängt sie sich nicht jedermann auf als ein auffälliges, oft spielhaftes, launiges, dann wieder bitterernstes Arrangement einer Allmacht? Und wenn *Schopenhauer* von einer „unendlichen Kausalkette" sprach, „hinter der ein transzendenter Wille stehe, die erste Ursache" — warum dann dem Verursacher der Ur-Sache den Namen verweigern, den alle Völker und alle Religionen ihm je und je gegeben haben und geben werden: Gott?!

„Wir wandeln alle in Geheimnissen" (*Goethe*). Alle Religionen wissen, daß Gott hinter der Weltbühne die Fäden der Schicksale in verborgener Weise verwebt und wieder löst, im Größten und im Kleinsten. Die sinnvollen Zufälle zeigen uns blitzhaft an einem winzigen Ausschnitt gelebten Lebens diese Wahrheit. *Marie von Ebner-Eschenbach* hat für dies Gebiet das schöne schlichte Wort geprägt: „Der Zufall ist die in Schleier gehüllte Notwendigkeit."

Noch deutlicher *Albert Schweitzer:* „Der Zufall ist das Pseudonym, das Gott wählt, wenn er incognito bleiben will."

IX

GRUNDSÄTZLICHE BESINNUNG

1. *Grenzen des Erkennens*

Seit urfernen Tagen hat der Mensch versucht, sein Dasein denkend zu durchdringen, um so der Vielgestaltigkeit der Erscheinungen erst recht innezuwerden, sie zu gliedern, zusammenzufassen und zu beherrschen. Hinter diesem unablässigen Bemühen, durch alle Möglichkeiten des Denkens den Wirrwarr der Welt in Natur und Geschichte zu klären, steht die verborgene Angst, vieler Erscheinungen des Lebens nicht habhaft zu werden, weil die Denkmöglichkeiten dazu nicht mehr ausreichen. In der Tat stößt der Mensch immer wieder, und zwar sehr bald, an jene unbequeme Grenze seines Denkens, wo er hilflos die schärfsten Waffen seines Geistes strekken muß. Ja, gerade der denkende Mensch weiß von jenem unabmeßbaren Erfahrungsbereich, der seiner Denkfähigkeit noch zu allen Zeiten gespottet hat: Es sind die Erfahrungen, die den Bereich der fünf Sinne übersteigen, aber doch von uns Menschen mit ihren fünf Sinnen wahrgenommen werden können, Erfahrungen, die aus einem Jenseits dieser materiellen Welt stammen müssen.

Diesen Erfahrungsbereich hat die Psychologie, Psychopathologie und Parapsychologie (jüngst auch „Paranormologie" genannt, nach A. Resch) in den letzten Jahrzehnten zu einer der jüngsten und nun endlich als seriös anerkannten Wissenschaftszweige ausgebaut. Sie hat allerdings ihre Phänomene mit Hilfe eines Dickichts begrifflicher Neubildungen und ausgeklügelter experimenteller Methoden zu ordnen versucht — aber diese Begriffe sind noch immer vieldeutig und daher umstritten geblieben. Wir wollen uns daher bewußt jener Fachsprache enthalten und uns dem schlichten Gefäß der deutschen Muttersprache anvertrauen. Damit geben wir von vornherein zu, daß auch der wissenschaftlichen Fachsprache versagt geblieben ist, den eisernen Vorhang zu heben, der uns von der außersinnlichen Welt trennt. So geziemt uns nur ein bescheidenes Nachtasten, ein demütiges Auffangen jener Lichtstrahlen, die aus der unsichtbaren Welt dann und wann unsere Stirnen streifen. Wer also scharfsinniges Klügeln, kühne Denkwagnisse, „noch nie dagewesene" Klärungsversuche in diesem Buch finden wollte, wird enttäuscht bleiben. Vor einer Überschätzung des menschlichen Denkvermögens warnt uns übrigens auch die Denkforschung und Seelenkunde; so bezeichnet G. von Frankenberg den „menschlichen Denkapparat" nur als einen Auslese-Apparat, einen „Probiermechanismus". Wie unzuverlässig das Hirn des durchschnittlichen Menschen arbeitet, ist wohl nur wenigen ganz klar. Eigentlich schöpferische Denkleistungen sind nicht jedermanns Sache. Sie kommen nur zustande, wenn eine Reihe von Möglichkeiten in großer Klarheit vor das geistige Auge gerückt werden und die Kritik darunter wählt. Leider aber ist gestaltendes und kritisches Vermögen selten im Einklang. Wie oft jede Spur von Kritik fehlt, braucht kaum gesagt zu werden. Doch auch die Phantasie kann sehr kümmerlich entwickelt sein. Bei vielen Menschen besteht das Denken — das dann diesen Namen eigentlich noch nicht verdient — fast nur aus Assoziationen (Verbindungen von Vorstellungen derart, daß die eine, wenn sie auftritt, eine nachfolgende, selbständig hinzutretende zum Bewußtsein bringt.) [1]

Goethe hat sich über das menschliche Denkvermögen noch viel sicherer auszusprechen erlaubt, etwa in jenem schönen Vergleich: Es ist „mit der Gedanken-Fabrik wie mit einem Webermeisterstück, wo ein Tritt viel tausend Fäden regt, die Schifflein herüber und hinauf schießen, die Fäden ungesehen fließen, ein Schlag tausend Verbindungen schlägt."

Weitab also von solcher stolzen Selbstsicherheit gibt die jüngste Denkforschung unbestritten die Begrenzheit des Erkennens und die Unlösbarkeit der gedanklichen Widersprüche zu. Sie schämt sich seit Thomas Huxley nicht mehr ihrer Wendung zu dem sokratischen Geständnis, das ja auch die Schranken des begrifflichen Ausdrucksvermögens in sich schließt: „Wir wissen, daß wir nichts wissen können." Was nun die parapsychischen Phänomene anlangt, so gelte für ihren Bereich die Forderung: „Man soll nichts von vornherein für unmöglich halten, solange es nicht widerlegt ist. Aber wir setzen gleich die Forderung hinzu: man soll nichts für wahr halten ohne hinreichende Beweise. In diesen *beiden* Forderungen gründet wissenschaftliches Arbeiten." [2]

Auch die Bibel bekennt sich zu der gleichen Vorsicht: „Verlaß dich nicht auf deinen Verstand!" (Sprüche 3,5), denn nur „Sein Verstand ist unausforschlich" (Jesaja 40,28). Noch strenger hat *Luther* „die gesunde Vernunft und alle Weisheit des Fleisches" (des natürlichen Menschen) „Finsternis" genannt (Auslegung zu Psalm 18,29), soweit diese nicht durch das Wort Gottes in uns die Klarheit Gottes des Vaters spiegelt. Darum möge „diese Finsternis durch das Licht des göttlichen Wortes erleuchtet werden". „Ja, je weiser einer ist, desto törichter wird er bei zustoßender Gefahr"; gerade übersinnliche Erfahrungen begegnen uns oft als zustoßende Gefahren. Luther hat noch bei anderer Gelegenheit als Ausleger von Psalm 32,8 widersprüchliche Aussagen geformt, wenn er dort Gott etwa in den Mund legt: „Es muß gehen nicht nach deinem Verstand, sondern über deinen Verstand; senk dich in Unverstand, so gebe ich dir meinen Verstand; nicht wissen, wohin du gehst, das ist das rechte Wissen, wohin du gehst. Mein Verstand macht dich gar unverständig." [3]

Ähnlich hat *Manfred Hausmann*, verstorben 1986, angesichts der Weglosigkeit unserer Zeit geschrieben:

Wer des Lichts begehrt,
muß ins Dunkel gehn.
Was das Grauen mehrt,
läßt das Heil erstehn.
Wo kein Sinn mehr mißt,
waltet erst der Sinn.
Wo kein Weg mehr ist,
ist des Wegs Beginn. [4]

Dürfen wir uns trotzdem der außersinnlichen Erfahrungswelt zuwenden, wenn demnach das menschliche Denken, die menschliche Rede nur ein unzulängliches Mittel der „Verständigung" ist? Wir wagen es nur, weil wir alle PSI-Phänomene in den Lichtkreis der Heiligen Schrift rücken. Er freilich erhellt uns durchaus nicht alles — vieles müssen wir nach wie vor im Dunkel liegen lassen, in das Gott diese Phänomene eingebettet hat. Darum schweigen wir da, wo die Bibel schweigt. Denn „Unser Wissen und Verstand / ist mit Finsternis umhüllet, / wo nicht Deines Geistes Hand / uns mit hellem Licht erfüllet" (*Tobias Clausnitzer*).

Wiederum soll PSI in seinem ganzen Umfang nicht nur dem Zugriff der Parapsychologie als strenger experimentell arbeitender Wissenschaft überlassen bleiben. Wir können uns nicht allein auf die nur-rationalistischen Deutungsversuche verlassen, etwa die Lehrmeinung, daß in den Vorgängen, die die Hirn-Physiologie bearbeitet, Kern und Stern aller künftigen PSI-Rätseldeutung wie in einem Keim enthalten sei oder sein werde.

Gewiß senden wir Strahlen aus; sie sind elektromagnetischer Natur von außerordentlicher Schwäche. Entscheidend ist aber, daß es sich dabei um Stoffwechselvorgänge der Gehirntätigkeit handelt, „nicht um Strahlen als Träger von seelischen Inhalten und objektivierbaren Strukturen". Sodann: „Für die Erklärung der Präkognition versagt die Strahlungshypothese von vornherein. Denn wie sollte ein zukünftiges Objekt, das

als solches noch gar nicht existiert, Strahlen aus der Zukunft in der Gegenwart senden können?" [5]
Wir können indessen Zeit und Raum nicht leugnen. Beide begrenzen uns ganz und gar. Wir können nur eine andere Dimension der Wirklichkeit annehmen, die der uns gewohnten, vertrauten Dimension von Raum und Zeit unendlich überlegen ist.

Es geht vielmehr darum, diesen ganzen Bereich heimzuholen in jenen Lichtkreis unsres Christenglaubens, jenen Bereich, in dem Gottes „rechte Hand ... gar wunderlich führt, also daß es ein Weg ist nicht des Fühlens und der Vernunft, sondern des Glaubens, der allein im Finstern geht und unsichtbare Dinge sieht" (*Luther*). Denn „geistliche Augen, nicht Kuhaugen" können „das verborgene Bild Gottes" schauen, können überhaupt des Ur-Widerspruches gewahr werden, indem sich der Mensch mit sich selbst befindet, haben doch alle „die Rätsel, die unsre Umgebung (unsere Umwelt) uns aufgibt, ihren letzten Grund in der Unklarheit des eigenen Selbst" (*Hermann Bezzel*). Dieser Widerspruch läßt uns nicht zur Ruhe kommen, sondern treibt uns immer wieder dazu, Schächte wissenschaftlicher Forschung in die Welt des Über-, besser Außer-Sinnlichen vorzutreiben. „Unruhig macht den Menschen nicht, was er weiß oder zu wissen meint, sondern das, was er nicht weiß, aber empfindet" (*Paul Alverdes*). Was wir also empfinden, bringt uns dazu, Neuland der Seele zu erobern.
Es liegt uns indessen fern, religiöse Empfindungen und Überzeugungen gegen Verstandeskräfte oder gar gegen exakte wissenschaftliche Arbeit auszuspielen. Die PSI-Forschung hat ihr unendliches Arbeitsfeld und soll es mit all ihren Methoden beackern. Auf ihre Erträgnisse haben wir sehr genau und dankbar zu hören. Vor Gefühlen, gesunden und ungesunden, sei im PSI-Bereich gewarnt! Hier gilt der Spott *Friedrich Nietzsches:* „Die Menschen halten die schönen Gefühle bereits für Argumente, den gehobenen Busen bereits für einen Blas-

balg der Gottheit, die Überzeugung für ein Kriterium der Wahrheit." Darum wäre der frischfröhliche Zuruf *Frank Wedekinds* für unsere Absicht nur allzu verführerisch: „Nun laßt uns in der Seele Schlünden wühlen! Laßt schweifen uns durchs dunkle Menschentum!" („König Nikolo"). Wir suchen vielmehr zwischen Scylla und Charybdis, zwischen Hingabe und Verstand oder Gefühlskräfte jenen schmalen, nie ungefährdeten Weg, den — in anderem Zusammenhang — *Friedrich Gogarten* einmal meinte: „Nur aus dem Mut des Bekenntnisses zum Nichtwissen ist wirkliches, wahres Wissen möglich."

Zu welchem Ziel kann er führen? Er möge uns lehren, die übersinnlichen Erfahrungen als einen Teil der allgemein menschlichen Erfahrungen zu werten, die wir von Stunde zu Stunde machen. Wir gewinnen einen weiteren Blick für die unlösbaren Zusammenhänge der erklärbaren und nicht erklärbaren Dinge, eine Tiefenschau unsres Daseins als eines Ganzen, in dem Begreifliches und Unbegreifliches aufs Geheimnisvollste ineinander verwoben ist; in dem Geist und Leib, ja Geisterheere und Menschenheere ineinander überspielen; wo wir der Gegenwart der göttlichen und Engel-Mächte, aber auch der satanischen, erschreckend inne werden. Wir spüren die wunderbarsten Wechselwirkungen in den oft verborgenen Flutungen des Lebensmeeres, schauen hinter die gegenständliche Welt, der das Mikroskop und das Teleskop dienen, hinter die kleinsten und größten Dinge des Meßbaren. Es wird uns klar werden, daß der übersinnliche Erfahrungsbereich nicht mehr nur als „die Nachtseite des Glaubens" und als trübe Quelle des Aberglaubens zu gelten hat; daß er weder ein Paradies ist, vor dem ein feuerbewahrender Engel uns den Eintritt weigert, aber auch keine Hölle, in die uns nur satanische Verführung locken könnte.

Des weiteren werden wir nüchtern gegen die voreilige sektiererische Zeitmeinung, dieser Bereich spende uns bisher verkannte gelegentliche Heilquellen für Leib und Seele oder

hielt gar die Lösung aller Rätsel bereit. Ebenso nüchtern sind wir gegen die gefährliche Fehldeutung, hier warten neue Offenbarungs-Wahrheiten auf uns.
Gewiß sind nach Friedrich Rittelmeyers Wort „Notzeiten immer Offenbarungszeiten" — aber sie offenbaren das Satanische nackter als das Göttlich-Reine, sie geben das Spielfeld der Weltgeschichte eher dem Satan frei als Gott — wenigstens dem Augenscheine nach. Darum weigern wir uns von vornherein jeder Auswertung übersinnlicher Erfahrungen als einer Offenbarungsquelle, die der klaren biblischen Offenbarungsfülle auch nur nahe kommen dürfte. Denn alle außersinnlichen Wahrnehmungen sind zwiegesichtig: Sie können uns etwas von der Herrlichkeit der jenseitigen Welt blitzhaft klarmachen, aber auch Finsternisse preisgeben, die unmittelbar aus dem Reich des Satans stammen. So ist — um es abschließend zu sagen — der zwiegesichtige Bereich des Außersinnlichen wie eine tiefe Wunde, die dem Wesen dieser Welt noch anhaftet, aber jenes letzten „Jüngsten Tages" harrt, der alles klarmachen wird. Denn noch ist in diesem Gebiet der Mensch der durch und durch angefochtene, gefährdete, dem nur ganz selten die Frucht der reinen Schau, des Friedens, den die Welt nicht geben kann, zuteil wird. Es genüge diesem Buch, wenn es zu jener Welterfahrung *Rainer Maria Rilkes* hinführt, die er in den „Sonetten an Orpheus" aussprach:

> Heil dem Geist, der uns verbinden mag;
> denn wir leben wahrhaft in Figuren.
> Und mit kleinen Schritten gehn die Uhren
> neben unsrem eigentlichen Tag.

Das Eigentliche liegt außerhalb der meßbaren Zeit, außerhalb des Kalenders, der Zahlen und Ziffernwerte. Wir sollen jenes andere Dasein staunend und glaubend zu Gesicht bekommen, „dem wir entgegengehen und das uns schon jetzt als eine unentrinnbare Wirklichkeit von allen Seiten umgibt" (*Karl Heim*).

2. *Der außersinnliche Erfahrungsbereich*

Es ist ein Unglück, daß der ganze Erfahrungsbereich, den wir in diesem Buch skizzenhaft durchmessen haben, noch immer in weiten Kreisen unter dem mißverständlichen und sachlich überholten Prägewort „Okkultismus" steht. Daher das Mißtrauen, daher die Anrüchigkeit, die ständige Verwechslung mit „Spiritismus". „Okkult" heißt ganz schlicht eingedeutscht „verborgen". Um Verborgenes zu enthüllen, zu enträtseln, handelt es sich bekanntlich in jeder Wissenschaft seit je her. Oder geht es in Medizin oder Astronomie, Psychologie oder Physik nicht überall um Verborgencs, das der Aufhellung dringend bedarf? Daher ist es höchste Zeit, dem unguten Prägewort „Okkultismus" unvoreingenommen zu begegnen, noch besser, es ganz verschwinden zu lassen, um dem weiteren und sachlicheren Wissenschaftsbegriff „Parapsychologie" (oder „Paranormologie", wie Prof. Andreas Resch vorschlug) die Geltung zuzubilligen, die ihr zukommt, wenigstens in ihren besten Köpfen.

Es gibt Wahrnehmungen, die unbezweifelbar unter Ausschluß der Vermittlung durch unsere fünf Sinne möglich werden. Jedermann kann sie machen — niemand kann sie herbeizwingen. Das häufigste und einfachste Beispiel bieten, wie wir sahen, die Gedankenübertragungen. Es ist, als seien unsichtbare Kabel von Seele zu Seele gespannt, wie H. Martensen-Larsen schon gesagt hat, als uns die Wunderwelt der Technik noch nicht so handgreifliche Vergleiche erlaubte wie heute; denn uns sind all jene Sende- und Empfangs-Stationen buchstäblich „alltäglich" geworden, die uns jederzeit unsichtbare Ätherwellen in hörbare Sprache und Musik umsetzen.

Es gibt drahtlos übertragbare Signale, gibt Fernschreibmaschinen, ferngesteuerte Flugzeuge. Sollte es in solcher Umwelt uns nicht viel leichter fallen — und wären wir ausgekochte Zweifler —, mit den „Spannungen" von Seele zu Seele, mit all den unendlich feineren Flutungen verborgener Kräfte zu rechnen, die zwischen unseren Seelen walten? Wer den außersinnlichen Erfahrungsbereich abtut deswegen, weil er eine Einfallspforte für Schwindeleien sei, müßte beispielsweise auch die ganze ärztliche Kunst ablehnen, weil es immer wieder Kurpfuscher gibt. [6]

Die Erfahrung aller Zeiten hat indessen eine solche Fülle von Beispielen gesammelt, daß ein Verschweigen sinnlos, ein sorgfältiges Auswählen aber notwendig geworden ist. Die Hauptgebiete dieser Erfahrungen sind neben den erwähnten Gedankenübertragungen das Vorherwissen (Präkognition), das Fernhören (Teleakustik), bei dem Geräusche, Worte oder Klänge nicht durch die natürliche Reichweite des menschlichen Ohres aufgenommen werden. Sie kommen von einem Lebendigen und suchen einen Lebendigen, können aber auch aus der unsichtbaren Welt Gottes stammen (1. Sam. 3). Sodann das Fernfühlen (Psychometrie) eines Sinneseindrucks (Freude, Schrecken, Todesgefahr), das in Fern-Sehen (Tele-Vision) übergehen kann, ja in Hellsehen, das sich auf Vergangenheit, Gegenwart und Zukunft bezieht.
Weniger harmlos als die Ahnungen im klaren, halbwachen oder im Schlafzustand, als die Traumgesichte, bei denen die Grenze zwischen Wach- und Unterbewußtsein oft fließend ist, sind die Fernwirkungen (Telekinese), Vorkommnisse unter Aufhebung des Gesetzes der Schwerkraft, außerdem der Spuk. (Grundsätzlich haben wir in dieser Darstellung alle jene Grenzfälle des Außersinnlichen weggelassen — etwa dämonische Besessenheit —, die offensichtlich auf krankhafte seelische Strukturen zurückzuverweisen sind).
Viele meinen, daß erst solche unheimlichen seelischen Krankheitszustände die Pforten zum Außer-Sinnlichen öffnen; daß schwache Nerven Vorbedingung seien. Auch *Goethe* glaubte, daß „eine sehr zarte körperliche Organisation vorauszusetzen“ sei, wenn man „seltener Empfindungen fähig sein und die Stimmen des Himmels vernehmen“ wolle. Das würde gut zu dem Bild passen, das sich *Sören Kierkegaard* von jener Welt

gemacht hat: „Hinter der Welt, in der wir leben, fern im Hintergrund liegt eine zweite Welt, die aus leichterem zarterem Stoff gebaut ist und von anderer Bonität, als die wirkliche Welt“.

Die Erfahrung beweist aber hinreichend, daß durchaus lebensfeste, nervenstarke, gesunde Menschen ohne verfeinerte oder kränkelnde Seelenschicht von außersinnlichen Erfahrungen ebenso berührt, ja überfallen werden wie die zartnervigen. Dabei sind es zumeist nur „Augenblicke und oftmals unhörbare Augenblicke, in denen jene Begegnungen geschehen und diese Erkenntnisse in uns aufleuchten, denn die Boten des Unsichtbaren tragen in unserer Welt das Gepräge der Fremdlingschaft, des Vorbeieilens, der heiligen Unaufdringlichkeit“ (*Erich Schick*), es sind wie schon *Karl Ludwig Schleich* gesehen hat, die „leisen Töne, die durch den Lärm, der sie vernichten soll, immer eindringlicher zum Klingen gebracht werden. [7]
Jedermann kann grundsätzlich solche Erfahrungen machen, ohne erst eine seelische Bruchstelle bei sich wahrzunehmen. Mancher aber verdrängt sie in sich oder weiß zu wenig von jenen geheimen Kräften, „daß er sich für verrückt hält, wenn er sie zufällig anwendet“ (*Elin Wägner*). Welch ungeheuerliche Macht ruht allein schon in dem Milliardenschwarm unsrer Gedanken, die wir besitzen, anreichern, verschwenden — durch die wir unablässig in das Leben anderer Menschen hineinwirken! Eine außersinnliche Begabung, (Kurt Koch nennt sie „außersinnliche Behaftung“) ist freilich möglich, wer wollte sie leugnen? Aber vonnöten wäre sie erst da, wo man etwas Gewerbsmäßiges bezwecken wollte, was immer fragwürdig bleibt, etwa berufsmäßiges Hellsehen u.ä. Solchen Absichten gelte das hübsche Wort: „Wer ist ein Hellseher? Einer, der im Drüben fischt!“

Wie steht es nun aber mit jenem Drüben? Der tiefsinnige Schlesier *Hermann Stehr* hat es in seinem Roman „Peter Brindeisener“ mit einer magischen Hohlkugel verglichen:

„Das Dasein des Menschen wölbt sich aus Träumen, Sehnsüchten, Ahnungen, seligen oder Laster-Versunkenheiten, aus lichten und dunklen Hoffnungen, eine außerirdische Welt, ein Himmel oder eine Hölle je nachdem, jedenfalls etwas wie eine magische Hohlkugel, die dem Tummelplatz unsrer Erdenschicksale den eigentlichen tieferen Sinn gibt. Und alle Menschen brauchen diese außerirdische Unterkunft für ihr Leben."

Er meint also einen Schwerpunkt unseres Lebens, der außerhalb unseres irdischen Bereichs liegt, aus dem wir aber Erfahrungen schöpfen, und in die hinein wir unsere Sehnsüchte und Hoffnungen bergen dürfen.

Das ist gewiß vorsichtig gesagt, „ahnungsvoll" im Sinne *Goethes,* der sich zu Eckermann gelegentlich eines Traumgesprächs ähnlich vorsichtig aussprach: „... Dergleichen liegt wohl in der Natur, wenn wir auch dazu noch nicht den rechten Schlüssel haben ... Wir sind von einer Atmosphäre umgeben, von der wir noch gar nicht wissen, was sich alles in ihr regt und wie es mit unserem Geiste in Verbindung steht. Soviel ist wohl gewiß, daß in besonderen Zuständen die Fühlfäden unserer Seele über ihre körperlichen Grenzen hinausreichen können und ihr ein Vorgefühl, ja auch ein wirklicher Blick in die nächste Zukunft gestattet ist."

Einen Schritt weiter führt *E. Th. A. Hoffmann,* weil er die Zwiespältigkeit dieser Hinter-Welt gesehen hat: „Nicht wegzuleugnen ist die geheimnisvolle Geisterwelt, die uns umgibt und die oft in seltsamen Klängen, ja in wunderbaren Visionen sich uns offenbart. Die Schauer der Furcht, des Entsetzens mögen nur herrühren von dem Drange des irdischen Organismus. Es ist das Weh des eingekerkerten Geistes, das sich darin ausspricht" („Der unheimliche Gast").

Angesichts der gesamten außersinnlichen Wahrnehmungen bleibt dies „Weh des eingekerkerten Geistes". Sie können uns daher nicht aus der Lebensangst heraushelfen, auch wenn wir da und dort hinter die Pforten des Todes schauen und jetzt schon etwas von der Fülle der Erlösungswelt ahnen.

3. *Entsprechungen zur biblischen Weltsicht*

Wir wiesen einleitend darauf hin, daß alle PSI-Phänomen in der Bibel ihre historische Entsprechung haben: Eingebungen, Stimmen, Ahnungen, Traumbefehle, Traumwarnungen, Wunder, Hellsehen, Totenerscheinungen, Wiederverleiblichungen, Verklärung, Entrückung, Fernhören, Spuk, u.a. Sollten sich in all dem nur Mythen, nur literarische Arabesken der vorderorientalischen Welt vor 2000 Jahren ausgeprägt haben? [8]

Versteht man die Kernstellen der Bibel so, wie sie wörtlich gemeint sind, so ergibt sich: die Bibel rechnet mit einer totalen Wesensverwandlung all dessen, was je war, ist und sein wird in einer allumfassenden Neu-Schöpfung, die Mikrokosmos und Makrokosmos umgreift. In diese Wesensverwandlung sind die Toten inbegriffen; daher wird ihnen nicht ein radikales Ausgelöschtsein, eine totale Existenzvernichtung in Zeit und Ewigkeit zugeschrieben, sondern der Tod als ein Schlafzustand verstanden, der einmal einem Erwachen in einer Neu-Schöpfung weicht. Dabei wird jene neue Welt Gottes ein unendliches Übergewicht über die jetzige diesseitige Welt in ihrer Zeit- und Raum-Gestalt gewinnen. Christus hat (Lukas 16!) die Verbindung zwischen Diesseits und Jenseits in jener berühmten Erzählung aus dem Leben (nicht bloß ein literarisches „Gleichnis"!) dargetan. Er hat die Vorstellung von einem belebten Totenreich in seinen Zuhörern erweckt und vertieft (als Schüler des Alten Testaments hatten sie davon schon eine Ahnung); hinter Christi Worten muß eine existentielle Wahrheit und jenseitige Wirklichkeit stehen — sonst wären seine prophetischen Worte nichts als Schaumschlägerei. Bezeugt er jene Wirklichkeit, so dürfen wir

Heutigen mit seinen Worten ihm genau die Sprache nachsprechen, die er einst gesprochen hat. So sind umgekehrt die PSI-Erfahrungen aller Zeiten eine rückverweisende Entsprechung zu Christi Wahrheit vom Jenseits. Darum konnte der Theologe *Ötinger* sagen: „Leiblichkeit ist das Ende aller Wege Gottes", darum sprach *Adolf Schlatter* von der Ausstattung des Menschen im Jenseits mit einem „neuen Organ oder Organismus", darum *Erich Schlink:* „Der Mensch muß sterben, aber er kann nicht aufhören zu sein." Darum *Karl Barth* („Credo" 125): „Tod ist Trennung der unsterblichen Seele vom Leib." Unsterblich: nicht gemeint in der üblichen Begriffsfüllung, die auf Plato zurückgeht, sondern im Sinne Jesu Christi. Maßgebend bleibt uns Christen seine Prophetie. Er hat, wie es *Karl Heim* in einer Predigt formulierte, uns Kunde von dem gebracht, was jenseits des eisernen Vorhangs, der irdische und nichtirdische Welt noch immer trennt, vor sich geht. Er trat vor diesen Vorhang, in prophetischer göttlicher Selbstgewißheit den fernsten Horizont aufreißend, das Panorama des Jüngsten Tages, der „Letzten Dinge". Ob er damit Vorfreude wecken wollte in der Spannung auf jenen Jüngsten Tag? Jedenfalls „machen uns die endzeitlichen Gleichnisse Jesu die endgültigen Maßstäbe sichtbar, mit denen der verborgene Gott uns die nachtodliche Welt jetzt schon faßbar macht" (*K. H. Rengsdorf*). In den Entsprechungen der PSI-Erfahrungen haben wir die innerweltlichen Entsprechungen vor uns. Auf dem Evangelischen Kirchentag zu Düsseldorf 1973 erklärte *Ernst Benz:* (In den biblischen PSI-Berichten) „haben wir es mit einer Fülle von Erscheinungsformen einer anderen Wirklichkeit zu tun . . ., die alle eine unmittelbare Analogie zu dem von der Parapsychologie erforschten Phänomen aufweisen." [9]

Er forderte mit Recht dazu auf, diese Erscheinungen endlich als „geschichtliche Fakten anzuerkennen" wie die Charismata, die die Christenheit auf ihrem Wege immer begleitet haben.

Die PSI-Erfahrungen der Bibel bis heute machen uns gewiß, daß zwischen diesseitigem leiblichem und jenseitigem geistleiblichem Leben eine Kontinuität besteht. Hier muß auch der Einsatzpunkt liegen gegen alle veraltete, plumpe, aber noch immer massenwirksame Kritik und Verächtlichmachung des Jenseitsglaubens, die ihre Waffen aus der Mottenkiste des Marxismus holt. Benz entwickelte den großartigen und tröstlichen Gedanken, daß zum „Leib Christi" die Lebenden und die Toten gehören eben in der unteilbaren Kontinuität einer existenziellen Ganzheit im Diesseits und im Jenseits, und das eben nicht erst vom ausstehenden Tage der allgemeinen Auferstehung an, sondern jetzt schon. Überspitzt gesagt: für den an Christus gebundenen Menschen gibt es gar keine Toten, weil in Christus der Tod schon überwunden ist: „Leben wir, so leben wir dem Herrn. Sterben wir, so sterben wir dem Herrn. Ob wir leben oder sterben, so sind wir des Herrn (Eigentum)" Röm. 14,8.

So stellt Jesus Christus an uns, seine Nachfahren, die Frage, ob wir ihm so viel göttliche Autorität zutrauen, daß er wirklich und endgültig der Bürge Gottes, der Mund Gottes auf Erden war, der uns ein für allemal die granitne Wahrheit vom Leben nach dem Tode zugebracht hat. Oder sollte er sich geirrt haben? Sollte sich Thomas getäuscht haben, als er die Geistleiblichkeit des Auferstandenen sehen und betasten durfte?

Wesentlich ist vor allem, daß wir durch Christus wissen: wir verlieren im Tode unsere Identität nicht. Die Naturwissenschaft kann gerade noch das Schwinden des Bewußtseins feststellen, die Hirnphysiologie hat ebendort ihre eiserne Grenze; Christus führt über die Schwelle des individuellen Todes hinaus. Nur seine Prophetie lichtet das wissenschaftliche Dunkel, das immer Dunkel bleiben muß an dieser Stelle. Damit gibt Christus unserem Leben jetzt in der verweslichen Leibesgestalt einen unerhörten Wert, eine Einmaligkeit, die jenseits weitergeht — nicht zu Hunderten von fragwürdigen „Reinkarnationen", sondern zur neu geschenkten Geistleiblichkeit im Vaterhaus Gottes. Sonst wäre die Einladung Christi zum Großen Abendmahl mit den Seinigen leeres Geschwätz ebenso wie das Wort an den Schächer und der Ruf des 90. Psalms „Kommet wieder, Menschenkinder!" Unsere christlich zu verstehende „Unsterblichkeit" besteht also darin, daß uns Christus als ein bruchlos transzendentales Wesen verstehen lehrte, dem er die Fortexistenz im Jenseits garantiert hat.

Haben wir jetzt schon Verbindung mit den Verstorbenen? Nur die Bibel macht uns darin gewiß; aber eine Ahnung davon erfüllt und erfühlt wohl jede Menschenbrust. Dieses Ur-Hoffen wird einmal zum „neuen Schauen" ausreifen. Hinter dieser Ur-Hoffnung steht ein Ur-Wissen der ganzen Menschheit (Joseph Wittig). Hier scheiden sich Unglaube und Glaube wie Wasser und Feuer. *Sigmund Freud* konnte sagen: „Religiöser Jenseitsglaube ist nur eine Anleihe auf ein Gut im Mond. Er ist die menschliche Zwangsneurose." Ähnlich *Albert Einstein:* „Unsterblichkeitsglaube ist nur ein Gedanke der Furcht und des absoluten Egoismus schwacher Seelen." Dem gegenüber *Ernst Jünger:* „Erst wenn der Tod uns aufbricht, werden wir wahrhaftig lebendig sein. Wir werden sehend, wenn das Licht erlischt. Der Augenblick des Todes wird der Augenblick unserer höchsten Begabung sein." [10] Was Horaz schon wußte, „Non omnis moriar" (Ich werde nicht ganz sterben), hat *Robert Jungk* für unsere Zeitgenossen ausgesprochen: „Am Ende unseres Jahrhunderts wird kein Mensch mehr zweifeln an einem Leben nach dem Tode."

4. *Vom Altertum zur Gegenwart*

Seit Enno Nielsen seine große Stoffsammlung „Das Unerkannte auf seinem Weg durch die Jahrtausende" herausgegeben hat, ist nicht mehr zu leugnen, daß übersinnliche Erfahrungen bei allen Völkern und zu allen Zeiten gemacht wurden und werden. Dem kühnen Geologen Edgar Dacqué blieb es vorbehalten, die Linien Enno Nielsens nach rückwärts in vorgeschichtliche Zeitalter auszuziehen.

Er nimmt an, die vorgeschichtlichen Menschen hätten gesteigerte Fähigkeiten auf übersinnlichem Gebiet besessen, die sie zu Leistungen ermächtigten, welche wir heute überhaupt nicht mehr verstehen. So schreibt er die Aufrichtung riesiger Steindenkmäler solchen „magischen" Fähigkeiten zu, da sie mechanisch-technisch unerklärbar bleiben.

Wie dem auch sei, sicher ist, daß alle Naturvölker mit einer Fülle außersinnlicher, stark religiöser Vorstellungen und Bräuche unsre abendländischen Missionare und Weltreisenden überraschen. Unter ihnen hat außersinnliches Wissen über Vorgänge der Natur, des Tierlebens, des Sterbens, hat echter Zauber noch sein Heimatrecht (vgl. Ernesto Bozzano).[11]

Es hieße Bäume in den Wald tragen, die Wunderwelt Indiens in diesem Blickfeld besonders zu würdigen. Was zahlreiche Reisetagebücher, was Autoren wie Waldemar Bonsels, Hermann Hesse und zuletzt Ernst Wiechert („Der weiße Büffel") dargestellt haben, beweist, wie auch dort alles Außersinnliche in ganz unbefangener Weise das Leben der Familie, der Öffentlichkeit, der einheimischen Religionen durchwebt.

Wer die Bibel auf diesem Felde noch gründlicher abhorchen möchte, sei im Vorübergehen erinnert an die Erzählung von der „Hexe" (gemeint: Medium) von Endor (1. Sam.), die auf 1200 Jahre vor Christus zurückreicht. Man denke ferner an die seltsame Geschichte von Asmodi im apokryphen Buch Tobias (9. Jhdt.v.Chr.), an die Begegnung des Eliphas mit einem Geist, die versucherische Rede an Hiob (Hi. 4,12-16) oder an das bekannte Gastmahl des Belsazar (Daniel 5), auch an die dämonischen Wunder (Matth. 24,24; Mark. 13,22; 2.Thess 2,9). Erich Schick hat in seinem Buch „Die Botschaft der Engel" diesen besonderen Erlebniskreis durchlichtet.

Auch die Griechen und Römer des Altertums haben uns — nach Enno Nielsen — verblüffende Beispiele überliefert. Aus dem Mittelalter bezeugen übersinnliche Erfahrungen neben vielen anderen etwa Bernhard von Clairvaux, Franz von Assisi, Petrarca, Jeanne d'Arc, Savonarola, Paracelsus von Hohenheim, Hector Boêthius; aus Luthers Zeit Friedrich der Weise, Philipp Melanchthon, Willibald Pirckheimer und der Reformator selbst.

Aus neuerer Zeit haben wir wiederholt Goethe zitiert. Aber auch Fichte, Hegel, Schopenhauer haben mit der Wirklichkeit des Außersinnlichen gerechnet. Aus der deutschen Romantik erwuchs das erste protokollarische und mild-kritische Werk, Justinus Kerners „Seherin von Prevorst". Leider läßt das dauernde Ineinander von Persönlichem und Religiösem, Sittlichem und Moralischem, Kosmischem und Naturhaftem die Auswertung dieses seltsamen Buches für unsere Zeit nur in stark einzuschränkender Weise zu. Dem 19. Jahrhundert hat es immerhin den sehr bedeutsamen Dienst getan, wie eine einsam-warnende Stimme in den lauten Chor jener Zeitgeister hineinzurufen, die alle Geheimnisse zwischen Himmel und Erde, von denen sich die zünftige Schulweisheit nichts hat träumen lassen, materialistisch-mechanistisch erklären wollte. In unserer Zeit rührt sich wieder das gefährliche Bestreben, alles Außersinnliche zu vergöttlichen, eine neue Offenbarungsquelle freizulegen. Davor wollen wir aufs strengste gewarnt haben und uns jeglichem scheinchristlichen Bemühen dieser Art verschließen. Hier öffnen sich Wege, die allesamt in trübe Sektiererei einmünden müssen.

Warum aber können wir heute die klärende Beschäftigung mit dem Außersinnlichen nicht ganz unterdrücken? Hat nicht der Zweite Weltkrieg unter den Todesschreien Millionen Sterbender, dem Schwirren der Fliegerschwärme, dem Donner der Artillerien, dem Zerknallen der Bombenteppiche den Erdball in weitesten Himmelsstrichen so erdröhnen lassen, daß zwischen all den gewalthaften Dingen satanischer Lautstärke die leisesten Dinge, jene, die in der geheimnisschwangeren Grenze der sichtbaren und der unsichtbaren Welt haften, die im Niemandsland zwischen Diesseits und Jenseits Ereignis wurden, kaum mehr vernehmbar waren? Oder sollten heutige Erfahrungen nur auf die letzten Spökenkieker beschränkt bleiben? All diese Erfahrungen sind geschehen und geschehen immer wieder! Sie gehören zur Zeitchronik genau wie die Daten der Politik, weil sie ein Stück unseres Lebens sind, Geschehnisse der „heiligen Unaufdringlichkeit", die das unmittelbare Nahesein göttlicher Kräfte bezeugen, oft unwägbar, oft an der Schwelle zwischen Tag und Traum, manchmal aber wie jähe Blitze aus der Welt der Geister hereinleuchtend in unsere natürliche Welt.

Wer selbst solche Erlebnisse gehabt hat, weiß, daß sie zu den wichtigsten Minuten unseres Lebens gehören, weil sie den Vorhang lüften, hinter dem die vorborgenen Fäden sichtbar werden, nach denen Gott der Herr unsere Schicksale verknotet und löst. Sie alle stammen zwar aus der vieldeutbaren Sphäre des im Schweigen, im leisesten Andeuten redenden Gottes, geben uns aber Wegweisungen und Erkenntnisse, die um Sternenhöhe alles überragen, was wir uns sonst immer aneignen konnten.

Sie machen uns gewiß, daß unser Leben bis ins Kleinste hinein eingebettet ist in die geheimnisvollen Kräfte der Ewigkeit, die jetzt schon unseren Alltag durchwirken. Achten wir auf sie, so wollen wir also nicht die verbotene Tür zur Dunkelkammer des Spiritismus aufstoßen. Aber wir haben ein feineres Gespür bekommen für die verborgenen Fußspuren Gottes in unserem Leben und gewinnen daraus eine Hilfe und Stärkung unseres Glaubens.

Ist Gott der Schöpfer der sinnlichen faßbaren Welt, so ist er auch Schöpfer der außersinnlichen Welt. Fällt kein Haar von unserem Haupt ohne sein Wissen, so sind auch die Traumahnungen unserer Seele an ihm vorbeigegangen, ehe sie uns trafen. Wir erschließen unserem Glauben eine ganz neue Tiefendimension. Wir sehen ein, daß wir unseren Glaubensbesitz nicht zurücklassen oder zerschlagen müssen, wenn wir die nur matt erhellbare Landschaft der Parapsychologie betreten, sondern ihn durchaus mitbringen dürfen, um ihn von einer ganz neuen Seite her immer wieder bestätigt zu finden.

5. *Vom Geheimnis der Seele*

Der niederdeutsche Dichter *Friedrich Ernst Peters* hat in seiner Dichtung „Tag, Schlaf und Traum“ dargestellt, wie sich die Seele des Menschen, von der Tagesarbeit müde, auf das Meer des Schlafens hinaustragen läßt, um dort die Segel kühner Träume aufzuziehen, dienstbar einem geheimnisvollen Steuermann:

Schlaf — und mit einem Male
wandelt das Leben sich sehr,
streckt sich wie eine schmale
Halbinsel tief ins Meer.
Meer, wie die Blicke sich wenden,
Meer, das nicht enden kann,
und von allen Enden
rauscht die Unendlichkeit an.
Träume — verwegene Fregatten
preisen lockend ihr Ziel.
Irren nicht und Ermatten
kennt ihr gleitender Kiel.
Schon ist die Bordwand erklommen,
Segel knattern im Wind.
Der Steuermann hat vernommen,
wo deine Wünsche sind.[12]

Wer ist der ungenannte Steuermann der verwegenen Fregatten, der Träume? Es ist die Seele, aus der all unsere Wünsche aufsteigen, den Willen antreiben, die Tat beherrschen — um oft erst im Traum das zu vollenden, was dem Tag versagt blieb; um dort märchenfernen Zielen zuzusteuern, zu denen die Seele im Wachbewußtsein keine ausreichende Schwungkraft besäße. Die Traumwelt ist gleichsam der ausgesparte Raum völliger Freiheit, in dem die Seele so unbefangen schweifen kann wie nie in der Tageswelt. Leib und Seele bleiben die beiden Pole unseres eigenpersönlichen Selbst-Seins, die wir als ein untrennbares Ineinander zu verstehen haben. Wiederum ist der Leib kein von der Seele getriebener Roboter; zwar kann er ganz unter die Botmäßigkeit seelischer Triebe geraten, ja sich darunter selbst verzehren; umgekehrt kann die Seele von den Trieben des Leibes so unterjocht sein, daß sie krank wird.

Wir sind der jungen seelenkundlichen Forschung dankbar, daß sie diese engste Verflechtung des Seelischen mit dem Leiblichen nachgewiesen hat, wie sich aber auch die ärztliche Forschung nicht mehr wehrt zuzugestehen, daß seelische Erkrankungen weitgehend körperliche Krankheiten nach sich ziehen. Darüber noch hinausgehend hat die Wissenschaft des Außersinnlichen nachgewiesen, daß Strahlungen der Seele sogar die Naturgesetze außer Kraft setzen, ja unmittelbar spukhafte Ereignisse verursachen, wobei man nicht nur an die weltberühmten Fälle zu denken hat, etwa an jene Seherin von Prevorst, Gottliebin Dittus oder Therese Neumann. Und wenn wirklich Therese von Avila, der Heilige Johannes vom Kreuz und Joseph von Copertino während ihres Betens in einen Schwebezustand gerieten, wenn wirklich die Angesichter gottversunkener Beter ein verklärtes Leuchten widerspiegelten, so ist auch all dies ein Zeichen für den Sieg des Seelischen über das Körperliche. Daraus erhellt schon, daß der Bereich des Seelenlebens unendlich größer und tiefer sein muß als all das Faßbare, was wir dem Wachbewußtsein der Seele zuschreiben. Welche Kräfte liegen schon allein in der Erinnerungs-Fähigkeit der Menschen! *Augustinus* hat das Hohelied der Erinnerungskräfte gesungen:
„Hoch über die Welt der Sinne erhebe ich mich auf meinem Wege zu Gott, und da komme ich auf das große Gebiet der

Erinnerung, wo ein Schatz von unzähligen Bildern angesammelt ist, an dem ich weiter sammle, solange ich lebe. Vieles geht geradenwegs in ihn ein, vieles erst nach längerer Betrachtung, manches muß ich erst aus einer scheinbaren Verwirrung herauslösen. Vieles bietet sich mir in ununterbrochener Reihenfolge wie ein Ganzes. Endlich liegt alles nach seiner Art geordnet... Ohne die Sinne wieder zu Hilfe zu nehmen, kann ich diese Bilder in mir hervorbringen. So sind Himmel und Erde mit allem, was darin ist, in der Erinnerung unerforschtem Raum enthalten... Ja, groß und unbegrenzt, mein Gott, ist die Macht der Erinnerung; wer kann sie ergründen? Eine Kraft in meiner Seele ist sie und gehört mit zu meinem Wesen, und doch vermag ich nicht ganz zu fassen, was ich selbst bin. Denn die Seele kann nicht alles begreifen, was sie selbst besitzt. Doch wenn sie auch nicht weiß, wo alles ist, so ist es doch alles in ihr selbst und nicht außerhalb ..."[13]

Im Traum herrschen die Erinnerungsbilder der Seele; darum liebt die Seele Nacht und Traum, wie es die Dichter zu singen nie müde wurden. Das großartigste Zeugnis dürften noch immer die „Hymnen an die Nacht" des frühvollendeten *Novalis* sein. „Abwärts wend' ich mich zu der heiligen, unaussprechlichen, geheimnisvollen Nacht —", denn der Nachtgeweihte darf erst in „heiligen Schlaf versinken", der das Erwachen des Geistes bewirkt! „Heiliger Schlaf — beglücke nicht zu selten der Nacht Geweihte — in diesem irdischen Tagewerk. Nur die Toren verkennen dich und wissen von keinem Schlafe, als dem Schatten, den du in jener Dämmerung mitleidig auf uns wirfst... Sie ahnen nicht, daß aus alten Geschichten du himmelöffnend entgegentrittst und den Schlüssel trägst zu den Wohnungen der Seligen, unendlicher Geheimnisse schweigender Bote." Darum „...getreu der Nacht bleibt mein geheimes Herz."

So ist die Seele Herrin, ja Königin der Nacht — man entsinne sich des Sonettenkranzes von Joseph Weinheber —, weil sie über alle Bewußtseinsstufen, vom wachen Zustand über alle Schattierungen des Halb-Bewußten, des Unter-Bewußtseins bis zum Unbewußtsein verfügt. Das Wachbewußtsein hat man dem Gesamtbereich der Seele gegenüber verglichen wie die schmale Spitze eines Eisberges in ihrem Verhältnis zur unsichtbaren Masse des Eises (H. Martensen-Larsen).

Sollte es demnach noch glaubhaft sein, daß Gott der Schöpfer all diese unendlichen Kraftfelder der Seele völlig auslöscht, wenn unser eigenpersönlicher Tod uns überfällt? Das widerspräche aufs schärfste dem Grundgesetz des ganzen Lebens, nach dem alles, aber nun auch wirklich alles auf *Verwandlung* hin geschaffen ist, immerfort an sich Verwandlung erlebt, ja aus Verwandlungen herstammt!

Fragen wir in diesem Kernpunkt der außersinnlichen Klärungsversuche die Bibel, so antwortet sie uns mit der von Gott selbst eingegebenen Weisheit: Auch die Seele des Menschen ist nichts durch und durch Auslöschbares. Sie wird verwandelt werden. Sie wird das Grundgesetz der göttlichen kosmischen Schöpfung an sich erfahren! Daher ist es für uns Christen der armseligste „Glaube", wenn man dem Leichtsinn nachschwätzt: „Mit dem Tod ist ja doch alles aus." Vielmehr bekennen wir uns im Sinn der Bibel zu dem alten Vergleich, nach dem die Seele ihre vorbemessene Strecke auf den Strom des Todes zuläuft, von ihm zwar unterbrochen wird — aber jenseits des Todesstroms die noch unbegangene Strecke des seelischen Lebens weiter in jenes Land führen wird, wo wir geläutert werden von einer Klarheit zur anderen. [14]

Die Bibel lehrt eindeutig, daß der Mensch eine untrennbare Einheit und unzerstörbare Ganzheit aus Leib, Seele und Geist sei und bleibe und zwar im diesseitigen wie im jenseitigen Leben. Zwischen beiden Lebensformen steht das Mysterium der Verwandlung. Die PSI-Ereignisse können uns den Dienst tun, uns als solche Einheit und Ganzheit zu verstehen.

6. *Das Zwischenreich*

Die Bibel gibt uns nicht den Schlüssel zu allen Weisheiten, sättigt nicht unsere Neugier, auch nicht die fromme Neugier. Nur „stückweise“ läßt sie uns erkennen (1. Kor. 13,12). Aber alles, was wir unter ihrer Führung erkennen, ist unlösbar verknüpft mit der Gestalt Jesu Christi als des Auferstandenen (Kol. 2,3: auch die Schätze der Weisheit und Erkenntnis). Der ganze jetzige, verwirrte, verteufelte Zustand der verwesenden Welt muß auf Ihn und Sein kommendes Reich am Ende aller Zeiten zulaufen. Das ist die pfeilhafte Linie, die die ganze Bibel durchherrscht.

Aber das Datum dieser ausstehenden Endzeit wissen wir nicht. Es ist ganz und gar Gottes Geheimnis. Wir leben in der Zeit und begleiten unsere Sterbenden an die Außengrenze der Zeit. Wir blicken ihnen nach und fragen: sind sie in einen Zwischenzustand, ein Zwischenreich versetzt und entrückt, in dem noch unsere zeitliche Perspektive gilt? Verallgemeinert: was ist zwischen unserem persönlichen Sterbedatum und dem Eintritt des Jüngsten Tages? Es ist doch noch lange nicht „aller Tage Abend“, die Jahre, Jahrzehnte, vielleicht Jahrtausende rollen weiter — wielange und wohin? Was ist dann mit der „Wolke der Zeugen“, die längst vorangingen (Hebr. 12,1), was ist aus den Seelen der Märtyrer geworden, worin besteht ihr „Ruhen“ und ihr „Warten“ auf den Jüngsten Tag (Offbg. 6,9)?

Wir reden hier alle wie die Blinden von den Farben. Wir haben keine Erfahrung, ob nach unserem leiblichen Tod ein zeit-hafter oder ein zeit-loser Zustand uns erwartet. Manche Bibelstellen deuten auf eine Fortsetzung der zeitlichen Perspektive hin. So kann man z.B. Paulus verstehen (1. Kor. 15 und 2. Kor. 5), so auch Christus (Luk. 16), so Matth. 13,39ff., 1. Thess. 4,13ff. Aber wie ist das zu denken: einerseits soll der jenseitige Zustand ein „Schlafen“ sein, andererseits schon ein „Sein in und bei Christus“. Beide Vorstellungen vertragen

sich nicht. Erfährt der jenseitige Geistleib seine Existenz zeithaft oder zeitlos? Auf diese Schwierigkeit stößt man auch im Hebräerbrief (12,23) und 1. Petr. 3,19: es wird vorsichtig von den „Geistern" gesprochen, wenn die jenseitige Geistleiblichkeit und ihre rätselhafte Zeit-Form angepeilt wird.
Christus hat diese Zwischenzeit, den Zwischenzustand nach seinem Ostermorgen selbst erfahren. Er erscheint leibhaftig und verschwindet wieder, er nimmt nochmals teil an der Zeitform der Irdischen und ist doch bereits jenseits ihrer. Wir können den Widerspruch nicht lösen.

So sehen wir auch unsere Toten in dieser gedanklichen Widersprüchlichkeit verfangen. Und die seltenen Bibelstellen, die vom Totenreich sprechen, zeigen die gleiche Zeitform: wie sollte Christus im Totenreich predigen können? Wie wäre der Zustand des Entkleidetseins außer der Zeitform vorstellbar (Paulus), wie „die lange Todesnacht"? Und wie das „Heute" im Schächerwort? Offenbar sind nicht in jedem Fall die Würfel über jeden Menschen gefallen, wenn er ausatmet. Dann wäre ja auch das in Zeitenferne ausstehende Endgericht eine blasse Formalität. Wenn jenseits noch „Raum zur Buße" sein soll, so muß auch Zeit dazu sein. Und wenn die Märtyrer „warten", bis „noch hinzukämen ihre Mitknechte und Brüder, die auch noch sollen getötet werden" (Offbg. 6,11), so ist wiederum nur eine Zeitform denkbar. Und die Totenerscheinungen in der Stadt Jerusalem im Todesaugenblick Jesu Christi (Matth. 27) sind ebenfalls unverständlich, wenn wir ihrer Existenz im Jenseits nicht eine Zeitform zusprechen. Schließlich bedenke man das Christuswort an Maria Magdalena nach Ostern: „Ich bin noch nicht aufgefahren zu meinem Vater!" (Joh. 20,17).
So kommt man nicht umhin, ein Zwischenreich, wohl besser einen Zwischen*zustand* anzunehmen — auch wenn darüber kein Lehrsatz im Katechismus steht. Manche PSI-Erfahrungen kann man sich nur als Wirkung aus jenem dunklen Grenzbereich erklären. So hat Christoph Blumhardt ausge-

sprochen, daß manche Verstorbenen segnend oder fluchend auf Nachlebende einwirken können (er dachte dabei an Zauberei und Spuk unter dem mächtigen Eindruck seiner Geisterkämpfe mit Gottliebin Dittus). Er meinte, gerade weil die Toten von unserer innerweltlichen Raum- und Zeitform frei seien, können sie auf dem Kampffeld der Geister um so tätiger sein. Denn böse Geister haben den Drang nach Verleiblichung in sich, wollen wieder unter Menschen wohnen (die „Besessenen" des Neuen Testaments).
Und diejenigen, die zu Leibesleben nie von Christus und seiner rettenden Botschaft gehört haben? „Sie bekommen im Totenreich Gelegenheit, sich für oder gegen Christus zu entscheiden. Die Gerechtigkeit Gottes versagt ihnen diese Möglichkeit nicht."[15]
Die Zeitform, die wir also dem Totenreich zumessen, ist aber begrenzt zu denken; sie wird aufgehoben und überwunden, wenn die von Christus prophezeite Welt-Vollendung einbricht mit dem Endgericht. Wir können uns also das Totenreich als einen riesigen Wartesaal bildhaft-unzureichend vorstellen, als „ein Vorzimmer der Ewigkeit". [15]

Einstweilen ist noch alles unentschieden: die Verstorbenen sind noch nicht den Engeln gleichgeordnet noch in der Macht des Teufels. Alles ist noch im Zwielicht, Gott hat sein letztes Wort noch nicht gesprochen. Die Toten, die uns Nachlebenden da und dort ein Lebenszeichen von jenseits der Schwelle überbracht haben, sind noch nicht im strahlenden vollen unvergänglichen Licht der Ewigkeit, sondern noch im Vorraum.
Es ist möglich, daß wir auf sie und sie auf uns einwirken durch die ungeahnten Kräfte der Gedanken und Gebete, des liebevollen Gedenkens oder Verzeihens. Jedenfalls hat die Bibel das Gebet für die Toten weder geboten noch verboten. Daher beten wir in der evangelischen Christenheit am Grabe und an bestimmten Feiertagen, haben aber Totengebete nicht im jahrüber üblichen Brauch. Hier möge jeder handeln, wie es ihm geboten scheint.

7. *PSI und Wunder*

In der reichen parapsychologischen Literatur unserer Zeit wird der Begriff des Wunders im herkömmlich-religiösen Sinn abgewiesen.[16] Mit vollem Recht; denn „Wunder" ist kein Fachwort der PSI-Forschung, sondern ein Kernwort des Glaubens. Das sind durchaus getrennte Gebiete. Statt dessen spricht man in der PSI-Forschung immer von Ordnung, die auf ein sinnvolles Ganzes hinweise, von Information, von Übertragung aus einem freien unbekannten Geistbezirk. Aber eben hier fragen wir weiter: wer hat denn geordnet? Wer hat informiert? Wer überträgt? Ein unbekanntes Es oder ein lebendiger Gott? Ein blindes Schicksal oder ein alles durchwaltender lebendiger Ur-Geist?
Dem genauen Leser dieses Buches muß aufgefallen sein, daß der Begriff des Wunders kaum, nur beiläufig verwendet wurde. Das hat seine guten Gründe. Wir sehen hier ab von den Wunderheilungen der katholischen Wallfahrtsorte einst und heute (Lourdes), den Wundern früherer Heiliger, die den natürlichen Gesetzen widersprechen und als Beweis der echten Transzendenz gelten mögen.
Augustin hat die Schwierigkeit treffend knapp formuliert: „Ein Wunder geschieht nicht im Widerspruch zur Natur, sondern zu dem, was wir von der Natur wissen."

Wunder wie die durch Pater Pio oder in Lourdes geschehenen lassen sich, wie Bender zeigt, meistens mit den Mitteln der PSI-Forschung innerweltlich, innerpsychisch erklären und damit entwesentlichen. Für die vielen Wunder der Bibel aber müssen ganz andere Überlegungen eingebracht werden, wenn man ihnen gerecht werden möchte. Selbst ein Schriftsteller wie Erich von Däniken, eine wunderliche Mischung aus Jules Verne und Karl May, bekennt sich jüngst zur Echtheit von Wundern, Visionen u.a.[17] — aber damit ist die Innenwelt der Bibel noch nicht erreicht, weil er für den Geist der Bibel, eben den Heiligen Geist, nur Hohn und Spott aufbringt.

Zwischen PSI-Erfahrungen und biblischen Wundern bestehen streng genommen keine wesenhaften zwingenden Übereinstimmungen oder auch nur Analogien. Einfach deswegen, weil das biblische Wunder immer ganz einseitig und ausschließlich eine spontane Tat Gottes oder — in seinem Auftrag — Jesu Christi ist. Er handelt nur in der Vollmacht Gottes als Wundertäter, und nur in ununterbrochener Gebetsverbindung mit Gott. PSI aber setzt kein Gebet voraus.
Die Wunder Christi sind von seiner Person untrennbar — er ist selbst das Wunder Gottes schlechthin gewesen! Darum geht es der Bibel nie um mirakulöse Durchbrechung der Naturgesetze (als ob nicht diese Naturgesetze wiederum ein Wunder für sich wären!), sondern um Zeichen, tathafte, großartige Zeichen, die Gott in besonderer Lage für besondere einzelne Menschen durch Jesus tun ließ: Heimsuchung, Krankheit, Berufung, Führung, Rettung u.a. In solchen Wundern sollen seine Zeitgenossen seine Vollmacht erkennen und zum Glauben finden. Wunder als Zeichen will auch darauf rückverweisen, daß Gott der Schöpfer seine Welt einst heil gewollt und geschaffen hatte. Insofern sind diese Wunder Zeichen für den einst anbrechenden Jüngsten Tag, der die Weltvollendung und Heilung der unheilbaren Welt bringen wird.

Man beachte ferner, daß Christus sein Wunder im Angriff und Gegenzug gegen den Satan getan und bezeugt hat. Das schön geordnete Koordinatensystem der innerweltlichen Naturgesetze war ihm offenbar völlig gleichgültig. Bei den Heilungswundern geht er angriffig vor gegen den (bösen) „Geist der Krankheit". Darum sind die Wunder Christi nicht als Gottesbeweise gewollt, sondern als Sieg über die zerstörerischen Kräfte des Teufels gewertet. Sie sind untrennbar von der Botschaft, der Verkündigung Jesu. Sie gehören zum Selbstzeugnis seiner prophetischen Vollmacht. Er ist im Wundertun nur das Werkzeug Gottes. So hat *Martin Luther* das Wunder tief verstanden: „Mit dem Wunder setzt Gott sein Siegel, seine Unterschrift unter sein verkündigtes Wort."

Freilich kann sich die Bibel, kann sich Christus nicht dagegen wehren, wenn seine Wunder nach parapsychologischen Methoden geprüft, anerkannt oder verworfen werden. Umgekehrt sollten wir uns peinlich hüten, unsere PSI-Erfahrungen in eine Linie mit biblischen Wundern zu rücken, wo sie niemals hingehören.

X

VOM SINN DES AUSSERSINNLICHEN

Am Ende unserer Darstellung müssen wir noch eine Frage aufwerfen, die oft und dringlich gestellt wird: haben alle parapsychischen Erfahrungen im Guten und Bösen irgendeinen Sinn, und wenn, welchen? Haben sie keinen Sinnbezug in sich selbst oder im Blick auf unser Leben, so können wir sie übersehen und zur Tagesordnung anderer Sachgebiete und Forschungsarbeit weitergehen. Haben sie einen Sinn, dann muß er wenigstens stückweise erkennbar sein und zwar innerhalb der eng gesteckten Grenzen unseres Wahrnehmens, Gliederns, Urteilens — auch wenn wir hierbei immer wieder auf die Anfänge und Umrisse zurückgeworfen bleiben. Jedenfalls können wir die PSI-Welt nicht als Hobby nervenschwacher Außenseiter abschieben. Ja man kann sogar entgegenfragen: ist die real-sinnliche Welt in ihrem Sinngehalt leichter faßbar als die außersinnliche Welt? Starren uns nicht überall, wohin wir blicken, Rätsel über Rätsel an, im Mikro- wie im Makrokosmos?

Zunächst dürfte uns klar geworden sein: die real-sinnliche Welt ist niemals nur die einzige unser Leben gestaltende und begrenzende. Wir sind auf die neue Dimension der Überweltlichkeit gestoßen, die Prägekräfte für die reale Welt entfalten kann, auch wenn diese im Gewand der Willkür, der Unaufdringlichkeit, der spielhaften Gelegentlichkeit auftreten. In der außersinnlichen Welt weiten sich uns die Maßstäbe der realen Innenwelt, wir ahnen einen umfassenden Ur-Raum, eine „Zeit" außer der Zeitmessung, die Linien laufen in geahnte Unendlichkeit aus.

Wir erkennen von der PSI-Welt her neu und staunend die Möglichkeiten der menschlichen Seele, wobei wir den Seufzer *C. G. Jungs* hören: „Wenn man nur genau wüßte, was möglich ist!" Die Seele wurde bei Sigmund Freud zu einem Mülleimer, in den er alle sexuellen Leidenschaften und Perversionen hieinstopfte; in der PSI-Welt erscheint sie uns als das wunderbarste göttliche Instrument unseres Existierens, viel reicher begabt als wir wußten. Die Seele durchwandert die PSI-Welt wie eine ungeheuer vielgestaltige Landschaft mit finsteren Tälern und lichten Höhen, unter undurchdringlichen Wolken und grausig niederzuckenden Blitzen, mit manch tröstlichem Himmelsblick — oft düster und verworren, aber dann wieder konnten wir Gottes Fußstapfen nachtasten und erkennen: der Eigentümer dieser Landschaft ist der allmächtige Gott.

Wir haben erkannt, wie falsch es ist, wenn man beim Todeseintritt sagt: „Er gab seinen Geist auf". Nein, den Leib geben wir auf; seine Billionen Zellen haben keine Zukunft, sie erfahren nur die Selbstauflösung und Verwandlung („Erde zur Erde ..."). Im Tode erfahren wir die wunderbare Verwandlung, die man nur immer wieder vergleichen kann mit der Verwandlung des Samens in Blüte und Fruchtstand der ausgereiften Pflanze: der Same wird völlig verändert — und bleibt doch wesenseins mit der Pflanze; so bleibt der durch den Tod hindurch verwandelte Mensch ebenderselbe und ist doch jenseits ein ganz anderer. Über den sprachlogischen Widerspruch können wir jetzt nicht hinausdenken. Verwandlung war auch immer gemeint, wenn die Bibel von Auferstehung sprach (z.B. 1. Kor. 15 oder Phil. 3,20). Wir gehen demnach nicht einer totalen Existenzvernichtung entgegen jenseits der Todesschwelle — verwandeln kann auch Gott nur etwas, was ist, nicht aber ein Nichts! PSI zeigt uns zeichenhaft die Verwandelbarkeit unserer nachtodlichen Seinsweise, wo Zeiten und Räume überspielt werden, wo Mikroskop und Teleskop nicht hinreichen. (Wenn die Bibel von „Verklärung" spricht, meint sie sinngemäß eben diese Verwandlung).

Wer vor der „Landschaft" der PSI-Erfahrungen die Augen schließt, geht mit den Scheuklappen durch die reale Welt, die er uns vorwirft, die wir auf das Außersinnliche achten — als ob das Real-Wirkliche die einzige Wirklichkeit und Wahrheit sei!

Der Sinn der PSI-Welt wird gerade darin liegen, uns über die reale Binnenwelt hinauszuführen und die sinnen-gebundene Wahrnehmung über die ihr gesteckten Grenzpfähle ins Unbegrenzte hinaus zu erweitern. Dabei ahnen wir immer wieder den Ur-Raum Gottes — wie sollte man ohne die religiöse Kategorie „Gott" hierbei auskommen? Auch wenn unser Gott in PSI oft eine groteske Spiegelschrift schreibt — auch wenn manchmal die Dämonen der Tiefe auf der Klaviatur der PSI-Welt in virtuoser Weise spielen — wir spüren den Sog des Nichts. „Das Letzte, das wir beim Blick über die Grenze noch erhaschen können, deutet umgekehrt auf Ausweitung, Erlösung, Erhöhung hin".[2] Es weht uns schon die Luft einer anderen Welt entgegen, die auch die verborgensten Schlupfwinkel unserer Seele durchdringt.

Darum sollten wir dem gefühlsmäßigen inneren Widerstand wehren, mit dem wir gewöhnlich reagieren, wenn irgend ein PSI-Erlebnis uns überkommt. Weil ein solches nie das helle Tageslicht sucht, sondern im heimlichen Dunkel oder Zwielicht bleibt, scheu verdämmert und schnell entschwindet, sollte es uns genügen, nur einige Fäden aus dem wirren Knäuel zu lösen, damit uns wenigstens der Hochmut des Schnell-fertigseins, des Besser-wissens, des Vor-urteilens genommen sei. Mephisto hat diese Haltung im „Faust" bekanntlich schon gebrandmarkt:

> Daran erkenn ich den gelehrten Herrn:
> was ihr nicht tastet, steht euch meilenfern;
> was ihr nicht faßt, das fehlt euch ganz und gar;
> was ihr nicht rechnet, glaubt ihr, sei nicht wahr;
> was ihr nicht wägt, hat für euch kein Gewicht;
> was ihr nicht münzt, das, meint ihr, gelte nicht . . .

Die Rätsel der PSI-Welt warten darauf, in Ewigkeit gelöst zu werden. Das wirre Gewebe von PSI muß zur Harmonie der göttlichen Urordnung hin befreit, geklärt werden. Was aber heißt Ewigkeit, was heißt Jenseits? Wir können nicht anders antworten als zu Beginn unsres Buches: „Jenseits heißt: meiner Erfahrung nicht zugänglich" (*Karl Heim*). Die heiligen Ur-Worte des christlichen Glaubens wollen nicht Grenztafeln sein, die einen räumlichen Bezirk abstecken. Vielmehr deuten sie auf eine ganz andre Seinsweise, der wir in jedem Bezug Un-Endlichkeit und doch volle Wirklichkeit zubilligen.
In der PSI-Welt haben wir es mit Kräften und Mächten zu tun, die erleuchten, verändern, klären, warnen, helfen, aber auch vernichten, sprengen, zerstören, spalten, töten können. Das Unsichtbare ist das Dynamit des Sichtbaren. Es ist dennoch der verborgene, meist nur in dunklem Umriß ahnbare Gott, der wie ein heimlicher Erreger, wie ein Antreiber hinter jener Welt steht, der aber das Kleinste und Größte, Nächste und Fernste im Kosmos schaffender und ordnender Kräfte durchwirkt hat und immer wieder durchwirkt — eine Einsicht, die nicht nur biblischer Glaube, sondern Gemeingut aller Weltreligionen ist. Nun kommt aber alles darauf an, daß wir nicht bei einem dumpfen Gottestraum von „Welt-All" stehen bleiben, sondern einen Schritt weiter gehen als die Upanischaden: „Seele nur ist dieses Weltall."
Es ist gut, daß wir endlich eine seriöse PSI-Forschung am Werk sehen. Es genügt aber nicht, die PSI-Erfahrungen in die Fachsprache der akademischen Parapsychologie einzuschalen oder gar der Spottgeburt zeitgängiger Scheinreligionen in esoterischen Geheimzirkeln anheimzugeben. Von solchen Versuchen und Versuchungen wissen wir uns frei.

Die PSI-Welt darf aber auch nicht länger ins Ghetto außerhalb des christlichen Glaubens verwiesen bleiben. Sonst setzt er sich dem Verdacht aus, als wäre er in diesem Bereich seiner Sache nicht sicher, wäre seiner Bewältigung und Aneignung nicht gewachsen. Gerade weil die Mysterien der Seele viel weiter reichen, als uns der platte marxistische Materialismus weismachen will, darum gehören sie hinein in das Gesamtbild der christlichen „Welt“, das uns unser Glaube erschließt. Er macht sich anheischig, alle Wirklichkeitsgebiete zu umfassen von der Botschaft Jesu Christi aus — und zwar in letzter Seinstiefe. Darum kann er nicht an PSI vorbeigehen. Gerade der Rückbezug auf das Wort Gottes gibt uns Vollmacht und Freiheit, die PSI-Welt nicht sich selbst zu überlassen, sondern ihr frei zu begegnen, Blickrichtungen und Antworten da zu suchen, wo die Wissenschaft ihre Waffen strecken muß. So hat *Ernst Benz* die PSI-Erfahrungen und -Erkenntnisse als „eine direkte Analogie zu den Charismata der Bibel“ verstanden.[3]

Max Planck sprach einmal davon, daß alle wissenschaftliche Arbeit sowohl gegen Skeptizismus wie gegen Dogmatismus zu führen sei, gegen Unglauben und Aberglauben, aber „das richtungsweisende Losungswort in diesem Kampf lautet von je her und in alle Zukunft: Hin zu Gott!“[4] Die gleiche Zielrichtung hat *Wilhelm von Humboldt* im Blick auf PSI-Erfahrungen im Auge gehabt, wenn er 1825 schrieb: „Niemand kann den Schleier wegziehen, den die Vorsehung gewiß mit tiefer Weisheit über das Jenseits gezogen. Aber gewiß kann die Seele nur gewinnen an innerer Freiheit, an Klarheit aller Einsichten in das Tiefste und Höchste, an Wärme und Reinheit des Gefühls, an Reichtum und Schönheit der umgebenden Welt ...“

Wer also mit neuen Augen, aber unbefangen-nüchtern an die PSI-Welt herantritt, erfährt die Größe Gottes von einer neuen Seite. Ihm wird der unausdenkbare Gott nur noch größer. Er lernt, nicht nur am Sichtbaren hangen zu bleiben, sondern „zu sehen auf das Unsichtbare“ (2. Kor. 4,18), noch deutlicher: auf den Unsichtbaren. Die PSI-Landschaft ist ja kein Niemandsland, sondern Gottes „Land“. Im Niemandsland können wir nicht wohnen. Es ist ein gefährliches gesperrtes Gebiet. Alles darin ist Gott zu eigen: das Dschungelland der Träume,

die Silberströme des Hellsehens, das Gewölke der Ahnungen, das Meer der Wahrträume und all die Gräberfluren, aus denen manche Gestalten wieder erschienen, die Strecken der Fernwirkungen, die Vorhölle des Spuks, die Kreuzungspunkte der sinnvollen Zufälle. Niemandsland ist Gottes Land. Nur er hält alle diese Dinge zusammen, die sonst auseinanderklaffen, die wie herrenloses Strandgut auf den Meeren der Geschichte dahin irren müßten. Gott aber ist größer als all diese Dinge; darum fallen sie nicht aus ihm hinaus. So grenzenlos sie scheinen — Gott setzt ihnen immer wieder eine strenge Grenze, läßt sie eingegrenzt in ihrem Dunkel, das wir kaum aufhellen können.
Und in diesem Bereich erfahren wir, daß „der Tod wie die Geburt nur eine Transformation ist" (*Leibniz*), daß wir unser ICH als Wesenseinheit behalten, weil nichts vor ihm verloren geht, was er in das neue Sein hineinverwandelt. Es geht überhaupt nichts verloren, kein Staubkorn, kein Wassertropfen, kein Atom; sollte Gott dies Prinzip „nicht auch da anwenden, wo es sich um das Meisterwerk seiner Schöpfung, um den Menschen handelt?" fragte *Wernher von Braun.* [5]

Dieser Gott hat auch die Freiheit, uns durch manche PSI-Erfahrungen anzufechten, zu führen, zu trösten, wohl auch zu strafen, das träge Gewissen aufzurütteln, Hoffnung übers Grab hinaus zu erwecken. Gott läßt die PSI-Welt nicht aus seinen Augen, er ist ihr heimlicher Verfolger. Wer sehen will, sieht: „Kein Lebewesen geht ganz unter" (*Leibniz*) [6], das Ich wird nicht entthront. Verliert nicht der Tod dadurch etwas von seiner Schrecklichkeit, wenn wir erkennen, daß wir nicht im anonymen Unterbewußtsein einem Nichts entgegenverwesen, sondern eher einem Über-Bewußtsein, jener anderen Dimension, dem Ur-Raum Gottes entgegenreifen, der uns das ausstehende Reich Gottes glaubhafter macht?
Gott wird uns geheimnisreicher — wir schwinden vor ihm wie Schatten vor dem Licht. Gott wird uns unentfliehbar wie das Außersinnliche selbst. „Gottes allmächtige Gewalt kann

zugleich nirgends sein und muß doch an allen Orten sein. Sie ist aber ungreifbar und unermeßlich außer und über alles, das da ist. Sie muß an allen Orten gegenwärtig sein, auch im geringsten Baumblatt... Sie muß da sein im Aller-Inwendigsten als auch im Aller-Auswendigsten. Also kann Gott niemand entfliehen..." (*Martin Luther*). Hier wird die Zeit uns enger und zugleich grenzenlos weit. „Was sind tausend Jahre gegen die Ewigkeit?... Darum ist unser Leben nicht ein Lauf, kaum ein geschwinder Wurf, darin wir zum Tode gerissen werden", zu einem „Tode, der uns doch allenthalben auf dem Fuße nachschleicht" (*Luther* zu Psalm 90). Und dieser unser Tod wird vielleicht unsre einzige außersinnliche Erfahrung sein, hart an der äußersten Grenzsperre zwischen Diesseits und Jenseits — aber unser Ich bleibt, wie wir sahen, durch den Tod hindurchgerettet als personhaft gebundenes Wesen.

Damit bestätigen die PSI-Erfahrungen die durch Christus geoffenbarte Botschaft. Es ist also nichts mit dem bei Dichtern und asiatischen Mystikern beliebten Zurücksinken des Ich-Tröpfchens ins unbewußte All-Meer, nichts mit der ich-verzehrenden All-Seele, nichts mit dem (alt-griechischen) Lethe-Trinken. Mein Tod ist darum nie etwas Sinnloses, wie mein Leben nie etwas Sinnloses war. Ich bleibe Ich — allerdings „im Übergang in ein neues persönliches Sein, bei dem alles darauf ankommt, wie es mit unserem Gewissen steht und ob wir den Weg zu Christus, dem Versöhner, gefunden haben" (*Karl Heim*).
Weil aber die PSI-Welt uns kein neues Evangelium bieten kann, sollten wir zur Botschaft Christi immer wieder zurückkehren. Der PSI-Bereich kann uns bestenfalls hinführen, Fingerzeige geben, Fragen erwecken, Vorstufe bilden, Bestätigungen von Fall zu Fall vermitteln, nicht mehr und nicht weniger. Hören wir dazu ein warnendes Wort *Luthers*: („Ich bete darum),... daß Er mir keine irrigen und ungewissen Träume schicke und mir keinen Engel zeige und kein Zeichen,

denn ich kann ihrer nicht gewarten (d.h. nicht damit umgehen), auch brauche ich sie nicht, weil ich das Wort (Christi) habe. Und der Teufel quält die Menschen gar sehr mit Träumen."
Lassen wir uns von Luther warnen, nicht nach außersinnlichen Erfahrungen zu streben, sie nicht zu erzwingen noch durch zweifelhafte Winkelpriester zu erschleichen. Es gibt zu unserem Glück keine käuflichen Eintrittskarten in das Zwischenreich. All seine vieldeutigen Erscheinungen weisen weniger in unsre Welt hinein als aus ihr hinaus, zurück zu den verborgenen Ursprüngen, zum Geheimnis der göttlichen Welt.
Andererseits verwehren es uns die PSI-Erfahrungen, Ewigkeit und Jenseits zu verharmlosen; Ewigkeit bekommt als Kernwort unsres Glaubens gerade von PSI her eine ernste Folie. So hat *Hermann Bezzel* es einmal ausgesprochen: (Wir gehen entgegen) ... „der furchtbaren, stahlharten, eiskalten Ewigkeit, gegenüber welcher der Mensch genötigt ist, sich nur wie ein Schatten zu fühlen."
Die PSI-Erfahrungen zeigen weiter, daß der Tod als solcher keine erlösende Kraft hat. Er ist Verwandler, der uns den Boden der diesseitigen Wirklichkeit unter den Füßen wegzieht. Aber er übergibt uns nicht dem Nichts, sondern dem Gott, der „alles in allem erfüllt". Das Nichts, das Nichtige ist immer nur ein Erzeugnis des menschlichen Denkens, der Philosophie der Verzweiflung, des Nihilismus, der Endstufe des Materialismus.

Die außersinnliche Welt verharrt im Schattenreich des Todes, ist aber voll Leben. Sie ist ein „Jenseits" unserer gegenständlichen Welt, aber noch ein „Diesseits" der Seligkeit und des Himmels, — eben ein Zwischenreich, in dem nach E.T.A. Hoffmanns tiefem Blick „das Weh des eingekerkerten Geistes herrscht", ein Zwischenreich, das des Jüngsten Tages wartet. Noch ist manchen Toten die schattenhafte Wiederkehr ins Diesseits dann und wann offen, gerade auch friedlosen Seelen, die aus unversöhnter Gewissenspein, dämonisch gebunden, an die alten Stätten ihrer irdischen Schuld und Sühne, eines noch nicht aufgehobenen Fluches zurück müssen. Wer damit je zu tun bekam, weiß, daß diese außersinnlichen Zustände kein Vorzimmer der Seligkeit sind, sondern ein für uns undurchdringliches Labyrinth. Hoffnungskraft, die über diesen dunklen Zwischenbereich hinausreicht und Osterlicht auch auf unsre Gräber werfen könnte, ist hier nicht zu gewinnen.

Für unsere Sicht ist der Vorhang nicht zu heben, der uns von Drüben trennt. Wir bleiben noch im Banne unerlösten Seins „das Volk, das im Finstern wandelt". Aber „wir sehen ein großes Licht". Luther wußte: „Christus wohnt auch in der Finsternis der Herzen." Er kann auch aus dem eisernen Vorhang des Unzugänglichen heraustreten zu Seiner Zeit. Er, der Wiederkommende, ist auch die verborgene Sinnmitte der außersinnlichen Welt. Auch jene unerlösten Geisterheere gehören in seinen Triumphzug am Jüngsten Tage. „In seinem Angesicht wird mein Tod mit aller Trübseligkeit und Gefahr ein eitles Nichts" (*Luther*). So bleibt uns indessen nur das zu tun, was Christus in seiner Golgathastunde für sich getan hat: den „Geist Gott zu befehlen", ihm anzuvertrauen für Zeit und Ewigkeit.

In Gottes Allmacht befehlen wir auch alle Heere der Geister, daß er sie erlöse zu seiner Zeit, so gewiß sie ihrer völligen endlichen Erlösung warten.

Anmerkungen

I

1 Karl Heim „Ich gedenke der vorigen Zeiten“, Hamburg 1957 und später.
2 Gerhard Adler „Es gibt Dinge zwischen Himmel und Erde...“, Frankfurt 1974, S. 161 ff.
3 ebenda S. 162 f.
4 ebenda S. 166 f.
5 ebenda S. 146.
6 Margarethe Fritsche „Der Glaube — heute neu“, Metzingen 1974, S. 136.
7 Eckart Wiesenhütter „Blick nach Drüben“, Hamburg 1974, S. 41.

II

1 Hans Herlin „PSI-Fälle“, München 1974, S. 72 ff.
2 Arnold Schering, Vorwort zu dessen Messias-Ausgabe.
3 Bayerische Zeitung vom 27. 7. 1927 (J. Kniese).
4 „Esotera“ (Zeitschrift für PSI) Jhg. 1974, Nr. 10, S. 923.
5 Wilhelm Kütemeyer „Deutschland — schuldig oder krank?“ in „Die Wandlung“, Heidelberg 1948, 2. Jhg., S. 114.
6 Luise Ullrich „Sehnsucht — wohin führst du mich?“, München 1974, S. 118.
7 Anton Neuhäusler „Telepathie — Hellsehen — Präkognition“, München 1957 und später, S. 13 ff.
7a Tonbandarchiv Pfarrer Dr. Ebermut Rudolph. Kempten 1974.
8 Christine Mylius „Traum-Journal“, Stuttgart 1974, herausgegeben von H. Bender.
9 (vgl. I 7).
10 Max Reger „Briefe eines deutschen Meisters“, Leipzig 1928.
11 Ernst Wiechert „Jederman“, Roman. München 1931. „Der Todeskandidat“, Erzählung, München 1934.
12 Herlin a.a.O., S. 22.
13 Wilhelm von Scholz „Der Auswanderer“, Breslau 1924.
14 Peter Schmid „Das Rätsel der Vorahnung“, 1947.
15 Herlin a.a.O., S. 22.
16 Tonbandarchiv Pfarrer Dr. Ebermut Rudolph, Kempten 1974.
17 Wiesenhütter a.a.O., S. 47

III

1 K. Conrath „Vom Sinn des Träumens", Freiburg 1947.
2 Roger Schutz „Ein Fest ohne Ende", Freiburg 1973, S. 48.
3 Erich Rupprecht „Die Botschaft der Dichter", Stuttgart 1974, S. 155—182 (Jean Pauls Traumweisheit).
4 Julie Kniese „Die Wunderwelt der Träume", Weimar 1947.
5 Roger Schutz „Kampf und Kontemplation", Freiburg 1974, S. 53.
6 Ernst Jünger in der „Süddeutschen Zeitung" München, vom 11. 11. 1974, Nr. 260, S. 14.
7 aus einem Brief an den Verfasser.
7a (vgl. V 6).
8 Karin Schauff „Ein Sack voll Ananas", Lebenserinnerungen aus Brasilien, Pfullingen 1974, S. 175 f.
9 Carl Moerck „Brevier eines Heimkehrers", Calw 1947, S. 19 f.
10 Detlev von Uslar „Traum und Wirklichkeit" in „Zeitwende" (Zeitschrift), 45. Jhg., Heft 4, Juli 1974, S. 221.
11 Wilhelm Horkel „Träume sind keine Schäume", Lahr 1974, S. 174 (dort weitere Beispiele aus unserer Zeit).
12 „Zeitwende" (vgl. 10), S 255 f.

IV

1 Johannes Hahn „Der Geisterhannsele", Ludwigsburg 1950.
2 Martin Haug „ER ist unser Leben", Stuttgart 1941.
3 Prof. Dr. W. H. C. Tenhaeff „Hellsehen und Telepathie", Gütersloh 1962.
4 Prof. Dr. I. B. Rhine „Die Reichweite des menschlichen Geistes", Stuttgart 1950
5 Karl Heim „Ich gedenke der vorigen Zeiten", Hamburg 1957 und später, S. 304—311.
6 Herlin a.a.O., S. 107 f.
7 Prof. D. Ernst Benz „Swedenborg", München 1948, derselbe „Die Vision", Stuttgart 1969.
8 Wilhelm von Scholz „Der Kopf im Fenster", Leipzig o.J.
9 Enno Nielsen „Das Unerkannte auf seinem Weg durch die Jahrtausende", München-Ebenhausen 1922.
10 Erich Rupprecht a.a.O., S. 173.
11 Karin Schauff a.a.O., S. 74—77 (stark gekürzt).
12 Rudolf Passian „PSI und Spiritismus", Heft 3, 1973.
13 Sadhu Sundar Singh „Gesammelte Schriften", München 1947.
14 Wilhelm Horkel „Fragen — Hören — Trösten", Lahr 1974, S. 140.
15 Joseph Wittig „Novemberlicht", Kempen/Ndrrh. 1948.

16 Walther Künneth „Leben aus Christus", Tübingen 1947.
17 Prof. Dr. Alois Winklhofer in „Jenseits des Todes", herausgegeben von G. Hildmann (Vorträge der Evang. Akademie Tutzing), Stuttgart 1970, S. 30—40.
18 V. R. Günther „Hans Niels Hauge", Neumünster 1928, S. 87.
19 „Esotera" s.o. Heft 11, Nov. 1974.

V

1 Ina Seidel „Unser Freund Peregrin", Roman, Stuttgart-Berlin 1940/1958, Neuauflage 1987.
2 Joseph Wittig s.o.
3 Adolf Köberle im „Allg. Deutschen Sonntagsblatt", Hamburg 1957, („Botschaft von Drüben"), hierzu ebenda „Schlechte oder wahre Wiederverkörperung", 31. 8. 1958 und „Stirbt die Seele im Tode mit?" in „Evang. Welt", Bielefeld 1956, 10. Jhg., Nr. 22 vom 16. 11. 1956, S. 641—643.
4 Ernst Pentzoldt „Die Sense", Erzählung. Aus „Die Neue Zeitung", München vom 11. 3. 1946.
5 private Mitteilung an den Verfasser 1974.
6 gekürzt nach „Informazioni di Parapsichologica", Neapel 1971/72 übersetzt von P. Frhr. v. Eglofstein, München 1974.
7 private Mitteilung der kath. Schriftstellerin Marie Menz 1974.
8 a.a.O., S. 80—87 (stark gekürzt).
9 Lukas 16,19—31.
10 Ernst Benz in „Zeitschrift für Religions- und Geistesgeschichte", Jhg. 1957, Heft 2.
11 Prof. Gershom Scholem im „Eranos-Jahrbuch", 1955.
12 Rudolf Passian „Abschied ohne Wiederkehr?", Pforzheim 1973, S. 354.
13 (vgl. 10), S. 106.
14 Hans Herlin a.a.O., S. 157.
15 Brief vom 7. 11. 1974. Vgl. Hans Tesch „Der Zwillingsbruder", Roman, Heilbronn 1974. Dort auch eine Exteriorisation.
16 Hans Herlin a.a.O., S. 155 f.
17 Wilhelm Horkel „Geist und Geister", Stuttgart 1969 und Dr. K. Koch „Seelsorge und Okkultismus" (Diss.). Wüstenrot 1953, 25. Aufl. Brunnen-Verlag Basel 1983.

VI

1 Renee Haynes „Parapsychologische Studie" in „Die Auslese", London 1948, S. 109.

2 Hans Martensen-Larsen (Domprobst in Dänemark) „An der Pforte des Todes", Berlin o.J.

3 Näheres bei G. Adler a.a.O., S. 55—64, dort Literaturangaben.

4 „Esotera", 25. Okt., Jhg. 1974, S. 876 ff.

5 Zeitschrift für Parapsychologie und Grenzgebiete, Jhg. 12, Nr. 4, S. 226—238.

6 G. Adler a.a.O., S. 71.

7 Friedrich Jürgenson „Sprechfunk mit Toten", 1967.

8 (vgl. 5), S. 605—610, Buschmannzauber von W. Boehmer, Jhg. 1927.

9 Friedrich Sacher „Der Kopf des Jünglings" aus „Fränkischer Kurier", Nürnberg 4. 10. 1941, Nr. 40.

10 Prof. Peter Gebler „Mein Neffe Joseph", Augsburger Kath. Kirchenzeitung vom 16. 3. 1947, Nr. 11.

VII

1 Rudolf Passian, s.o. S. 387, dort weitere Beispiele.

2 Zum Fall Rosenheim: „Imago Mundi", Zeitschrift für PSI-Forschung, Innsbruck-Abensberg, 18. Jhg., Heft 2, Prof. Dr. Dr. A. Resch entscheidet sich dort weder für die animistische noch für die spiritistische Theorie, so daß lediglich die Annahme von „unbekannten Strahlungen", „Energien der Tiefenseele" oder „Hereinwirken transzendenter Kräfte" bleibt.

3 „Esotera", Nov. 1974, S. 1039.

4 Aniela Jaffe „Geistererscheinungen und Vorzeichen", Zürich 1958.

5 Kurt Koch a.a.O., S. 164.

6 Otto Böcher „Der Geist und die Geister" im „Deutschen Pfarrerblatt", Essen 1974, Nr. 17 vom 1. 9. 1974, S. 561 ff.

7 Prof. Dr. theol. Alois Wiesinger „Okkulte Phänomene im Licht der Theologie", Graz 1948.

VIII

1 Prof. H. Bender im Südwestfunk (2. Programm), am 8. 7. 1973.

2 H. S. Chamberlain „Richard Wagner", München 1904.

3 Fritz Woike „Wegspuren", Stuttgart 1939.

4 Münchener Gemeindeblatt, Jhg. 1974, Nr. 37, S. 12.

5 Wilhelm von Scholz a.a.O., S. 40.

6 „Vom Ewigen im Heute", Göttingen 1934, S. 89.

7 Joseph Winckler „Unheimliches Ferienerlebnis", Fränkischer Kurier, vom 1. 9. 1932, S. 242.

8 Olga Resnovic-Signovelli „Eleonore Duse", Berlin o.J.

IX

1 Prof. G. von Frankenberg „Natur und Technik“, Berlin 1948.
2 Neuhäusler a.a.O., S. 13.
3 Martin Luther, Auslegung zum Psalter, nach W. A., Band 2, 4, 40, herausgegeben von Th. Brandt „Das Lutherwort zum Psalter“, Bad Salzuflen 1947.
4 Manfred Hausmann „Weg in die Dämmerung“ aus „De Profundis“, herausgegeben von G. Groll, München 1946.
5 Neuhäusler a.a.O., S. 101.
6 zum ganzen Abschnitt: Prof. Dr. J. B. Rhine „Die Reichweite des menschlichen Geistes“, Stuttgart 1950, 340 S.
7 Carl Ludwig Schleich „Von der Seele“, 1910.
8 wichtige Textstellen: Matth. 17,3; Luk. 16,19—31; Luk. 23,43; 2. Kor. 5,1—10; 1. Kor. 15; Hebr. 12,1; Hebr. 12,22—23; Offb. 6,9—11; Offb. 14,13; 1. Petr. 3,19; 1. Thess. 4,13—18.
9 Prof. Dr. Ernst Benz († 1978) ‘Christlier Glaube und Parapsychologie“, Sonderdruck „Worauf ist Verlaß?“, Arbeitsgruppe „Glaube“ beim 15. Deutschen Evangelischen Kirchentag, Düsseldorf 1973, Kreuz-Verlag Stuttgart-Berlin 1974.
10 Ernst Jünger „Tagebücher“, Band III, 1954.
11 Prof. Dr. Ernesto Bozzano „Übersinnliche Erscheinungen bei den Naturvölkern“ (Sammlung Dalp, Band 52), Bern 1948.
12 Friedrich Ernst Peters „Licht zwischen zwei Dunkeln“, Gedichte, Göttingen 1940.
13 Augustinus „Bekenntnisse“.
14 hierzu Prof. D. Adolf Köberle „Stirbt die Seele im Tode mit?“, s.o., ferner „Der Herr über alles“ (Aufsätze), Hamburg 1957, S. 54—100.
15 Dr. Gerhard Bergmann „Leben nach dem Tode?“, Gladbeck 1974. Zur Frage des „Zwischenreichs“: Prof. D. Oskar Cullmann „Unsterblichkeit der Seele oder Auferstehung der Toten?“, Stuttgart 1967.
16 Hans Bender „Unser sechster Sinn“, Stuttgart 1971, S. 125 f.
17 Erich von Däniken „Erscheinungen“, Düsseldorf 1974.

X

1 Herlin a.a.O., S. 171.
2 Wiesenhütter a.a.O., S. 54.
3 Ernst Benz bei Adler a.a.O., S. 153.
4 Max Planck bei Adler a.a.O., S. 112.
5 Passian a.a.O., S. 6.
6 Wiesenhütter a.a.O., S. 52.

Johannes Müller

DIE BERGPREDIGT

Die Bergpredigt — über dieses »Evangelium der Evangelien« ist schon viel geschrieben worden. Aber dieses Buch ist ein Ereignis: Inmitten einer Zeit höchster Produktivität und geistiger Anspannung im Kreis der Freunde auf Schloß Mainberg wird Johannes Müller unerwartet der tiefe Gehalt der Bergpredigt zuteil:

»Ebenso unmißverständlich war es eine direkte Erfahrung Gottes ohne jeden äußeren Anstoß oder vermittelndes Erlebnis, als im Januar 1904 die Bergpredigt über mich kam und sich meiner bemächtigte, so daß ich wochenlang in höchster Spannung förmlich davon fieberte. Während der ganzen Zeit war ich geistig rein passiv, rezeptiv. Was in dieser Rede verborgen ist, leuchtete in mir auf, wie ich es noch nie gesehen und verstanden hatte, bald wie blitzartige Wahrheitsstrahlen, bald wie Erscheinungen aus einer neuen Welt, während ich mich in äußerster, beinahe atemloser Spannung befand, und gewann die geistige Fassung in Vorstellungen, ja Ausdrücken ganz von selbst. Ich war nur Aufgeschlossenheit, Bereitschaft und Hingabe ... Um den schriftstellerischen Ausdruck, wie er seit 1906 in meiner »Bergpredigt« vorliegt, habe ich danach fast zwei Jahre gerungen« (Johannes Müller in »Das Urgeheimnis«, Elmau 1937, S. 53).

Ein Leser schrieb damals: »Ich möchte das Buch als eine Tat bezeichnen, die das Christentum in unsere und in alle Zeiten hinüberrettet«.

DIE DRITTE ZEIT

Wiederkunft des Herrn

„Dies ist die Dritte Zeit, die Zeit, in der ihr lernen werdet, mein Evangelium zu begreifen, auszuüben und zu leben. In der Ersten Zeit ließ ich mich auf einem Berg nieder und sandte euch von dort aus mein Gesetz, in Stein gemeißelt. In der Zweiten Zeit stieg ich ins Tal hinab, um unter euch zu leben. In der Dritten Zeit mache ich eure Herzen zu meiner Wohnung, so daß ich mich kundtun und mit euch sprechen kann von eurem innersten Herzen aus."

„Nicht nur einmal, sondern oftmals und in verschiedener Weise zeigte ich an und versprach ich meinen Jüngern mein Wiederkommen. Ich sagte ihnen die Zeichen voraus, die meine Ankunft ankündigen würden: Zeichen in der Natur, Geschehnisse in der Menschheit, Weltkriege, die Sünde auf ihrem höchsten Entwicklungsgrad. Doch damit sich die Welt nicht täusche, indem sie mich wieder als Mensch erwarte, ließ ich sie wissen, daß Christus auf den Wolken kommen werde, dem Symbol des Jenseits, von wo mein Strahl ausgeht, d.h. im Geist."

In zwölf Bänden hat die spiritualistische Bewegung in Mexico einen Großteil der Kundgaben und Offenbarungen gesammelt, die der Herr durch Seine von Ihm berufenen Werkzeuge gab. Es handelt sich nicht nur um eine überwältigende Fülle göttlicher Bezeugungen, daß die Zeit der Wiederkunft Christi da ist, sondern auch um die klare Belehrung, daß diese nicht mehr in menschlicher Gestalt geschehen soll, sondern als

HEILIGER GEIST

Die deutsche Ausgabe enthält, sinnvoll gegliedert, eine Auswahl der wichtigsten Belehrungen aus diesen zwölf Bänden.

345 Seiten, Leinen DM 27,—

OTTO REICHL VERLAG • D-5401 ST. GOAR

Gesamtverzeichnis des Verlages auf Anfrage